江南文化研究

第9辑

浙江省哲学社会科学重点研究基地
浙江师范大学江南文化研究中心 编

上海古籍出版社

图书在版编目(CIP)数据

江南文化研究. 第9辑 / 浙江师范大学江南文化研究中心编. -- 上海 : 上海古籍出版社, 2025. 6. -- ISBN 978-7-5732-1729-5

Ⅰ. K295

中国国家版本馆CIP数据核字第2025U4E868号

本刊获浙江师范大学出版基金资助

江南文化研究(第9辑)

浙江师范大学江南文化研究中心　编

上海古籍出版社出版发行

(上海市闵行区号景路159弄1-5号A座5F　邮政编码201101)

(1) 网址: www.guji.com.cn

(2) E-mail: guji1@guji.com.cn

(3) 易文网网址: www.ewen.co

上海颛辉印刷厂有限公司印刷

开本787×1092　1/16　印张14.5　插页2　字数231,000

2025年6月第1版　2025年6月第1次印刷

ISBN 978-7-5732-1729-5

K·3923　定价: 98.00元

如有质量问题,请与承印公司联系

目　录

江南文学与艺术

清初“虞初体”文辑纂的文学史意义*

杨旭辉

内容提要 张潮辑纂《虞初新志》,从明末清初诸多文集中收录了数量不少的文章,这些作品“文章丰赡、事实瑰奇、兴味秾醇”,就其内容题材、写作手法和文体文风等方面,都与传统的古代散文存在着显著的差异,笔者将这些别具特色的文章名之为“虞初体”。“虞初体”是明清之际文章“破体”潮流下文章“新变”的重要标本,“虞初体”之变,其文学史意义在于,在很大程度上消弭、会通了古文与传奇小说的界域,使古代散文(尤其是传记文)收获了一种全新的风貌。

关键词 “虞初体” 《虞初新志》 张潮 文体新变

忆昔习古文之始,课本选文多《大铁椎传》《口技》《核舟记》《柳敬亭传》之类,其文多姿多彩,尤以奇特波谲的情节和生动活泼、变化多端的行文而吸引着每一位学习者。细究此风,早在民国时期,这些出自《虞初新志》[①]的奇文就被大量选编到中小学国文课本之中,以至于那一时期的书商在印行《虞初新志》时,都要打出广告,说学校教科书多采本书。二十世纪

---

* 本文为国家社会科学基金重大项目“制度、文体与中国古代文章学研究”(项目编号:19ZDA246)阶段性成果。

① 据邓长风先生《〈虞初新志〉的版刻与张潮的生平》(邓长风《明清戏曲家考略续编》,上海古籍出版社,1997 年,第 157—169 页)、李小龙《〈虞初新志〉版本考》(《文献》2018 年第 1 期,第 135—150 页)等宏文的考论,因受乾隆时期文字狱影响,《虞初新志》存世版本极为复杂,题署为康熙刻本者多系“乾隆后期对原版剜改补刻”(李小龙文,第 150 页)。为免琐赘,本文论述,皆以《四库禁毁书丛刊》(北京出版社,1997—1999 年)子部 38 册影印中国科学院图书馆藏“清康熙刻本”《虞初新志》为准,行文中不作特别说明,下文注释亦从简。若涉及此本未收、删改篇目或删改文字,据其他版本者,则另出注说明。

30年代,一批著名学者在修纂《续修四库全书总目提要》时,在给《虞初新志》所作的提要中亦有谓:"今时学校教师选授国文,仍多据此编而不检原书,亦国人偷惰之一征矣。"[1]从中不难发现一个重要的信息,即传统国文教育中一度曾普遍采用的严肃寡味的选文,逐渐被"虞初体"[2]为代表的轻松有趣之文取而代之。若从教育史的角度来看,这无疑是一个颇值得关注的论题,在此暂且不论。笔者关注的重点在于两种不同文章家法消长中的文学史认识意义。早先国文教材中的古文选目,多依桐城家法,选择古文家眼中"古雅""醇正"的古文经典之作。在桐城文家看来,只有这样的文章才真正凝聚了国文之"文统""道统"以及"义法",而这些笔带"小说家气"或是多用"小说家语"的文章,肯定与"醇雅"无缘,用以教学,迪引年轻后生,自是弊端多多。但数十年的语文教学实践证明,老派桐城古文家的忧虑是多余的。其实这种文章观念上的博弈和冲突,早在清初散文史的发展中就已经在"草色遥看近却无"的动态中发生着了。本文想以张潮辑纂《虞初新志》为标本,来考索清代散文史上极为重要,却又一直未被人关注的问题作一探究。

一、《虞初新志》:小说选集还是文章选本?

张潮的《虞初新志》问世以后,虽历经文字狱之摧折,但依然产生了极大的反响,不但刊刻者甚众,"几于家有其书"[3],更出现了续补"虞初"系列的热潮。从嘉庆初年一直到民国时期,先后出现了《虞初续志》《广虞初新志》《虞初续新志》《虞初近志》《虞初广志》《虞初支志》续补之作,甚至日本也出现了《奇文观止本虞初新志》[4]。这些著作在编纂体例上,完

① 《续修四库全书总目提要》第13册,中国科学院图书馆整理,齐鲁书社,1996年,第341页。此条系孙楷第先生撰写,亦见孙楷第《戏曲小说书录解题》之《虞初新志》篇,人民文学出版社,1990年,第33页。

② "虞初体"之名,清初即见于储大文《存砚楼文集》(《文渊阁四库全书》本)卷十一《雪苑朝宗侯氏集序》:"(侯方域)集中《阳羡燕集序》《马伶传》诸文,多宋建中后极笔,如必以俪体、虞初体而概削之,是柳子厚不宜俯首,《毛颖传》《醉翁亭记》果宜作赋,而《赤壁》二赋不必号文中仙也。"

③ (清)郑澍若:《虞初续志》卷首,上海书店,1986年,第1页。

④ 菊池纯《奇文观止本朝虞初新志》(初名《消夏杂志》),明治十六年(1883)刊刻,系仿照张潮《虞初新志》而自作的文集。依田百川《本朝虞初新志序》中有曰:"顷读张山来《虞初新志》,意有所感,乃遍涉群书,博纂异闻,体仿前人,文出自己,厘为若干卷。"(卷首叶3A)

全步武张潮,"所辑文集为多,间及笔记","一如《新志》例"[1],各位编纂者都在序言中有类似的表述曰"予闲取国朝各家文集,暨说部等书,手批目览,似于山来先生《新志》"[2];"多辑不甚著称之别集及钞本未传刻之集"[3]。张潮及其后继者辑纂的文字,已然在中国文学史上形成一个影响不小的"虞初体"。

许久以来,学界一般遵循着传统小说观念中"稗官杂说"这一笼统的标准,往往注目于这些文字中的"奇事奇闻""任诞矜奇""搜神拈异",遂将它们视为古代的文言小说[4]。然而也有学者在研究中觉得,将《虞初新志》系列中的所有作品直接定性为小说,多有不妥,著名学者孙楷第先生曾说过:"是编选当代传记之文,目为《虞初新志》,以继明汤显祖《续虞初志》之后,然所录诸文多有不应属小说而强登者……吴伟业《柳敬亭传》《张南垣传》,其文实效韩柳之体,与传奇迥异,今一概目以小说,亦嫌广泛不辨体例。"[5]孙先生是站在小说的立场上,批评《虞初新志》作为小说选本存在着选文不严、文体混乱的严重问题,但也无意中实实在在地陷入将"虞初体"和小说之间直接划等号这一普遍做法的理论漏洞。

程毅中先生在其主编的《古体小说钞(清代卷)》的《后记》中曾试图解决这一问题,他说:"清代古体小说的另一派,是古文家的人物传记以及基本纪实的杂录笔记,前人也都称之为小说。传记文与传奇体小说历来有割不断的联系,清初张潮编的《虞初新志》就是一部代表作。继之而起的有《虞初续志》《广虞初新志》《虞初广志》《虞初近志》《虞初支志》等,收集了不少传记体的文章,成为'虞初'系列的文选。这类作品到底有多少虚构的成分,根本无从考证。对于前人视为小说的传记,我们只能从作品的文学价值来衡量。只要它故事情节新奇,人物性格鲜明,就不妨承认其为小

---

① 胡怀琛:《虞初近志》卷首《例言》,上海书店,1986 年,第 2 页。

② (清) 郑澍若:《虞初续志》卷首《自序》,第 1 页。

③ (清) 王葆心、王夔强:《虞初支志》卷首,上海书店,1986 年,第 1 页。

④ 古代文献所见,基本属于这一评判,现代学者的著作亦多作如是之观,如:侯忠义、刘世林《中国文言小说史稿》(第 3 册,北京大学出版社,1993 年,第 186—197 页)、陈文新《文言小说审美发展史》(武汉大学出版社,2002 年,第 509 页)、陆林《歙人张潮与〈虞初新志〉》(《古典文学知识》2001 年第 5 期,第 97—103 页)等。

⑤ 中国科学院图书馆:《续修四库全书总目提要》第 13 册,第 341 页。此条系孙楷第先生撰写,亦见孙楷第《戏曲小说书录解题》之《虞初新志》篇,第 33 页。

说。"[1]在这里,程先生强调了传奇体小说与传记文章之间的艺术融合问题,这是一个非常重要的学术贡献。尤其可贵的是,他注意到那些前人"视为小说的传记",其中具有"情节新奇""性格鲜明"等小说应有的"文学价值",这无不启迪我们在研究明末清初散文史发展的时候,应该注意到这种文体间的互融互摄的现象。对这一问题,后文将进一步深入探讨。

程毅中先生因"虞初"系列中的传记文具有小说的文学审美要素,而"不妨承认其为小说",不免有些牵强,也实在有些理论的无奈,因为毕竟他和孙楷第先生一样,都是站在小说的角度和学术立场上来解释这一问题的。诚如法国汉学家戴廷杰(Pierre-Henri Durand)所说的:"其实,把《虞初新志》归入小说类,恐怕难以充分和准确地体现此书的性质。"[2]那么我们该如何来考察、审辨,或者说是如何化解张潮留给后人关于小说和古文这两大文类之间的矛盾呢?通过文献和文本的细致梳理,回到历史场域中进行一番细致的理解、审辨,细细体会张潮本人辑纂《虞初新志》时的真实意图。唯有如此,我们才能较为准确地理解张潮以及"虞初体"。

或有学者会紧抓住"虞初"二字,以为张潮所辑《新志》为小说之明证和铁证。殊不知,这样的理解是完全有悖于张潮之本意的。虞初是中国古代诸子百家中小说家的代表人物,早在汉代,张衡《西京赋》之中就有:"小说九百,本自虞初。"[3]张潮也完全明白这层关节,《虞初新志凡例》中即曰:"载考《委宛余编》:虞初为汉武帝时小吏,衣黄乘辎,采访天下异闻。"但紧随其后,张潮立即解释道:"以是名书,亦犹志怪之帙,即《齐谐》以为名;集异之书,本《夷坚》而著号。"[4]观其语意,以"虞初"名是书,只是借名而已。其实真正的意图,在全书第一条凡例中就开宗明义,说得尤为清楚:"兹集仿《虞初》之选辑,仿若士之点评,任诞矜奇,率皆实事;搜神拈异,绝不雷同。庶几旧调翻新,敢谓后来居上?"[5]

《虞初志》《艳异编》等是明代普遍流行的传奇类作品集,而冠名汤显

① (清)程毅中等:《古体小说钞(清代卷)》,中华书局,2001年,第563—564页。

② [法]戴廷杰(Pierre-Henri Durand):《雅俗共赏,瑕瑜互见——康熙年间徽州商籍扬州文士和选家张潮其人其事》,《法国汉学》丛书编辑委员会编:《徽州:书业与地域文化》(《法国汉学》第十三辑),中华书局,2010年,第585页。

③ (南朝梁)萧统编,(唐)李善注:《文选》卷二张衡《西京赋》,上海古籍出版社,1986年,第68页。

④ (清)张潮:《虞初新志》卷首《凡例》,第417页。

⑤ (清)张潮:《虞初新志》卷首《凡例》,第417页。

祖、屠隆、袁宏道等名士的评点本则更受到了世人的热捧①。在这一大众文化的热潮中，张潮似乎充分感受到了其中的某些新变和动向，就借着《虞初志》和汤显祖的名头辑纂了一部《新志》，这极有可能符合历史之真实。但是，张潮和书商一味地迎合世俗而谋利不同，毕竟他有着较深的文化素养和自己的文学主张，他在《虞初新志凡例》最后一条中宣称：“是集只期表彰轶事，传布奇文，非欲借径沽名，居奇射利。”②很明显，“事文兼举而落实于文”③，是张潮辑纂《虞初新志》的基本原则。张潮并未讳言，在《虞初新志》的辑纂中，他也注重“任诞矜奇”“搜神拈异”，但他和坊间盛行的“居奇射利”做法是完全不同的，“居奇”不是《虞初新志》的全部和唯一④，入选的作品必须符合一个前提“率皆实事”，即尽量不用虚构之文。这与先前各种专收唐宋以来传奇故事作品的《虞初志》《艳异编》“绝不雷同”，或许这也正是张潮所谓对汤若士“旧调翻新”的意旨所在罢。这一特点，在后世的续作者中也或多或少地得到了接续，郑澍若在《虞初续志自序》中就再一次强调道“事非荒唐不经，文无鄙俚不类”，并从文章教化、经世的社会意义评说，张潮所辑“足以凿方心、开灵牖，弥觉引人入胜”⑤。

张潮的这一编辑思想在《虞初新志序》中可以得到进一步的印证。张潮虽然一方面公开强调自己所辑的《虞初新志》对汤显祖的原本“洵有取尔”，但另一方面又指出汤显祖原本“简帙无多，搜采未广”，究“无补引人著胜”。相形之下，自己在操《新志》之选政时，并没有简单地按照小说家的眼

① 叶德均《〈虞初志〉的编者》一文认为，明清时期所传汤显祖点评《虞初志》，实乃刊刻者托名而已（详见叶德均《戏曲小说丛考》下册，中华书局，1979 年，第 515—519 页），本文在行文中仍依旧说。

② （清）张潮：《虞初新志》卷首《凡例》，第 418 页。

③ “事文兼举而落实于文”这一编纂原则，在另一则《凡例》中更言之凿凿：“文自昭明而后，始有选名；书从匡郑以来，渐多笺释。盖由流连欣赏，随手腕以加评；抑且阐发揄扬，并胸怀而迸露。兹集触目赏心，漫附数言于篇末；挥毫拍案，忽加赘语于幅余。或评其事而慷慨激昂，或赏其文而咨嗟唱叹，敢谓发明，聊抒兴趣；既自怡悦，愿共讨论。”（张潮《虞初新志》卷首，第 417—418 页）“评事”“赏文”是张潮的两大选文标准，明确无疑。而此则凡例起首所谓“文自昭明而后，始有选名；书从匡郑以来，渐多笺释”，足见张潮已将自己辑纂《虞初新志》，与匡衡、郑玄注经以及昭明太子编选《文选》视为一类性质，是岂可视为简单的传奇小说的“矜奇”“拈异”而已。

④ 张潮《虞初新志自序》中有谓：“况天壤间灏气卷舒，鼓荡激薄，变态万状，一切荒诞奇僻，可喜可愕可歌可泣之事，古之所有，不必今之所无，古之所无，忽为今之所有。固不仅飞仙盗侠，牛鬼蛇神，如《夷坚》《艳异》所载者，为奇矣。”见张潮《心斋聊复集》之《虞初新志序》，《清代诗文集汇编》第 177 册，上海古籍出版社，2010 年，第 151 页。下文《心斋聊复集》版本均用此，注释从简。

⑤ （清）郑澍若：《虞初续志》卷首《自序》，第 1 页。

光,一意注目于“调笑滑稽、离奇诡异”,而是强调“其事多近代也,其文多时贤也。事奇而覈,文隽而工,写照传神,仿摹必肖”,入选文章所写的真人真事固然需要具有传奇的特性,但更需要对其在写作技法上多加考量,这是此前各种《虞初》《艳异》之类的小说选集都没有的。基于此,张潮在《自序》的末尾直接指出自己所辑《新志》是与小说家不可“同日而语”的,其中有谓:“诚所谓古有而今不必无,古无而今不必不有,且有理之所无,竟为事之所有者。读之令人无端而喜,无端而愕,无端而欲歌欲泣,诚得其真而非仅传其似也。夫岂强笑不欢、强哭不戚、饾饤补缀之稗官小说,可同日语哉?”[①]在征集、编选《虞初新志》的过程中,张潮对于“稗官小说”之类的光怪陆离乃至虚构之文的处理是很严格的。他曾严词拒绝苏州友人钱岳的《金衣传》一文,张潮的理由就是嫌该文出以虚构而过于离奇,与《虞初新志》编纂体例不合,张潮在给钱岳的回信中言之甚明:“《虞初》拙选,唯实事之奇者方为载入。”[②]

大量虚构、浮夸的传奇文章被张潮《虞初新志》拒之门外,那么,张潮标举“事奇而覈,文隽而工”,这样的文章何处得来?通过梳理《虞初新志》中的篇目,再核之以张潮《尺牍友声偶存》《尺牍友声》中收录的朋辈往还书札,我们可以很清晰地看到,张潮从前辈文人或友朋辈的文字中遴选了大量的作品,虽然也有很少的一部分来自《觚賸》《筠廊偶笔》等笔记小说,但更多的作品,八成左右则是选自当时的文集(包括个人别集和古文选集)或是人物传记文。故此,法国汉学家戴廷杰在其宏文中提出了这样的观点:“我们难道不应该将《虞初新志》与志怪小说作一个切割,把它归入古文文集吗?有人倘若把《虞初新志》界定为一部搜采奇事的优秀古文选集,我想,张潮定然不会觉得这是张冠李戴。”[③]这一说法也并非完全没有道理,尤其是再结合《虞初新志》中张潮的评点,戴廷杰教授此说的合理性似乎又得到了加强。

张潮在选编好文章之后,几乎对每一篇文章都进行了适当的点评,其中亦不乏精彩之见,这大概就是他在《凡例》中所说的“评其事而忼慨激昂,

---

① (清)张潮:《心斋聊复集》之《虞初新志序》,第151页。

② (清)张潮:《尺牍友声偶存》卷二《复钱十青》,页14A,乾隆四十五年心斋刻本。

③ [法]戴廷杰(Pierre-Henri Durand):《雅俗共赏,瑕瑜互见——康熙年间徽州商籍扬州文士和选家张潮其人其事》,《徽州:书业与地域文化》(《法国汉学》第十三辑),第587页。

或赏其文而咨嗟唱叹”[①]的鉴赏过程。统观全书的评点,张潮还是多偏重于“赏文”,兹举一例,以为例证。魏禧的《大铁椎传》是一篇流传甚广的传记文,许多读者以及一些评点者,或是被文中大铁椎的高超武艺和独特个性所吸引,或是注目于作家使用的传奇笔法和遒豪的笔力。若作如是之解,魏禧文末的那段“论曰”,在文章的结构上则显孤悬而无从着落,而此实乃是作者为文旨要之所在。魏禧借南宋陈亮《中兴遗传序》中的话语,发出“岂天之生才不必为人用欤? 抑用之自有时欤?”这般的人生慨叹。张潮在文章的理解上,完全抓住了这一关键,在文尾作了这样的点评:“篇中点睛在三称‘吾去矣’句。至其历落入古处,如名手画龙,有东云见鳞,西云见爪之妙。”[②]纯粹以古文的章法、布局的角度来对这篇奇文作出的文学性的审视和评价,让读者不禁会心于魏禧豪遒行文之中的精巧和韵致。据吴绮说,张潮作文“能为庄语,足景前修;偶作绪谈,仍多逸致”[③],由此可见,张潮喜欢“绪谈”文字(或称“虞初”文字亦可),正是缘于对文章“逸致”别趣的追求。

晚近作家姜泣群在编纂《虞初广志》时就注意到《虞初新志》“事文兼举而落实于文”这一编纂原则,他在《虞初广志自序》中说,自己增广“虞初”文选编、评点,都尽量遵循着张潮“选辞取事,务极精纯”的做法[④]。是则,从张潮到后来的接武者,主要都是从文章的视角来看待这些“虞初”系列文字的。

综上所述,若要将张潮以来逐渐形成的“虞初体”文与传奇小说直接划等号是行不通的。与其这样牵强,倒不妨从散文史的角度来对“虞初体”进行观照,就大的格局而言,我们何不将“虞初体”视作中国古代散文史上文章新变的标本?“虞初体”之变,其文学史意义在于,它在很大程度上消弭、会通了古文与传奇小说的界域,使古代散文,尤其是传记文收获了一种全新的风貌。

二、“虞初体”文的艺术特征

以往学界多将《虞初新志》视为文言小说,所以很少会从文章写作的角

① (清) 张潮:《虞初新志》卷首,第417—418页。
② (清) 张潮:《虞初新志》卷一,第425页。
③ (清) 张潮:《心斋聊复集》卷首吴绮《序》,第131—132页。
④ (清) 姜泣群:《虞初广志》卷首,上海书店,1986年,第1页。

度来对其进行艺术的评鉴。可喜的是,陈惠琴诸先生在《中国散文通史(清代卷)》中就尝试“把目光投于散文史”,将《虞初新志》看作“是一个风云际会的标本”,认为“它把明代以来传统传状之文由史的畛域向文的迁徙彰显了出来”①。这无疑为学界在《虞初新志》的研究上打开了全新的思路。笔者的体会是,从文章学的角度鉴识《虞初新志》如何将古文与小说这两种历来视为冰炭的文体互融互摄,兴许能更准确地揭示“虞初体”的艺术特点。

会通小说与古文的界域,融小说笔法于古文之中,应该是“虞初体”最大的特点。若将其置身于整个中国文学史来看,其实这一做法早在唐宋时期就有韩愈、苏轼等导夫先路。张潮是在唐宋古文大家之后,将这一路文章的写作推向了一个全新的热潮和高度。张潮曾写过一篇《楮先生传》,便是对韩愈《毛颖传》、苏轼《万石君罗文传》等奇文的效法,文章以通篇设譬和拟人的方式,极写“楮先生”“托体岩阿林麓间,与木石居游”,“未渍俗染,不事浇薄”的脾性。“楮先生”这样的性格,进入官场后,终究难以逃脱“蠹国鼠窃之臣”嫉妒、“日揭短长破缺”而被黜的宿命,虽然楮先生的“致休”,比起毛颖因“老戆谢政”②的结局要略好些,但文章言外的托讽之旨还是很清晰的。张潮友人黄孚庵评此文时有曰:“尝怪昌黎传毛颖,不及楮、墨诸君,或欲阙文以待后之作者。今得此,可补一则矣。而篇法离合错综,神骨遒逸跌荡,亦酷似昌黎。”③黄氏之评,不免友朋间的虚套,至于“酷似昌黎”,在文艺评论中依然是很高的评价,但没有概括出张潮及“虞初体”的艺术特质。

作为《虞初广志》的编者,姜泣群对“虞初体”的理解和体会是较为深刻精准的。基于对张潮以来“虞初”系列的研究,他将“文章丰赡、事实瑰奇、兴味秾醇三大点”作为自己编辑《虞初广志》“抉别之原则”④。姜氏所说“三大点”切切实实地概括了由张潮所启“虞初体”文的特点。

(一)“文章丰赡”

吴绮曾这样评价张潮的文章:“既漱芳于六艺,亦揽胜于百家。存于其中,窥豹而罕穷其蕴;肆乎其外,雕龙而莫测其涯。爰用笔精,聊为墨戏,长

① 陈惠琴、莎日娜、李小龙:《中国散文通史(清代卷)》,安徽教育出版社,2013 年,第 176 页。
② (清)张潮:《心斋聊复集》之《楮先生传》,第 155—156 页。
③ (清)张潮:《心斋聊复集》之《楮先生传》文末诸家集评,第 157 页。
④ (清)姜泣群:《虞初广志》卷首《自序》,第 1 页。

言之不足，而兼小大以为言；正论之难明，而合精粗以立论。云敷丽藻，开词坛希有之奇；霞蔚新辞，尽艺苑未开之秘。能为庄语，足景前修；偶作绪谈，仍多逸致。”[①]这段话亦可移作对“虞初体”“文章丰赡”这一特点的评骘。单篇的“虞初体”文章，经由张潮之编纂，辑聚在《虞初新志》中，在坊间所引起的反响远超出个人文集的刊刻与流播。这些作品以整体的面貌展现在世人面前，因其内容的奇幻多姿、精彩纷呈，以及写作手法、艺术轨辙的多元化，庄谐兼具，自然受到前所未有的追捧，所谓“开词坛希有之奇”、“尽艺苑未开之秘”，绝非虚言溢美。

《虞初新志》中一百四十余篇文章，“其事多近代”，这些文字通过对社会各阶层人物的记、传文字，全面生动地再现了明清之际的时代巨变和沧桑，也为后世绘制了一幅时代的风俗长卷，此乃《虞初新志》“文章丰赡”的第一表征。书中所写人物，既有八大山人这样的王公贵胄，有孙承宗、黄道周这样的志士仁人，有徐霞客、丁澎等文人学者，也不乏秦淮八艳为代表的青楼歌姬。更难能可贵的是，书中选录了许多普通下里巴人的传记，在涵盖“巫医乐师百工”之外，还写到老仆、卖酒者、卖花翁、髯樵、乞者等无名的引车卖浆者流，这或许是中国古代文学史上最为集中的一次展现闾巷野人的文学景观，是最具原生态鲜活特质的《市井群氓图》。此外，《虞初新志》中还有诸如彭士望《九牛坝观抵戏记》、朱一是《姚江神灯记》、余怀《寄畅园闻歌记》、尤侗《瑶花宫史小传》等文章，无不生动细致地描绘了明清之际丰富多彩的社会生活，有写实的，也有奇幻神异的，都为这幅时代风俗画增色不少。

吴肃公所作《五人传》[②]是一篇被人忽视的好文，此文将天启年间苏州士人反抗阉党的斗争表现得细致完整，文中贯注着慷慨激昂的神气，把晚明苏州文士清流的风骨表现得跃然纸上，绝不逊色于张溥的《五人墓碑记》。张潮读过之后，不禁拍案叫绝：“此百年来第一快心事也，读竟浮一大白。”[③]这般血性文字，在很长一段时间中无时无刻不激荡着清初遗民志士的心魂，皖籍遗民诗人沈寿民（耕岩）、汤燕生（岩夫）读后，油然而生共鸣曰“合伍胥、荆轲、魏其诸传之神，而点染以左氏之色，觉五人生气勃勃

① （清）张潮：《心斋聊复集》卷首吴绮《序》，第132页。
② （清）张潮：《虞初新志》卷六，第490—492页。
③ （清）张潮：《虞初新志》卷六《五人传》后张潮评语，第492页。

前来”;“详尽处不嫌刻画,委曲处不嫌猥琐,奇人奇事,须此奇文,使庸笔则厌厌矣”①。张潮选录的方苞《孙文正黄石斋两逸事》一文②,并没有若正史一样出之以如椽大笔,而是采用类乎笔记体的写法,通过一两件逸事刻画孙承宗、黄道周两位志士“淡嗜好之性”,这是他们在大难当前的关键时候,能做出刚直不阿抉择的内在动力。如此生动精彩的文字,岂非明末清初文人志士在临国难时精神风貌的群体性实录?难怪乾隆时期的学者金兆燕在读过此文后,认为竟“直接史迁”③矣。陈鼎的《八大山人小传》④则通过对八大山人这位出身经历特殊、行事性格特殊的艺术家逸事作传状,寥寥数笔,勾勒出甲申国变在士人心灵上造成的深重创痛。此外,《虞初新志》中亦不乏如《记古铁条》这种以传奇笔法来记录易代变迁的奇文,借“先朝大内物”的流散来抒发一种家国沧桑之感:“自经变故以来,凡天府奇珍异宝,流散人间、泯泯无闻者,何可胜数?”⑤

尤可关注的是,《虞初新志》中辑录了大量描写贩夫走卒等“细民”的文章,这应该是中国古代散文史上非常值得研究的现象。明清之际,有很多作家有意识地提倡加强对细民凡夫的志传,晚明苏州文人徐师曾就曾说过:“山林里巷,或有隐德而弗彰,或有细人而可法,则皆为之作传以传其事,寓其意;而驰骋文墨者,间以滑稽之术杂焉,皆传体也。”⑥清初古文家魏禧亦在其文集中公然宣称:“子长极文章之工,则阙然众矣。吾传布衣独行士,举其大而已。”⑦张潮在《虞初新志》中就收录了魏禧数篇这样的文章,除《大铁椎传》外,《卖酒者传》就是一篇别具特色的佳作。万安县卖酒者郭节之能留名后世,就是因为魏禧所作此文。魏禧为卖浆者流立传,非为他故,只因其“以善酿致富”,“平生不欺人”,乐善仗义,行事多豪侠之气,“善事颇众”。魏禧的文字摇曳生姿,连为他讲述故事的欧阳瑊(字介庵)读后,也不免称赏久之曰:“笔笔活动,似长者,似侠客,于古今盛德中别标一种风

① (清)吴肃公:《街南文集》卷一五《五人传》文末附沈寿民、汤燕生评语,《四库禁毁书丛刊》集部第 148 册,北京出版社,1997—1999 年,第 255 页。
② (清)张潮:《虞初新志》卷六,第 487—488 页。
③ (清)张潮:《虞初新志》卷六,金兆燕评点方苞文,第 488 页。
④ (清)张潮:《虞初新志》卷一一,第 551—552 页。
⑤ (清)张潮:《虞初新志》卷一六,第 625 页。
⑥ (明)徐师曾:《文体明辨序说》,人民文学出版社,1962 年,第 153 页。
⑦《魏叔子文集外篇》卷一七《传引》,(清)魏禧著,胡守仁、姚品文、王能宪校点:《魏叔子文集》,中华书局,2003 年,第 775 页。

格……篇中连用十四‘卖酒者’,笔法从《史记》来,见市民中有如此人,尤不易得。”[①]就艺术的渊源而论,此文“从《史记》来”,诚非虚论,不唯连用十四“卖酒者”这样的笔法来自《史记·魏公子列传》,更为重要的是,卖酒者的豪侠之风范,何尝不是夷门监者侯嬴、屠者朱亥这些“博徒卖浆者”的现实版本?无论是《卖酒者传》的作者魏禧,还是《虞初新志》的编者张潮,何尝不是秉承了《史记》对下层人物给予充分关注的人文精神。司马迁有谓:“至如闾巷之侠,修行砥名,声施于天下,莫不称贤,是为难耳。然儒、墨皆排摈不载。自秦以前,匹夫之侠,湮灭不见,余甚恨之。”[②]“闾巷之人,欲砥行立名者,非附青云之士,恶能施于后世哉?”[③]张潮只轻轻的一句“自古异人,多隐于屠沽中”[④],便是他在千余年之后呼应太史公的明证。

诸如此类的群氓画像,在《虞初新志》中还有很多,诸如徐芳笔下的乞者王翁、顾彩所写的吴中髯樵、宗元鼎所写的卖花老人[⑤]。这些小人物无不是“见义必为,矢志不屈,求之士人中,亦戛戛难之”[⑥]者也。王翁困于生计,“不得不出于行乞之一途”,但始终“不肯为机械以攫人财”,徐芳对王翁拾金不昧、知恩图报、恪尽职守等“高行”褒奖有加,不因其曾卑为乞者而鄙夷,却敬而“翁之”,并在传后发表议论曰:“人唯其行之可传而名,亦唯其品之可尊而贵。名与贵不关其所遭,关其人之贤不肖也。”[⑦]

除了人物形象的多元,叙述内容的奇幻多姿、精彩纷呈之外,虞初体“文章丰赡”的另一个重要表现应该是庄谐兼具,艺术取径和写作手法多元化。

《虞初新志》以非同寻常的、多姿多彩的笔调给世人展现了一个丰富而奇妙的世界,在文学史上带来了强烈的反响。时人对张潮所引领的这一文章新风就有评论说:“原夫庄子寓言,遂有鹭鸠之笑;屈生讽谏,乃以凤凰为媒。借弹事于甘蔗,托微词于曲水……爰用笔精,聊为墨戏,长言之不足,而兼小大以为言;正论之难明,而合精粗以立论……能为庄语,足景前修;

---

① 《魏叔子文集外篇》卷一七《卖酒者传》文后欧阳瑊评语,《魏叔子文集》,第852页。
② (汉)司马迁:《史记》卷一二四《游侠列传》,中华书局,1959年,第3183页。
③ (汉)司马迁:《史记》卷六一《伯夷列传》,第2127页。
④ (清)张潮:《虞初新志》卷三《卖酒者传》文后张潮评语,第457页。
⑤ (清)张潮:《虞初新志》卷四《卖花老人传》,第468页。
⑥ (清)张潮:《虞初新志》卷八顾彩《髯樵传》,第520页。
⑦ (清)张潮:《虞初新志》卷五,第481—482页。亦见(明)徐芳:《悬榻编》卷三,《四库禁毁书丛刊》集部第86册,第111—112页。

偶作绪谈,仍多逸致。”[①]

前文所引《虞初新志》中诸作,多有直接史迁笔法,概属庄语正论之类,然书中所录,亦多外史氏言、庄生寓言之属,毕竟这类文字是张潮本人极为钟爱的。在《虞初新志》中,张潮就从好友陈鼎的《留溪外史》中选录了《八大山人传》《毛女传》《狗皮道士传》《啸翁传》《薜衣道人传》等十余篇,还从王士禛《皇华纪闻》、宋荦《筠廊偶笔》、钮琇《觚賸》以及周亮工《因树屋书影》《印人传》《读画录》中选录了别有“逸致”的“异制”文字。这些文字,自有其“幽艳凄动”之美,但在传统的文体观念中,往往会被认为是“不能尽核其实”,“点缀敷衍,以成佳话”,“有唐人小说之遗”[②],故而几乎所有的古文家在思想观念中是与之绝缘的。但张潮却始终坚持以文章的视角对这样的文字进行欣赏,并遴选到《虞初新志》中。为此,张潮还通过文学史的追根溯源,把沈约《修竹弹甘蔗文》、韩愈《毛颖传》等名作视为“游戏之篇”“新奇之著”的远源,使得用“外史氏言”“庄生寓言”这样的诙辞谐语作文,有了足够的历史依据和理论支撑。他在《征选外史启》中曾作这样的论说曰:“窃闻才雄绣虎,爰多游戏之篇;业擅雕龙,每有新奇之著……甘蔗修竹,休文倡美于前;毛颖中山,昌黎继成于后。嗣此踵事增华,常闻异制;抑且日新月盛,动见新篇。”[③]

在张潮看来,世人长期视为冰炭的古文和小说传奇之间,完全有一种融合会通的可能,也极有这个必要,他在《虞初新志序》中就明言“天壤间灏气卷舒,鼓荡激薄,变态万状,一切荒诞奇僻,可喜可愕可歌可泣之事,古之所有,不必今之所无,古之所无,忽为今之所有”,这岂非好事一桩,而且这种庄谐兼具并行的文章会更受人欢迎,尤其是“耽奇揽异之士”,读后自然“心开神释,色飞眉舞”[④]。

在庄谐并行的大前提下,注定了“虞初体”文章在艺术取径和写作手法上的丰富性和多元化。试以遗民作家徐芳为例,略做说明。徐芳是《虞初新志》中一位重要的作家,张潮一共收录了他的八篇作品,分别来自他的文集《悬榻编》《藏山集》以及志怪作品集《诺皋广志》。徐芳的文章,在当时

① (清)张潮:《心斋聊复集》卷首吴绮《序》,第131—132页。
② (清)永瑢等:《四库全书总目》卷一四四《觚賸》提要,中华书局,1965年,第1232页。
③ (清)张潮:《心斋聊复集》之《征选外史启》,第179页。
④ (清)张潮:《心斋聊复集》之《虞初新志序》,第151页;亦见(清)张潮:《虞初新志》卷首,第415页。

颇受友朋辈之欢迎，文德翼在序《悬榻编》时称赞其文曰：“纚纚乎疏秀而英荡，孤迥而高严。深者通诸性情，大者助乎名教。即旁而效诸皋、彝坚之所述，莫不令人濯魄而洞心，殆古之振奇人欤！”[①]徐芳文章的艺术取法之径，除了“诸皋、彝坚”一类的小说家言外，更以“大家为质，纵横上下，极旋澜之致，每得一义，兔起鹘落”，“长言以兴，蕴藉骚雅；题记历落，时取魏晋”。这是时人对徐芳文章的整体评价，虽然取法广，其中多有传奇志怪的内容，但他的核心还是“究归圣人中和之道”[②]，且有“助乎名教”。从这些论说中可看出，时人并未因其博杂的艺术取径而将其剔出文集之列[③]。若从文章写作的家法与路数来看，徐芳也是兼收并采的，“诵其诗，读其书，落笔皆酣，无体不备，有类《左》者、《骚》者、《史》者、《汉》者、燕者、许者、韩者、柳者、三苏者，以至周、程、张、朱者”[④]，中国古代散文史和哲学史上的大家、名家几乎都成为他转益兼师的对象，“无体不备”亦不足为怪矣。

（二）“事实瑰奇”

《虞初新志》中对奇人奇行、奇事奇观、奇技奇艺的描写是丰富而精彩绝妙的。长期以来，《虞初新志》中以《核舟记》为代表，对“巫医乐师百工”之人及其奇技奇艺的文章较为关注。这些文章，对明清时期各行各业技艺的描写，无疑可成为中国古代艺术史各专业领域的重要史料，吴伟业《张南垣传》反映了明末江南私家园林营造和叠山理水的盛况；吴伟业《柳敬亭传》和林嗣环《秋声诗自序》所描写的说书、口技表演，无不成为中国古代曲艺史的经典；吴人核雕技艺的精细巧思，被人誉为“纳须弥于芥子”[⑤]，魏学洢《核舟记》、高士奇《记核桃念珠》、宋起凤《核工记》诸文就有惟妙惟肖的摹写，无不成为经典。余怀写吴门徐生六十余岁时唱曲有云：“喉若雏莺静女，松间石上，按拍一歌，缥缈迟回，吐纳浏亮，飞鸟遏音，游鱼出听，文人骚

① （明）徐芳：《悬榻编》卷首文德翼《叙》，第3页。又见文德翼《求是堂文集》卷二，《四库禁毁书丛刊》集部第141册，第329页。

② （明）徐芳《悬榻编》卷首《悬榻编序》，第6页。

③ 后来的四库馆臣则坚持认为：“是集虽皆杂文，而鬼怪梦寐之事，居十之八，实则小说家言。”（转引自沈津《校理“四库全书总目提要”残稿的一点新发现》，《中华文史论丛》1982年第1期，第174页）

④ （明）徐芳：《悬榻编》卷首苗蕃《悬榻编叙》，第9页。

⑤ （清）宋起凤：《核工记》，载（清）张潮《虞初新志》卷一六，第622页。

客,为之惝恍,为之神伤。"[①]这等文字,就文章的角度来看,其文学水准和艺术史的史料价值都是毋庸置疑的。细细品来,《虞初新志》中描写奇技奇艺的不少文章中,是少不了对奇人、奇事之描写的。相较而言,《虞初新志》中对奇人、奇事的描写,其精彩程度,非但无逊色,甚或有凌越前者而上之势。长期以来,囿于某种所谓"正统"的视角和观念,《虞初新志》中有很多表现"事实瑰奇"、特立独行的人和事的作品,诸如醇酒妇人、任侠尚义、妖怪鬼神等,多因不合乎主流的价值评判,而没有受到应有的关注。

在明清时代,参加科举,是读书人的主要出路,也是被很多人认为是唯一的正道。钱谦益笔下的徐霞客[②],"奇情郁然",对于包括科举在内的俗务,"蹙蹙如笼鸟之触隅","居平未尝鞶帨为古文辞","每思飏去",但对自然、地理方面孜孜以求的探索精神,直令人敬佩不已,"与之论山经,辨水脉,搜讨形胜,则划然心开",历尽千辛万苦,在艰苦的条件下,"行游约数百里,就破壁枯树,燃松拾穗,走笔为记,如甲乙之簿,如丹青之画,虽才笔之士,无以加也"[③]。戴榕笔下的"姑表行"兄弟黄履庄[④],不爱制艺、科名,"尤喜出新意,作诸技巧",在科举仕途视为人生晋阶必由之路的时代中,绝对算是"异怪"之辈。而他所制各种"奇器",诸如千里镜、显微镜、"不烦人力而一室皆风"的"自行驱暑扇"、"内音乐俱备,不烦人力,而节奏自然"的"自动戏"(即八音盒)以及各种制作工具"规矩",亦复令世人惊叹不已。"有怪其奇者",以常人思维认定,"疑必有异书,或有异传"。文章作者与黄子一起生活,且"与处者最久且狎",对其中之情形尤为了解,其实何尝有"异书""异传",黄子的发明是兼收并蓄包括"泰西几何比例、轮捩机轴之学"在内的诸多知识,潜心思考,"格物致知"的结果。作者在文末用平实无华的文字,道尽了所谓"奇人奇事"的真正内情:"黄子性简默,喜思。与予处,予尝纷然谈说,而黄子则独坐静思。观其初思求入,亦戛戛似难,既而思得,则笑舞从之。如一思碍而不得,必拥衾达旦,务得而后已焉。黄子之

---

① (清)余怀《寄畅园闻歌记》,载(清)张潮《虞初新志》卷四,第465页。

② 乾隆年间钱氏著述遭禁毁,《虞初新志》中与钱氏有关的三篇文章亦经过剜改等技术处理,被删的分别是钱氏所作《徐霞客传》《书郑仰田事》以及徐芳为钱氏爱妾柳如是所写的《柳夫人小传》。国家图书馆藏张潮从孙张绎所刻的诒清堂袖珍本尚有此三篇。

③ (清)钱谦益:《牧斋初学集》(下册)卷七一《徐霞客传》,上海古籍出版社,1985年,第1593—1594页。

④ (清)张潮:《虞初新志》卷六《黄履庄小传》,第495—497页。

奇，固亦由思而得之者也，而其喜思则性出也。”这样的文章，就不仅是一“奇”字可以为断语的。《虞初新志》中的不少文章在“奇”的背后，实在是蕴含着深沉、浓厚的兴味，这篇《黄履庄小传》即是其中一例。缘此，张潮评骘此文时，不无深沉地慨叹曰：“泰西人巧思，百倍中华，岂天地灵秀之气，独钟厚彼方耶？予友梅子定九、吴子师邵，皆能通乎其术。今又有黄子履庄。可见华人之巧，未尝或让于彼；只因不欲以技艺成名，且复竭其心思于富贵利达，不能旁及诸技，是以巧思逊泰西一筹耳。”①对中国人“巧思”不如泰西的反思之后，实在是对科举取士制度下人们“竭其心思于富贵利达”的深层反思，其史鉴意义至今亦不衰也。

“醇酒妇人”，或许在今人眼中，似乎已成为沉湎于酒色、生活颓废腐朽的代名词。然稽考其出处，实则不然，《史记·魏公子列传》载，信陵君被谤，见疑于魏王，“乃谢病不朝，与宾客为长夜饮，饮醇酒，多近妇女”②，以醇酒妇人借以自保，实在是颇多无奈和辛酸。在经历晚明激烈的党争以及明清易代之悲怆，在噤若寒蝉的黑色社会生态中，信陵君“醇酒妇人”式的生活逐渐成为士大夫表明心迹、消磨沉郁、缓解伤痛的凄怆选择。此诚如全祖望所说“明人放浪旧院，名士多陷没其间，虽以范质公（按：范景文）、吴次尾（按：吴应箕）、方密之（按：方以智）、姜如须（按：姜垓）、冯跻仲（按：冯京第）、黄太冲（按：黄宗羲）亦不免焉”③。皖人夏子龙在“甲申之变”后，“怏怏不自得”，与倡家女子沈隐“穷日夜酣饮不复休”：“或规之，子龙叹曰：‘此信陵君所谓饮醇酒、近妇人者也。子未揣其意耶？’”④观张潮在《虞初新志》中所录《汤琵琶传》《董小宛传》《马伶传》《李姬传》《王翠翘传》《小青传》《圆圆传》《柳夫人传》诸女性人物的传记，无不大有此般况味在其间矣。《虞初新志》录余怀《板桥杂记》全文，缀于卷末⑤，盖亦因澹心此作实乃“一代之兴衰，千秋之感慨”所系，诚若前人所谓：“故宫禾黍，旧苑沧桑，名士白头，美人黄土，此余曼翁《板桥杂记》之所由作也。”⑥

---

① （清）张潮：《虞初新志》卷六《黄履庄小传》文末张潮评语，第497页。

② （汉）司马迁：《史记》卷七十七《魏公子列传》，第2384页。

③ （宋）全祖望：《鲒埼亭集外编》卷四十九《记石斋先生批钱蛰庵诗》，《全祖望集汇校集注》中册，上海古籍出版社，2000年，第1819页。

④ （宋）全祖望：《鲒埼亭集外编》卷十二《沈隐传》，《全祖望集汇校集注》中册，第976页。

⑤ 咸丰元年小嫏嬛山馆重刊《虞初新志》卷二十，在《三侬赘人广自序》一文后著录余怀《板桥杂记》全文。

⑥ （清）陈云楷：《秦淮画舫录序》，（清）捧花生《秦淮画舫录》卷首页1A，清嘉庆刻本。

在张潮诗文作品的笔触之下,酒、色、侠、义是极为常见的物象和主题,也是才子佳人、英雄神仙的标配。张潮有一组《四怀诗》,四首作品皆以“我所怀兮在……”起首,分别歌咏了他理想中的“才人”“佳人”“英雄”和“神仙”的品格,无论是才子之“天资学力咸绝伦”,还是佳人之“兰心蕙质匪世有”、神仙之“有时卖药隐市廛”,在张潮的心目中,其精神风貌实与侠客义士诸英雄的“豪侠慷慨气贯虹”是完全一致的。在组诗中,张潮有感于现实周遭这种精神情怀之严重缺失,不禁在组诗中喟叹曰:“奈何缘悭艰所遇,纵有相思无处诉。不及无家游冶郎,倚翠偎红狎鸳鸯。”“秋郊击剑报知己,挥金那顾家计穷?奈何我生交不获,生生块垒凭谁释?不及生当中古时,椎埋屠狗皆堪容。”①张潮在一首《杂兴》诗中,有更为明白的自我抒怀曰:“有酒须进文人喉,酒气拂拂十指流。有花须插佳人头,云英雾鬓欢绸缪。有兴须同高士游,雄谈往复堪相酬。有剑须挂烈士韝,不平肯为人间留?”②这股强烈的“酒气”“花气”“兴气”和“剑气”,充盈于张潮自己的诗文之中,他在遴选友朋文章,辑纂《虞初新志》时,“雄谈”“瑰奇”自然是他衡文的重要标准。

(三)“兴味秾醇”

纵观《虞初新志》中状写奇人、奇事之诸文,亦奇亦正,奇中有正,正中有奇。文中刻画的人物形象都有着鲜明的个性,甚至不乏性情乖张者。但凡写伟人杰士者,多电掣雷激之笔;若写歌姬艳妇,则语带娇媚,多花笑莺啼之姿;至若妖怪鬼神诸文,多出以夸张之笔,肆力铺陈刻画,枭啸鸱号之情状,生动若在眼前。读者多被这些奇文异事深深吸引,“读之令人无端而喜,无端而愕,无端而欲歌欲泣,诚得其真而非仅传其似也”③。抑或如日本学者所说的那样:“读者倏而笑,倏而惊,不能不为之色飞肉动,是无他,事既新奇,意到笔随,雕刻世态,模绘物情,嬉笑怒骂,皆能成文。易入人之心脾也。”④

无论文章如何千变万化,“虞初体”作品大多数是借其文中的诡怪新奇,来实现“托微词于曲水”,是乃为张潮和诸文作者真情之流露,所谓作者

① (清)张潮:《四怀诗》,《张潮全集》(第一册)《心斋诗集》,黄山书社,2021年,第10页。
② (清)张潮:《杂兴》,《张潮全集》(第五册)《作品辑存·诗词》,第286页。
③ (清)张潮:《心斋聊复集》之《虞初新志序》,第151页。
④ [日]盐田泰:《本朝虞初新志跋》,《本朝虞初新志》卷尾,明治十六年(1883)刊刻。

胸中之《史记》也，其目的无不是要褒颂孤介忠良之隐德，弘扬节烈侠义之品行，使其名其事不致湮灭耳。

陈鼎是《虞初新志》中收录作品较多的一位作家，他的很多奇文，皆有这种深刻而醇厚的“微词”和“兴味”。陈鼎有感于“事更朝代，世迥异而人湮”，“人限方隅，地殷遥而事隐”，遂肆力于搜集名姓不彰的忠孝节义、贞烈豪侠、隐逸高人之事实，为他们作传。他在《征近代忠孝节义贞烈豪侠隐逸高人事实作传发刻启》一文中明确说道：“伏见北海逋臣，东林樵子，或种花彭泽，植五柳以明高；或抗节燕台，蹈千死而不悔。心伤破国，誓欲捐躯，又有感切《蓼莪》，情深《岵屺》。愚孝死孝，俱为孝思之所钟；谕亲顺亲，罔非亲心之最乐……以至方外高人，寰中侠客，或孤怀独往，或抱膝长吟，或吹剑云中，或钓鳌海上。既立名砥义，各擅一奇，则彰往传来，亦堪千古。”[①]陈鼎在其《八大山人传》一文中，对传主“一日之间，颠态百出”的描写，岂其好奇之为哉？山人之“病颠”，实有不得已之隐衷。文末“外史氏曰”所云：“山人果颠也乎哉？……其醉可及也，其颠不可及也。”[②]其中之兴味隐微而醇厚，传主内心之孤苦愤懑隐然而出。陈鼎亦或是其他作者笔下的义士、义牛、孝犬等传记，似乎是张潮尤为喜欢收录的一类文字，他曾有谓“义犬事甚多，不胜其载”[③]，无论是作者文中的“外史氏曰”，还是张潮的评点，都交口称颂“亦千古而仅见者”[④]，“世之人不若者众矣”[⑤]。

《虞初新志》中有许多记载鬼怪神仙的灵异离奇之作，细读原文，其中实亦多有深意，无论是原文作者，还是作为辑纂者的张潮，他们关注的焦点并非对灵异鬼怪的猎奇，其文中之兴味和意旨，实在耐人寻味，其“深者通诸性情，大者助乎名教”[⑥]，“究归圣人中和之道”[⑦]。可略举数例为证。

陈玉璂在《钱塘于生三世事记》一文中提出：“苟非有冥报，使计穷力竭，贿赂无所施，干请无所用，人亦何惮而不为乱臣贼子？故冥报者，所以

---

① （清）陈鼎：《留溪外传》卷首陈鼎《征近代忠孝节义贞烈豪侠隐逸高人事实作传发刻启》，《四库全书存目丛书》史部第122册，齐鲁书社，1994—1997年，第410页。

② （清）张潮：《虞初新志》卷十一《八大山人传》，第552页。

③ （清）张潮：《虞初新志》卷十二《孝犬传》后张潮评点文字，第575页。

④ （清）张潮：《虞初新志》卷九《王义士传》，第532页。

⑤ （清）张潮：《虞初新志》卷十二《孝犬传》，第575页。

⑥ （明）徐芳：《悬榻编》卷首文德翼《叙》，第3页。又见文德翼《求是堂文集》卷二，第329页。

⑦ （明）徐芳：《悬榻编》卷首《悬榻编序》，第6页。

济国法之穷也。吾友魏冰叔作《地狱论》,其说实有稗于世道人心。”[①]张潮《虞初新志》在评点此文时,就表达出赞同之意,并在魏禧“刑赏穷而作《春秋》,笔削穷而说地狱”[②]一说的基础上,进行阐述和发挥道:“余曾作《轮回说》,谓人为异类,世苟不知,便不足以为戒,故必毛上成字方可耳。”[③]

《虞初新志》卷四所录徐芳的《神钺记》一文,关帝庙中的周将军塑像提刀砍不孝子之事,显然多附会不经之传说,在行文中,徐芳也质疑其事的真实性:“刀非铁钺也,木偶之将军,非有血气知觉、指臂运动也。”[④]但作者之所以要对此事大书特书,其意在于让世人“达于感应之义”[⑤]。张潮在文末的点评中,对此又作进一步的阐发曰:“阅至不孝子弑逆处,令人发指眦裂;读至神钺砍颈处,令人拍案称快。世之敢于悖逆者,皆以为未必即有报应耳,则曷不取是篇而读之也?”此真乃奇中之正也,无怪乎时人有将徐芳此文与《春秋》相媲者,所谓:“烛照《春秋》,神正常明。华衮刀藏仙佛,魔空不坏金刚。周将军一是,特为《春秋》护法。”[⑥]徐芳的《换心记》,写梦境中发生剖胸换心之事,而终使做梦人由愚转颖。亦奇事也,然作者在文章末了发表了一段颇有深意的议论,实在值得世人细品细绎:“今天下之心,可换者多矣,安得一一捽其胸剖之?易其残者而使仁,易其污者而使廉,易其奸回邪佞者而使忠厚正直?……若是,神之斧日不暇给矣。且今天下之心皆是矣,又安所得仁者、廉者、忠若直者而纳之,而因易之哉?”[⑦]张潮和徐芳的一众好友至交,读懂了其中的兴味和意旨,因而不乏这样的品评曰:“换心奇甚,仁廉忠厚,愤郁极矣。寸心不昧,万法皆明。”[⑧]张潮在《虞初新志》中亦作如是之评:“有形之心不能换,无形之心未尝不可换。人果肯换其无形者,安知不又有神焉并其有形者而换之耶?则谓进士公为自换其心也可。”[⑨]

“虞初体”文章“兴味秾醇”的这一特点,在很大程度上是得益于小说笔法的融合。张潮喜欢古之小说家言,对《世说新语》尤甚,他曾说“善清言

---

① (清)张潮:《虞初新志》卷十一陈玉璂《钱塘于生三世事记》,第 560 页。
② (清)魏禧:《魏叔子文集外篇》卷一《地狱论中》,《魏叔子文集》,第 85 页。
③ (清)张潮:《虞初新志》卷十一陈玉璂《钱塘于生三世事记》文末张潮点评之语,第 560 页。
④ (清)张潮:《虞初新志》卷四徐芳《神钺记》,第 468 页。
⑤ (清)张潮:《虞初新志》卷四徐芳《神钺记》,第 469 页。
⑥ (明)徐芳:《悬榻编》卷三《神钺记》文末评语,第 122 页。
⑦ (清)张潮:《虞初新志》卷五徐芳《换心记》,第 475 页。
⑧ (明)徐芳:《悬榻编》卷四《换心记》文末评语,第 153 页。
⑨ (清)张潮:《虞初新志》卷五徐芳《换心记》文末张潮的评语,第 475 页。

者，莫如晋临川王以妙笔承之”，“其旨远，其辞隽，遂尔脍炙今古”，“遂不能不让《世说》独步千古耳”。于是，张潮便在《世说新语》的基础上，做了大量前溯后续的工作。他在“隐括三代以迄东汉之书”，编纂成《古世说》，“俾与《世说》诸书，后先辉映”[1]。对于张潮的《古世说》以及这篇序言，友人在评骘中反复申述这样一个意思：“谈言微中，可以解纷，善戏谑兮，可以解人颐。隽语清言，道所不废也。惟解人，乃能解解语。”[2]所以，在张潮和他的友人看来，若能将《世说新语》这类小说中“可以解人颐”的“隽语清言”融入古文写作中，岂非极好的创造？吴绮在给张潮文集作序时，甚至还为他寻找到了足够的前代的事实依据和理论支撑，其中有曰：“原夫庄子寓言，遂有鹭鸠之笑；屈生讽谏，乃以凤凰为媒。借弹事于甘蕉，托微词于曲水。东方拔剑，以訾郭是为滑稽之雄；淳于绝缨，以入齐无殊坚白之旨。皆即小以观大，亦由隐而极微也。”[3]

观诸《虞初新志》，其中确乎有不少这样的作品，它们或是出以清言隽语，或是在戏谑解颐之辞中做到了张潮所推崇的“写照传神，仿摹必肖”，同时文字中又蕴蓄着无尽的哲思和兴味，或隽永，或秾醇，给人留下了极深的印象。

林璐所作《丁药园外传》[4]在看似平淡无奇的叙事中，以晚明唐宋派散文琐忆式的写法，出以平和的语言，时出机趣和兴味，醇而有韵。文中这样描写丁澎的“短视”（近视眼）：“客乍登楼，药园伏案上，疑昼寝。迫而视之，方观书，目去纸才一寸，骤昂首，又不辨某某。”被友人戏嘲之后，“药园戏持杖逐客，客匿屏后，误逐其仆”，这样的逸事，读来无不令人莞尔。在历经贬谪“崎岖三千里”的路上，他读到邮亭驿壁上的迁客诗，居然大喜，“孺子妾问曰：‘得非闻赐环诏耶？’药园曰：‘上圣明，赐我游汤沐邑。出关迁客皆才子，此行不患无友。’久之，粮尽，馁而啼。孺子妾慰劳曰：‘卿有友，必箪食迎若。’药园笑曰：‘恐如卿言，当先以酒疗吾渴。’”到了谪所，他依然甘之如饴，安然若泰。“国子藩公闻其名，欲枉见药园，迟不往。一日，乘牛车入城，药园车上执《周易》，骤遇藩公节，低头读《易》不及避。藩公归，语陆子渊曰：‘吾今得遇药园先生矣！’子渊问故，藩公曰：‘此间安有车上读书，

[1]（清）张潮：《心斋聊复集》之《古世说序》，第143页。
[2]（清）张潮：《心斋聊复集》之《古世说序》文末诸家集评，第144页。
[3]（清）张潮：《心斋聊复集》卷首吴绮《序》，第131页。
[4]（清）张潮：《虞初新志》卷四，第462—464页；亦见于（清）林璐：《岁寒初集》卷三，《四库全书存目丛书》集部第283册，第807—808页。

傲然不顾若此人者乎？必药园无疑也。'"这些生动具体的细节，大概也就只有传主的至交好友能熟知，并将其传注于笔墨，成为经典。传主和作者的另一位好友陈廷会在读过此文之后，心有神会，写下了这样的评语："笔墨别有兴会，得之天授，非人力也，药园不朽矣。"①张潮在编纂《虞初新志》时，亦评之曰："叙琐屑事，须眉活现，是颊上添毫手也。"②

周亮工的《盛此公传》③是一篇饱含深情又极富哲理的一篇古文。文章记载了一位"抗倈"慷慨、"与世无合"的才士盛镋，因其所为文"不合有司尺度"，而人生"侘傺无聊"，坎坷多艰。在幽暗的岁月中，他曾坚持、挣扎过，迫于生计的艰难，昔日"神采奕奕"的盛此公最终放弃了心中的诗和远方。在双目失明的情况下，他竟"屈其二十年锐往之气，俯而与邑之黄口儿扶掖彳亍，旅进旅退，争有司阶前盈尺地而不惭"。"试后，犹寄语予曰：'盲儿无以慰老亲，子毋嗤。'"曾经意气风发的盛此公对好友竟说出了这样一番话语，不禁令周亮工"为悲动者久之"，数度发出"嗟夫""岂不悲哉"这样的喟叹，"因慨夫祖宗立法过严，士即负奇材，抱异质，魁奇特起，不俯首就有司尺度，他途无由进"。盛公是一位名不见经传的下层落拓之士，但他的经历实在是中国古代士人生存状态的典范。士人要安于陋巷之中，箪食瓢饮，坚守初心，"不改其乐"，何其艰难耶！文章的寓言讽谏之意，即吴绮在序张潮《心斋聊复集》时所谓"即小以观大"，"由隐而极微"，此实乃张潮一直以来在文章方面所推重和追求的风格。

三、张潮辑纂《虞初新志》的文学史机缘和意义

(一) 晚明文坛发展的新风、新潮

张潮之纂辑《虞初新志》，绝非偶然，在笔者看来，很显然是在晚明以来文章创作中"文章融小说家笔法""小说集化"这些新潮流背景下出现的文学史事件。对于这一新潮流，鲁迅先生在《中国小说史略》中有所述及："文人虽素与小说无缘者，亦每为异人、侠客、童奴，以至虎狗虫蚁作传，置之集

---

① (清) 林璐：《岁寒初集》卷三《丁药园外传》文末附陈廷会(字际叔)点评，第 808 页。
② (清) 张潮：《虞初新志》卷四，第 464 页。
③ (清) 张潮：《虞初新志》卷一，第 426—28 页。亦见于(清) 周亮工：《赖古堂集》卷一八，上海古籍出版社，1979 年，第 694—702 页。

中。盖传奇风韵,明末实弥漫天下,至易代不改也。”[①]在这段经典的论述中,鲁迅并没有把文人别集中所录的异人、侠客以至虎犬之传,当作小说来看,所以《中国小说史略》并没有明确地将《虞初新志》列为小说而作出评骘。尤可注意的一点是,鲁迅先生清晰地揭示了明末清初传奇志怪之风在文章创作中盛行的实相。

核诸明末清初的文献和诗文别集,这样的例证比比皆是,有些作品也因其“奇异”“怪诞”,而被张潮选入《虞初新志》。除了前文已有援引的徐芳《悬榻编》、周亮工《赖古堂集》等,可以再举几例,以为佐证。袁宏道集中的《徐文长传》《醉叟传》《拙效传》[②],袁中道《珂雪斋集》中的《关木匠传》《一瓢道士传》《回君传》[③],汪道昆《太函集》中的《江山人传》《陈宜人传》《却姬传》《庖人传》《查八十传》[④],这些散体的人物传记,文笔摇曳瑰奇,具有浓郁的小说笔调和情味。明末清初大儒黄宗羲为矫正七子以还“相率为沿袭剽窃之学”,“扫除摹拟,空所倚傍”之习,“又欲使一代典章人物,俱借以考见”,辑纂《明文海》一书。是书搜罗广博完备,被四库馆臣誉为“一代文章之渊薮,考明人著作者,当必以是编为极备矣”。但馆臣也因为《明文海》中收录大量的“游戏小说家言”,而指摘黄宗羲此书“不免失之泛滥”[⑤]。黄宗羲《明文海》中“传”体文的传主,有巢书子、太白山人、博鸡者、甄义士、邓弼、坦上翁、百花主人、柳夫人(柳如是)、乘槎客、庖人、查八十等社会各色人等,既有名臣循吏、忠烈孝义之士,亦有畸人逸士、方技高人,甚至不乏仙释诡异之辈,他们都被黄宗羲选入到名臣、文苑、儒林、隐逸、方技等各个类目之中[⑥],作为时代历史变迁之重要见证。通读《明文海》和黄宗羲的文

---

① 鲁迅:《中国小说史略》第二十二篇《清之拟晋唐小说及其支流》,《鲁迅全集》第九卷,人民文学出版社,2005 年,第 215 页。

② (明) 袁宏道著,钱伯城笺校:《袁宏道集笺校》(中册),上海古籍出版社,1981 年,第 715、719、723 页。对《徐文长传》一文,袁宏道还是比较得意的,他在给好友陶望龄的信中说道:“《徐文长传》虽不甚核,然大足为文长吐气。”(袁宏道《答陶石篑》,《袁宏道集笺校》中册,第 779 页)

③ (明) 袁宏道:《珂雪斋集》,上海古籍出版社,1989 年,第 703、704、705 页。

④ (明) 汪道昆:《太函集》第 1 册,黄山书社,2004 年,第 577、586、595、596、601 页。

⑤ (清) 永瑢:《四库全书总目》(下册),中华书局,1965 年,第 1730 页。

⑥ (明) 黄宗羲:《明文海》卷三百九十五童轩《巢书子传》、卷三百九十五李梦阳《太白山人传》、卷四百〇三高启《书博鸡者事》、卷四百〇三朱安侃《甄义士传》、卷四百〇四宋濂《秦士录》、卷四百〇七李默《坦上翁传》、卷四百〇七陈鹤《百花主人传》、卷四百十四徐芳《柳夫人小传》(此文也被张潮收入《虞初新志》)、卷四百十六陈谟《乘槎客传》、卷四百十八汪道昆《庖人传》、卷四百十八汪道昆《查八十传》。

章,我们就会发现,黄宗羲并不反对融小说家笔法入古文的,这实乃是黄宗羲学术视野、文章理念通达的重要表现,但这在后代却成为一些恪守桐城家法的人批评黄宗羲文章的焦点之一①。

陈继儒在明末曾编辑过一部与众不同的古文选本《古文品外录》,其编辑目的就是要突破《文选》以迄宋儒"朴重于古人之文"②的束缚,他认为这种束缚,实在是一种牢笼和钳制。这种束缚,"非但自囿其识,递耳而递目之,抑且囿百世以下读者之识,非但囿读者之识,抑且百世以前作者之神情笑貌、筋骸脉络,种种生动之妙,亦囿焉而不得出矣"。于是他便作出大胆的尝试,"欲使学者知九州之外复有九州,九略之外复有九略,引申鼓舞其聪明,使之不倦而已"③。陈继儒操持古文之选政,与世人大相径庭,在"旨远情深"④这一衡文标准的引领下,多"取其颇有别趣,超于恒之外"⑤,诸如《汉武帝内传》中的《答上元夫人》、唐人陈鸿的传奇《东城老父传》等以前很少入选古文选本的文章都被他阑入《古文品外录》中,他更以文章评析的方法指出这些作品的命意,在评《东城老父传》时,陈继儒则曰:"总结在胡儿不宜入华意,指禄山也。"⑥陈继儒的这部《古文品外录》,"古今选萃,义例所无",甫一问世,就受到了世人的欢迎,被誉为"手擘千古,别开此门","令见者焕烂满眼,便欲跳心而入,如处寻常川陆,忽到武陵桃花源,只觉其礼数不同尊俎,异而不忍去也"⑦。近代学者方孝岳先生对陈继儒在文学上所持的"品外"观,大加称赏,在评骘其文学史意义时有曰:"这些极幽隐的文章,皆以入选,斑斓五色,奇趣横生。当前后七子等抱守典型规规雅步之后,一班人厌肤壳而求清新,平正通达的人,就提倡清深疏畅的笔调;聪颖秀特的人,就不免跃跃欲试,摩拳擦掌的,都来打通壁子说亮话了。弄手眼,掉机锋,闹口舌,纷呶不休。"⑧

---

① (清)李慈铭:《越缦堂读书记》四《集部》之《南雷文定、南雷文约》:"梨洲文鲜持矜,才情烂漫,时有近小说家者。望溪谓吴越间遗老尤放恣,盖指是也。"辽宁教育出版社,2001年,第935页。

② (清)陈继儒:《古文品外录》卷首王衡《古文品外录序》引陈继儒语,《四库全书存目丛书》集部第315册,齐鲁书社,1997年,第284页。下文《古文品外录》版本均用此,注释从简。

③ 王衡《古文品外录序》引陈继儒语,(清)陈继儒:《古文品外录》卷首,第285—286页。

④ 王衡《古文品外录序》引陈继儒语,(清)陈继儒:《古文品外录》卷首,第285页。

⑤ 方孝岳:《中国文学批评》,三联书店,2007年,第238页。

⑥ (清)陈继儒:《古文品外录》卷十六,第622页。

⑦ 姚士粦《古文品外录序》,(清)陈继儒:《古文品外录》卷首,第287页。

⑧ 方孝岳:《中国文学批评》,第239页。

更为有趣的是，在明清之际，甚至有人把小说编入文集中，在著述体例上出现了“小说集化”的现象，其最为著名的当数明人宋楙澄。宋楙澄在个人别集《九籥别集》中专设一目（卷二至卷四），曰“稗”[①]。集中所录的《刘东山》《广陵乘兴》《敬德不伏老》《吴中孝子》《珠衫》《耿三郎》《吕翁事》《陶真人》《侠客》《朱丐儿》等“稗史”笔记之文，多类“虞初体”之作。作为一代文坛盟主的王士禛，就曾注意到这一问题，并数次指出：“如稗官家刘东山、杜十娘等事，皆集中所载也。”[②]对这一现象，作为一代文坛盟主的王士禛，对这一现象并未做过多的批评，相反，同样的情况在他的文集中倒也时而见之。如王士禛的《书剑侠二事》等作品，互见于《渔洋文集》和作为说部的《池北偶谈》[③]。

王士禛的态度是较为平和的，但对这一新潮流、新风气的出现，引发的争议和批判也是很激烈的，这正是文学史发展演进复杂而正常的情形。明人方应祥很早就挺身而出说道：“一切稗官小说之言，无所不阑入，而文之坏极矣。”[④]费元禄也跟进说道：“今海内方以诡文、稗史、小说、短记、偏部无不入义，柄文者不得不取盈之，遂用以成风。足下标然大义，一统以醇正，可为中流之砥柱矣。”[⑤]清初大儒李绂在《古文辞禁八条》中也针对晚明以来古文中“小说家气”日重，特为提出“禁用传奇小说”一条，并强烈批判这一现象：“若古文则经国之大业也，小说岂容阑入！明嘉、隆以后，轻隽小生，自诩为才人者，皆小说家耳，未暇数而责之。”[⑥]观批判者言辞之激烈，则完全可从反面证明，说、文合流之风尚在明清之际的古文创作中形成的声势是巨大的，影响是深远的。

---

① 《九籥前集》卷十一、《九籥集》卷十中都设有“稗”体，并把其《瞻途纪闻》缀于《九籥续集》之尾。具体作品详见宋楙澄《九籥集》，《四库禁毁书丛刊》集部第177册。

② 王士禛《蚕尾续文集》卷九《书宋孝廉事》，《王士禛全集》第3册，齐鲁书社，2007年，第2114页。此文亦见于王士禛《池北偶谈》卷二十二《谈异》，《王士禛全集》第5册，第3372—3373页。

③ 王士禛《渔洋文集》卷六《书剑侠二事》，《王士禛全集》第3册，第1616—1619页；亦见于王士禛《池北偶谈》卷二十三《谈异》，节录文集中记载的第二事，《王士禛全集》第5册，第3421—3422页。张潮《虞初新志》卷九（第525页）录王士禛全文，并在文末点评曰：“予尝遇中山狼，恨今世无剑侠，一往愬之。读此，乃知尚有异人，第不识于我有缘否也。”是则，在张潮看来，此文虽类小说，亦可为世道人心之警喻也。

④ 方应祥《青来阁初集》卷九《与子将论文》，《四库禁毁书丛刊》集部第40册，第691页。

⑤ 费元禄《甲秀园集》卷三九文部“胡永嘉”条，《四库禁毁书丛刊》集部第62册，第585页。

⑥ 李绂《穆堂别稿》卷四十四《古文辞禁八条》，《续修四库全书》第1422册，上海古籍出版社，2002年，第618页。

(二)厌倦科举文章后自我的选择

张潮倾力辑纂《虞初新志》,是希冀借褒奖、推举、评点"虞初体"文章,为此文坛新风扬其波、助其澜也。除此而外,与其个人的阅读、科举经历不无紧密的关系。

张潮自"十有三岁始为八股",便开启了他个人的科考之路。屡次落第和场屋的受挫,使张潮饱受人生失意的煎熬,他在文章中曾自述道:"遥计自乙卯,溯于甲辰,积有十二载,星次为之一周,时物于兹迭变,人生几何?谁堪屡误?又况此十二年间,苦辛坎坷,境遇多违,壮志雄心,销磨殆尽。自是而后,安能低头佔毕,以就绳墨之文为哉?"①纵观明清时期文人的仕履经历,科场蹶踣困顿远胜于张潮者则大有人在。这并不算漫长的场屋生涯已然使张潮对终日淹没于八股文字中的生活感到无比厌倦,他决计放弃索然无味的"绳墨之文"。于是,张潮对文学的理解及其文学生活都发生了重大的转变,文章不再是猎取功名利禄的工具,而是自我写怀抒臆的重要载体,所谓"花晨月夕,逸兴闲情,无所寄托,往往发为诗歌,以自写其抑郁牢骚之慨"②也。在随后的文学生活中,张潮时常以"游戏自娱",趣味遂成为张潮对文学审美的核心追求,这虽"无关于诗文之轻重",但在其友朋之中却颇受欢迎,"人之见之者,群诧为奇文,索之者众"③,斗鸡走马、奇闻异事,诸如此类,无不成为他最心仪的内容,就其形式而言,则表现出与众不同的状态。其实这些看似玩世不恭的游戏文字,往往带有作者的某种人生悲慨,张潮曾作有一篇《反乞巧文》,初看是对韩、柳《乞巧文》的翻案,而其以反讽的基本构架来自我抒臆和批判现实的写法,则是与前贤一脉相承的,故而时人有"操屈原之戈,入庄生之室"④之评。纵观其文,"满腔愤慨,发为文章,字字酸楚,抑郁潦倒者读之,不禁狂呼大叫、搔首问青天矣"⑤。顾彩在读过张潮这类"非主流"的文字之后,不禁感慨道:"真有李广数奇之感。乃知叩壶击筑,亦止寄托无聊。心斋诗义,所以独绝于古也。"⑥

---

①(清)张潮:《心斋聊复集》之《八股诗自序》,第152页。
②(清)张潮:《心斋聊复集》之《八股诗自序》,第152页。
③(清)张潮:《心斋聊复集》之《八股诗自序》,第152页。
④(清)张潮:《心斋聊复集》之《反乞巧文》文末附龚贤(野遗)评语,第152页。
⑤(清)张潮:《心斋聊复集》之《反乞巧文》文末附张兆铉(贯玉)评语,第152页。
⑥(清)张潮:《心斋聊复集》之《八股诗自序》文末顾彩点评文字,第152页。

（三）尤侗为代表的“杂组体”之影响

就在人生迷茫之际，在文章创作转型的关键时候，年轻的张潮遇到了苏州才子创作的《临去秋波》制艺为代表的奇文。在结识尤侗后，张潮在给这位前辈好友的书札中用“朝夕宝玩”[①]一语，向尤侗描摹自己年轻时买到《西堂杂组》之后的欣喜之情。以尤侗为代表的“杂组体”文章对张潮的文章观念和创作，产生的影响是巨大的。张潮曾多次开诚布公地说道：“吴门尤太史悔庵作《临去秋波》制义，创前人所未有，世祖章皇帝，目为才子，文人知遇之隆，于斯为极。予何敢望悔庵？而创所未有，则或庶几近之。”[②]

张潮深受尤侗“杂组”文类观念的影响，他对文章范围、文章风格完全有着自己的理解，他明确地提出了“杂文类”的说法。他的这一观点，集中体现在《昭代丛书乙集序》中，其中有曰：“文章一道，随世运为盛衰。我国家文治聿隆，超轶往代，天地精华之所酝酿，咸就文人之笔端，而各如其量以赴之，其为类也不一，其为体也各殊，而无不足以广见闻而资学问。窃尝取而观之，则有若穷经之文、补史之文、乾象之文、坤舆之文、感遇之文、掌故之文、记事之文、论文之文、砺德之文、保身之文、谈禅之文、博古之文、娱情之文、格物之文，其无所不有也。至于如此其盛，而皆为昭代数十年中之著作求之，甲申以前恐未有能及之者也。”[③]其中蕴含了非常重要的文学史演进信息，即甲申之后，文章体类之丰富，无所不有；其发展之迅捷，尤其是在突破文体常规和各种“格套”上的新变，笔者另有专文论述，兹不赘。

在这一文学观念的迪引下，张潮下笔作文时，就不会有太多古文家所谓的“文章体式”“格套”或是“架子”这般清规戒律，因而其文写来就显得格外挥洒自如，其所作“愈出愈奇，如游山阴道上，使人应接不暇”[④]；“为文则风流潇洒，如广平之赋梅花，读者无不爱焉”[⑤]。张潮对晚明以来流行的那种“新陈相变，作者或孤起、或四起，神鹰掣而擘九霄，天马脱辔而驰万里”[⑥]的小品情有独钟，他甚至对余怀公开宣称：“我辈文章义气，期以千秋，

① （清）张潮：《尺牍友声偶存》卷五《寄尤悔庵先生》，乾隆四十五年刻本。
② （清）张潮：《心斋聊复集》之《八股诗自序》，第152页。
③ （清）张潮：《昭代丛书乙集序》，《昭代丛书乙集》卷首，康熙三十九年刻本。
④ 余怀致张潮尺牍，见张潮《尺牍友声初集》之《戊集》页8B，乾隆四十五年心斋刻本。
⑤ 陈鼎《留溪外传》卷六《心斋居士传》，《四库全书存目丛书》史部第122册，第531页。
⑥ 陈继儒《文娱序》，郑元勋《媚幽阁文娱》卷首页3A，明崇祯刻本。

固不在形迹间也。"[①]"仆拙著古文,大半皆系小品。"[②]尤侗是张潮和余怀的共同好友,他对尤西堂老人的喜爱和效仿、学习,也从不讳言,他在《天竺二十八祖颂》的序言中就明言自己这组文章就是尤侗《震旦六祖颂》的续仿之作,所谓:"聊为展成先驱,敢比丰干饶舌?"[③]

张潮曾仿尤侗《讨蚤檄》,出以骈偶之语,作《讨鼠檄》《讨蜘蛛檄》,其友评之曰"当与尤展成《讨蚤檄》共悬霄汉"[④],更将尤侗"真才子"[⑤]的名号也赠与张潮。这些评论虽不免溢美,但却道出了张潮此类文字与尤侗"杂组体"之间的渊源。更有甚者,张潮采用"戏集药名"的形式撰写了一篇《讨二竖子檄》,文中嵌入多达数十种的药名,借以驱赶病魔"二竖子",既切题旨,又见作者驾驭文字的能力,无怪乎友人要惊叹其"驱使草木,如五花八门,各极奇正之妙"[⑥]的本领。张潮对这种"墨戏"文字的喜欢,是一以贯之的,这一点无疑也是和尤侗如出一辙。张潮亦喜游戏笔墨,如《海棠上杜工部书》,因杜诗未及咏海棠,遂拟海棠之口书与杜甫,其中有谓:"春睡方酣,怜生帝子;晓妆正懒,爱出才人……出敷华而秋逞媚,敢云志在春秋;夜烧烛而日烘裳,不谓荣沾日夜。高低千点赤,焕若霞城;深浅半开红,烂同云锦。袅袅垂丝,不类颠狂柳絮;亭亭贴梗,肯随轻薄桃花?"此虽系"游戏文章,亦足见其华美"[⑦],文中所谓"笔花烂漫""文彩纵横",直堪称自我写照。

(四)友朋之间的同声相应

张潮的一生,结交天下文士颇多,这从他结集的数辑《尺牍友声偶存》《尺牍友声》就可看得很清楚。纵观其结交,多"魁奇忠信"之士,至于世俗首肯的"寻常乡曲之士"尤不喜欢[⑧],这些在世俗看来循规蹈矩的"乡曲之士",几乎都与"趣"绝缘,而毕竟张潮是非常看重友朋间的同声相应的,于

---

① (清)张潮:《尺牍友声二集》之《已集》,页 18B,乾隆四十五年心斋刻本。
② (清)张潮:《尺牍友声偶存》卷二《与余澹心》,页 16B,乾隆四十五年心斋刻本。
③ (清)张潮:《心斋聊复集》之《天竺二十八祖颂》,第 181 页。
④ (清)张潮:《心斋聊复集》之《讨鼠檄》文后附江之兰(含征)评语,第 181 页。
⑤ (清)张潮:《心斋聊复集》之《讨蜘蛛檄》文后附王宾(仔园)评语,第 181 页。
⑥ (清)张潮:《心斋聊复集》之《讨二竖子檄》文后附顾彩(天石)评语,第 184 页。
⑦ (清)张潮:《心斋聊复集》之《海棠上杜工部书》及文末吴绮(薗次)评语,第 159 页。
⑧ (清)张潮:《心斋聊复集》之《唐十泉诗集序》,第 153 页。

是遂有他在《杂诗》中之所谓:“但得个中趣,勿为迂者知。”[①]和张潮编辑其他各种书籍一样,《虞初新志》得到了诸多好友的支持,友人们纷纷把其合乎张潮选编标准者的作品,抄寄给张潮,有的甚至是未刊的手稿。张潮自辑的《尺牍友声偶存》《尺牍友声》等书信集,就具体而微地反映了他在辑纂过程中与友人的种种沟通、联系以及商量、切磋,法国汉学家戴廷杰(Pierre-Henri Durand)通过系统的文献梳理和考证,已经揭示得非常清楚了,其《雅俗共赏,瑕瑜互见——康熙年间徽州商籍扬州文士和选家张潮其人其事》一文[②],可以参考,我们自不必再费笔墨考论友人资助的细节。唯可补充的是,为编纂《虞初新志》,张潮总共征集、搜检了“近代诸名家古文一百五十种……又辑时辈新奇怪异之文数千篇”[③],其用力之勤足见。

《虞初新志》中所收录的作者,大多都与张潮有着较为密切的书信联系,张潮在书信中,时常与朋侪进行文学观念的交流和探讨。在张潮所辑的《尺牍友声》诸集中,可以清晰地感受到,“奇”而有“趣”,又不失文人胸中之“真意”与“真气”,是张潮编选《虞初新志》、评骘文章时,最核心的标尺。张潮的这一文学理念以及他的创作,是得到友朋们鼎力支持的,张潮受唐人《乞巧文》之启发,写过一篇《天河鹊桥记》,其文未必精彩,但他的这一尝试和作派,却深得友人的肯定,他们纷纷在文末作评曰“原不必定有是事,而文人胸中,所谓无端自烟云者,不可不有也。有胸中之奇,复有笔下之奇,真文人哉”;“从来幻境,原属子虚,一经文人之笔,摹写撰述,便觉实有是事,传为典故,读此记者,宛似真有鹊桥否”;“空中楼阁,描绘逼真,当与《南华》文字,并传不朽”[④]。

如果说陈鼎、王晫等诸多朋辈的文章被张潮收入《虞初新志》是属于同声相应的话,那么,张潮把诸如钱谦益、吴伟业、侯方域、李渔、魏禧、周亮工等未及拜会的前辈之作选入《虞初新志》,自然不仅仅是倚其名声而自重。张潮之编选的“虞初体”诸文中,自有其对前辈文章观念衍变和某些创作新风向的呼应,其实也在一定程度上为后世揭橥了明末清初文坛上孕育着的

---

① (清) 张潮:《杂诗》其三,《张潮全集》(第一册)《心斋诗集》,第 3 页。
② 《法国汉学》丛书编辑委员会编:《徽州: 书业与地域文化》(《法国汉学》第十三辑),第 582—594 页。
③ 陈鼎《留溪外传》卷六《心斋居士传》,《四库全书存目丛书》史部第 122 册,第 530 页。
④ (清) 张潮:《心斋聊复集》之《天河鹊桥记》文末朱玉笥、张兆铉(贯玉)、张谐石(张韵)评语,第 161—162 页。

重要“新变”,以及这一“新变”与传统文章家之间的博弈与力量之消长①。长期以来,清代散文研究中“桐城”枝叶之过于繁茂,似乎把文学史上这股新奇而瑰怪的生力军完全遮蔽了。现在确实应该“把目光投于散文史”,把《虞初新志》为代表的“虞初体”散文,视为“一个风云际会的标本”②,重新审视和认识它们在明清散文史上的意义和价值了。

(作者单位:苏州大学文学院)

① 清代初年,传统散文作家对古文中“小说气”的批判可谓不遗余力,他们反对将小说家言融入古文中。在这场论争中,被严厉点名批评的大多是《虞初新志》中的重要作家,其中以侯方域、王猷定等为最。如汪琬在《跋王于一遗集》一文中认为:“夫以小说为古文辞,其得谓之雅驯乎? ……夜与武曾论朝宗《马伶传》、于一(按:王猷定)《汤琵琶传》,不胜叹息,遂书此语于后。”(汪琬《汪琬全集笺校》,人民文学出版社,2010年,第907页)陈之问(字令升)喜欢评论“当世文章家,指摘其臧否”,他曾明确点名批评侯、王二位的文章曰:“侯朝宗、王于一,其文之佳者,尚不能出小说家伎俩,岂足名家?”(黄宗羲《黄宗羲全集》第10册,浙江古籍出版社,1993年,第583—584页)

② 陈惠琴、莎日娜、李小龙:《中国散文通史(清代卷)》,第176页。

地域文化及家族传统对金庸的影响*

陈玉兰

内容提要 海宁查氏虽属小姓，然数百年间文脉不断，延至现当代，更出现了穆旦(查良铮)、金庸(查良镛)这样影响广被的文坛巨匠，其中原因，值得探究。本文力图通过海宁地域文化及查氏家族传统对金庸的影响的研究，管窥查氏世家文学之所以薪火相传且不断呈燎原之势的文化土壤，认为海宁地域文化就文学而言表现为一条独具一格的文脉，这条文脉有注重情韵、好尚神秘、追求博雅的特质。这样的文学土壤影响及于金庸，表现为其高远的人生追求、宏大的叙事魄力、尚奇的运思策略。而作为海宁地域文化之分支的查氏家族文学传统，对其血胤后裔金庸之创作的影响更为明显，主要表现为金庸带有家族文化烙印的政治情怀、应变能力、诗史意识、"入格"追求。因而，金庸作为杰出小说家的出现，不是一件因机遇而生的偶发事件，除了自身的禀赋与勤奋，更值得珍视的是地域与家族文化传统的熏沐。

关键词 海宁查氏　地域文化　家族传统　金庸

因科第隆盛而被康熙皇帝赞誉为"唐宋以来巨族，江南有数人家"的海宁查氏，自雍正年间遭文字狱折创后，元气大伤，一蹶不振。与这种大起大落的家族盛衰史形成对照的是，这个家族文脉不断，子弟能诗能文、工词工曲、擅书擅画者代有其人，且不乏名家大家；以查氏家族成员为主体、影响

---

* 本文为浙江省高质量哲学社会科学重点研究基地(浙江师范大学江南文化研究中心)重大课题(2025JDKT14Z)成果。

南北诗坛的东山派、敬业派、龙山派互为继替,高潮迭起。绵延至今,更有中国现代诗歌第一家查良铮(穆旦)、世界读者人数最多的小说家查良镛(金庸)。因而,海宁查氏不仅是海宁的,也是江南的,更是中国的,并且,早已走向了世界。研究这个家族文学之所以能代代薪火相传并往往呈燎原之势的内在动因和外在力量,于我国文学文化世家研究而言,极具典范意义。

与同属“良”字辈而生长于天津的穆旦(即查良铮,1918—1977)不同,金庸(即查良镛,1924—2018)是在海宁袁花查氏家族祖宅中成长起来的,所受海宁地域文化及查氏家族传统的影响,自然也比穆旦更显深厚。有鉴于此,本文探究海宁地域文化及查氏家族传统对金庸的影响,力图通过个案研究,管窥海宁查氏之所以文人继踵接武、文脉赓续不断的环境因素。

一

海宁是历史悠久的江南文化名城,物殷俗阜,历来农工商贾均以知书识礼为荣,不仅文人辈出,且早已形成了一个耕读传家、道济天下的地域文化传统。千百年来,海宁在中华文明史上自有一条不同于众而又十分鲜明的文脉。这条文脉由一长串人们耳熟能详的名字贯串而成。诗词创作方面,可以顾况、朱淑真、胡奎、朱一是、徐灿、海宁查氏诗群、海宁陈氏诗群、王国维、徐志摩、钱君匋等为代表;以小说为主的杂学方面,可以干宝、蒋百里、陈学昭、史东山、吴世昌等为代表。而海宁查氏文学,更是海宁文脉最重要的环节和最醒目的标志。仅据《海昌查氏诗钞》稿本统计,海宁查氏至少出过312位诗人,其中结撰有卷帙浩繁的《罪惟录》的历史学家查继佐和创作了大量诗歌、刊有《敬业堂诗集》、被赵翼在《瓯北诗话》中评为“香山、放翁后,一人而已”的查慎行,可为代表。而海宁查氏文学世家的现代传承者——诗人穆旦和小说家金庸,更为海宁文脉渲染上了炫丽的现代色彩,并以其令人瞩目的成就和广泛的社会影响,使之扬名中外,成为世界文明史上一道富有东方色彩的特异风景。

这条以海宁查氏家族文学传统为主色调的海宁文脉之所以可以称之为一道富有东方色彩的特异风景,主要缘于它具有如下特征:

首先是注重情韵。可以说传承并发扬海宁文脉的,大都属于性情中人。南宋女词人朱淑真,被陈廷焯《词坛丛话》赞为"风致之佳,情词之妙,真不亚于易安"①,说明她有着仅次于李清照的崇高的女性文学史地位,其作品以"风致之佳,情词之妙"也即以重情致为特色。田汝成《西湖游览志余》卷十六中更以"作诗多忧愁怨恨之思"②,来评价其诗重情的特点。当然,主情的诗还须从情中显出悠远韵致,方饶隽味。朱淑真的个人化抒情则被陆昶在《历朝名媛诗词》卷八中批评为"出笔明畅而少深思"③,该是说其诗虽饶情致却还缺乏含蕴哲理的悠远韵致。但到后来,在徐灿的词,查继佐、查慎行、查嗣瑮叔侄兄弟的诗和王国维的词论《人间词话》中,这韵致就有了强化。比如查继佐,他于绘画艺术曾提出过"醒梦"之说,认为"画是醒时作梦,梦或无理,却有情。画不可无理,正妙有情"④。"梦"是无意识的,有情隐潜;而"醒"是有意识的,由理控制。所以"醒时作梦"正是指情渗透着理。这里说的虽是画,但艺术创作是相通的,故诗歌也是"不可无理",却又"正妙有情"了。艺术创作除了"正妙有情"外,还得"有余",也即离形合气,富有余韵。对此查继佐有很形象的言说:"古文衰于诸大家,以其言之长、意易尽也。譬美人,入格者未是美,其离形处自有可动人。古画得法者未是画,其浮楮处自有可夺目,是所为有余也。天地无风云、山岳,高卑尽矣。"⑤这种"以有余为工"的书画艺术观也同样是适用于诗文创作的。查慎行于诗歌创作也在主情的同时强调"以意理为上"。与这种重情韵的创作理念一脉相承,在中国现代文学中渐次形成了一种既重情而又在情中寓含意味的海宁风格,这在徐志摩、穆旦、陈学昭等的创作中都可见出。徐志摩作为浪漫派诗人竟被称为"诗哲",就是其诗情味和韵味并兼的反映。穆旦的情思韵致则显示为把满腔激情纳入"主思"型的智性追求系统中展开叙述。陈学昭的《工作着是美丽的》所塑造的主角李珊裳的形象,则表现了一个对人生满怀梦想的纯情少女,在时代的激流中经受了种种考验而一步步走向成熟,确立起一个至美的生存意念:工作着是美丽的。因此,这部作品也就充分表现出一种具有强烈青春气息的情韵特色。

---

①(清)陈廷焯:《词坛丛话》,《白雨斋词话全编》,中华书局,2013年,第8页。
②(明)田汝成:《西湖游览志余》,东方出版社,2012年,第323页。
③(清)陆昶:《历朝名媛诗词》,清乾隆三十八年红树楼刻本。
④(清)沈起:《查东山先生年谱》附录一《东山外纪》,中华书局,1992年,第99页。
⑤(清)沈起:《查东山先生年谱》附录一《东山外纪》,第135页。

其次是好尚神秘。海宁文脉离奇神秘的特点渊源于东晋志怪小说家干宝,这是在海宁文化史上值得大书特书的一个人物。曾为东晋史官、著有《晋纪》二十卷的干宝,祖籍河南新蔡,在晋室南渡后来到浙江,任山阴县令,后到海宁,据说安家于黄湾菩提山下。在海宁方志记载中,干宝一直被尊为海宁人。菩提山下还留着一座寺院灵泉寺,其《搜神记》据说就是在那里写成的。此书多记鬼神怪异之事,神秘莫测,幽趣横生,《聊斋志异》作者蒲松龄自认同道,且曾慨叹"才非干宝,雅爱《搜神》"①。干宝是否于晋室南渡后真的安家甚至终老于海宁,确考已难,其实也并不重要,重要的是海宁方志于《艺文志》的首篇就记载干宝事迹,正反映着生活在这方土地上的人普遍地具有和蒲松龄一样的"雅爱《搜神》"之志趣,也足以证实海宁文脉重神秘确是有特定的地域文化心态渊源的。这种好尚神秘的奇幻感觉及对幽明境界的追求,在查继佐的《梅花谶》《玉瑑缘》《鸣鸿度》等传奇中有集中体现,剧中以玄思幻想寄托幽情隐志,虽文本今已不存,但因为曾经查氏女乐的弦歌,而在江南江北文化圈中传播,影响广泛。由这种好尚曲折神秘的传统派生的那种创作中的虚拟离奇表现,在钱君匋的诗集《水晶座》中也时有所见,尤其在徐志摩的一些诗如《海韵》和剧本如《卞昆冈》中,某种宿命的神秘就表现得更明显和强烈,从而为中国现代作家对象征艺术的追求开了先河。

再次是追求博雅。海宁文脉延展到现当代给人很深的一点印象是它的传承并不显现为自足体系,在很大程度上,海宁文人最令人珍视的精神是决不固步自封,而具有一股既立足当地深厚的历史积淀,同时又展望全球的文化胸襟,无论在人生行为上、学术探求上或者文学创作上都显出一种胸怀全局、走向世界的倾向,大有海纳百川之势。这种开放的胸襟、博雅的志趣一方面是背倚大地面朝大海的地理形胜使然,另一方面也是对由查继佐、查慎行等博雅君子凝练而成的地方人文精神的发扬光大。蒋百里、徐志摩、陈学昭、吴世昌、穆旦等都先后冲出国门,出洋留学,去接受西方人文主义思潮的熏陶;有的虽没有出洋,也在国内勤读西方哲学、美学、文学著作,学贯中西,致力于中西方文化的比较性研究。就文学研究领域看,王国维是中国学术思想与文化观念从近代向现代转型过程中的一个关键性人物,其《红楼梦研究》《人间词话》等学术著作都是以西方的哲学、美学理

① (清)蒲松龄:《聊斋自志》,见《聊斋志异》卷首。

论为参照来审视中国文学的典范之作。吴世昌还直接在国外的高等学校讲授中国文学,并从事着中西文学比较性的研究。从文学创作方面看,徐志摩最为典型,在艺术思维上,他深受西方古典主义影响,以理性控制激情,力求不越出常规人生;在创作风格上,他是英国维多利亚时代的浪漫主义在中国的传承。其诗既重汉诗的意境传统,又不乏西方象征主义色彩;其诗歌形式既讲究格律规范,又追求规范中的自由,显出了西方浪漫派中雪莱式的舒展流畅。穆旦诗歌的运思结构和语言策略深受西方巴罗克文风的影响,直接受惠于艾略特、奥顿。凡此种种都表明:海宁文脉是一个传承历史、面向世界、兼容并包的开放体系,它对博雅的追求正标志着它在中国文化现代化进程中走在了队列的前面并显示出青春活力。

二

金庸的人生历程和文学创作,都出于同一个逻辑起点,即深受海宁地域文化的影响。海宁地域文化传统延展在金庸身上,既显现为对海宁文脉的赓续,更显现为对查氏家族文化传统的承传。当然,后者是前者派生出来的,属于前者的总体范畴。不过查氏家族文化传统已传承数百年,自有其鲜明的独特性,作为近亲繁衍中重要的一员,金庸受查氏家族文化的影响是更直接更显意义深远的。

首先看地域文化的影响。

海宁区域文化特质中开放的气度、博雅的志趣对金庸的影响,借用艾青的诗句来表述,表现为他"通过灵魂的窗户,向世界寻求意境"[①]的高远人生追求。金庸九十多年的人生是富有传奇性的,他天生具有一种不满足于一方土地的生态与心态,这也就决定了他在人生舞台上始终向往外面的精彩世界,扮演着"向世界寻求意境"的角色。在此不妨检点一下他一生的行迹:作为一个流亡学生,抗战期间他从海宁走向丽水、衢州,后又去重庆读中央政治学校,继而在重庆的中央图书馆工作。抗战胜利后,先去杭州《东南日报》,又在职就读东吴大学法学院,随后又进入上海的《大公报》。1948

① 艾青:《彩色的诗——读〈林风眠画集〉》,载《艾青全集》第二卷《诗歌》,花山文艺出版社,1981年,第652页。

年受命飞往香港复刊香港《大公报》。1952 年他从香港《大公报》调到《新晚报》,一年后调回《大公报》,写影评和电影剧本。1955 年春开始写第一部新武侠长篇小说《书剑恩仇录》,并在《新晚报》上连载。从此他从记者、影评专栏作家转型为新武侠小说作家。1959 年退出香港《大公报》,自办《明报》,任总编和社评主笔,并继续写新武侠小说在《明报》连载,《明报》也因为连载他的武侠长篇和切中时弊的社评而进入香港大报之列。这以后他以著名报人和杰出小说家双重身份活跃在香港文化界。到 1972 年,金庸 48 岁,写完长篇《鹿鼎记》后,他宣告新武侠小说创作封笔。此后他一面继续修改全部的新武侠小说,一面开始参与政事,往来于北京与海外,为香港回归祖国与起草香港特别行政区基本法做了大量工作。1984 年辞去《明报》社长职务,开始和世界著名高等学府接触,参与学术团体活动,特别是和家乡的浙江大学关系密切起来。1999 年正式接受四校合并的新浙江大学之聘返回杭州,任该校人文学院院长之职,并以博士生导师身份带历史系博士,直到 80 岁,辞去浙江大学文学院院长职务。但随即于翌年赴英国剑桥大学攻读历史学硕士学位,83 岁获剑桥大学历史学硕士学位。是年底又向剑桥大学申请攻读哲学博士学位,到 2010 年以 86 岁高龄而获得剑桥大学的哲学博士学位。从金庸几十年的人生行踪,可以看出他几乎是马不停蹄地在改变生态环境,探求着创造生命价值之路;他几乎有一颗海绵般的心,吸纳着大剂量的知识的海水;他又几乎像是永不知疲倦的大海,在各个事业的领域掀起一个又一个巨浪。如果认为金庸如同王国维、蒋百里、徐志摩一样,是一个名副其实面向人类文明、走向世界的人,还不如说金庸是受了这些家乡前辈的影响,才成为一个“向世界寻求意境”的杰出文化人的。

海宁文脉崇尚博雅大气、情韵双兼的传统助成了金庸宏观概括、多元综合的叙事气派和行文气势。读金庸的新武侠小说我们感到大气磅礴,这个印象的获得主要来自他对生活的概括是极为宏观的,全方位的,并且即便是描绘一个事件、一个场面、一个人物,也总是多侧面多层次地展开的,这种多元综合的概括技巧,使金庸能在多部长篇中写出一个社会、一个时代、一个地域邦国的生存状态,如《射雕英雄传》《天龙八部》《鹿鼎记》,都显出了超越中华帝国疆域的人物活动、情节冲突。《鹿鼎记》里,韦小宝在俄罗斯风风光光活动了一番;而《天龙八部》,写的不仅是中原北宋,而且写了宋、辽、大理、吐蕃、西夏等王朝间的武林恩怨和民族矛盾,波澜壮阔。金庸小说还有个特点，就是爱选择朝代动荡、更迭时期的社会生活内容来写，“射雕三部曲”(《射雕英雄传》《神雕侠侣》《倚天屠龙记》)及《鹿鼎记》等莫不如此，其时规范失衡、社会动荡、人心浮动、派系林立、斗争激烈，最容易让一个作家对时代潮流作全方位概括，从而显示出他对社会生活作多元综合的才能。《神雕侠侣》对各教派武林比武的描写，就是对形势作宏观概括、多元综合，对各方势力作全景式把握的结构艺术的体现。追踪金庸小说气魄宏大的叙事艺术、超乎寻常的结构能力的来历，可以说是地域的和家传的因素在起潜在的作用，也就是说海宁这支文脉中就隐藏有对人生、对社会生活作大面积概括的传统潜能。

这里不妨以陈学昭为例。这位海宁女作家、中国第一位法国文学博士，她的长篇小说《工作着是美丽的》虽有一定的自传性成分，但她把握住了一代“五四”中国女性从个性主义转向阶级解放的人生道路，这个概括就极具时代特征，显出了她能把握时代潮流的强大魄力，而在选择作为女主人公李珊裳心灵成长历程表征的一些生活内容和活动场景时，又显出了她的多元综合的才能。小说中写了江南小城一个大家闺秀式女性接受了“五四”文化启蒙而开始有了觉醒，在反抗家族封建伦理道德的斗争中毅然漂洋过海，去法兰西求学，在那里她接受了真理人生的诱引而放弃优裕的博士、教授待遇，毅然投奔抗日根据地延安，在艰难的革命斗争环境中一步步成长起来。抗战胜利后又走向解放东北的战场，经受种种革命的与个人生活的考验，终于感悟到只有投身于为真理事业而斗争的工作中，人生才是美丽的。这是中国新文学中较早一部全面描写知识分子接受大时代的召唤而成长起来的、具有哲理意味的长篇小说，它给人的印象就是一部以宏观的时代概括、多元的生活场景综合显示出来的一代知识分子的心灵成长史。

再以穆旦的长诗《赞美》为例。这首诗简单地说就是中国的抗战因了农民的加入而显出一个民族终于站立起来了。可贵的是穆旦并不止于赞美中国广大农民起来投入抗战这一简单而具体的事实，而是把“农民”虚拟化为一个特定的民族生态符号，并将它置于千百年时间的苍凉和千万里空间的荒芜的历史背景中，来凸显其因生存命运的悲苦和爱国意志的坚定相交融而形成的精神性形象特征，这就显出了一种超常的宏观概括的才能。

同样，金庸作品中蕴蓄着的那一股大概括时代、大综合生活的艺术魄力，也是和海宁文脉中重博雅、讲情韵的艺术传统有内在影响关系的。

海宁文脉好尚神秘的传统是金庸小说曲折离奇的运思策略渊源所自。金庸一千多万言的新武侠小说与所有武侠小说一样,以情节曲折吸引人。但如果他只凭这一点来取悦读者,恐怕还成不了新武侠小说的盟主。金庸小说情节不仅仅曲折,而且曲折得离奇、离奇得神秘,这才是他的看家本领。之所以作这样的评价,同他编造离奇神秘的情节时,虽也重视偶然因素,但更重视被精神扭曲的超常性格所导致的宿命性有关。在《神雕侠侣》中,对小龙女的师姐、堪称大魔头的李莫愁一生行事的情节编造,就很有点宿命悲剧的神秘感。李莫愁若有一个可以寄托其爱情的家,则会是个很好的女人,可她爱上的男人并不爱她,她的性格扭曲了,以致迁怒于他人,发泄在江湖上,虐杀无辜,最后落得投火自焚,在自焚的烈火中犹哀歌:“问世间,情为何物?”这正是一场典型的由扭曲的性格导致的宿命性悲剧,这样的悲剧就特具神秘感。杨过与小龙女的爱情悲剧,更是一场出之于“精诚之至”的难解的命运之谜,或者说是让人难以理喻的宿命的哀感。应该说,金庸小说中的这些神秘性追求,在一定程度上同海宁文脉在他的生活感应中有近似于本能的影响是分不开的。这里不妨再提一提作为海宁文脉神秘性之渊源的干宝,他在《搜神记》中创造了或者记录了不少具有神秘感的爱情悲剧故事,不论是韩凭夫妇的故事,或者王道平妻的故事,都有因情爱所生的离奇神秘感,这种神秘感被目为“精诚贯于天地”①所致。《神雕侠侣》中小龙女与杨过的爱情凄苦得离奇,他们隔绝十六年的守望如此漫长,正是命运在捉弄人,神秘得不可理喻。而这种种神秘的折磨全出之于“精诚之至”——这一点可说是从干宝《搜神记》中来的。可见金庸的新武侠小说创作在离奇的神秘性追求上,是有海宁文脉之传承关系隐潜于其中的。

三

如果说海宁文脉中的地域文化传统对金庸的人生与创作所起的影响大多是属于策略性层面的,那么作为海宁文脉中的一个支脉——查氏家族文化传统对金庸的影响则更多的是贯彻于实践性层面了,也就是更导向如何做人、如何创作等的具体要求。主要表现为四点:政治情怀、应变能力、

① (晋)干宝:《搜神记》卷十五“王道平妻”,岳麓书社,2015 年,第 133 页。

诗史意识、“入格”追求。这些特质无不带有查氏家族文学传统的印迹。

首先是带有查氏家族烙印的政治情怀。金庸是一个以天下为己任的儒者,他从未忘情于政治。他一生之所以辉煌,很大程度上是基于谋生职业与一生事业的对立统一。他把日常工作分为两大部分:一部分是为《明报》写社评,抨击天下时弊;一部分是在他所构筑的魔幻世界里驰骋想象,写新武侠小说。从现象上看,前者体现为入世,后者体现为出世,其实不然,事实上他始终是一个具有入世精神的、政治抱负很大的小说家。他以浓厚的民本思想、爱国信念去写社评,也以此为审美理想的根本依据去写新武侠小说,因此在他笔下呈现的那个打打闹闹、神神鬼鬼的魔幻世界,其实反映着他对理想政治的追求,对政治异化人性的厌恶,对政治人物的批判,对政治现实的失望,所以这些魔幻小说成了金庸倾诉政治情怀的又一个平台。1967 年,他因在社评中抨击极左人士而受到了生命威胁,他引以为榜样的是一些自己小说中的英雄人物。据此,我们也有理由说,晚年的金庸频频访问大陆,为国事奔忙,还积极参加香港基本法起草委员会,任香港特别行政区筹备委员会委员等,这应该是他对小说世界中构筑的社会大同境界的现实践行。金庸的这种政治情怀是深深地带有查氏家族的遗传基因的。

查氏自元末明初从江西婺源迁徙到海宁袁花镇以来,历经六百余年的繁衍,人丁兴旺,其中进士 21 人,举人 67 人,监生、贡生 80 余人,康熙朝甚至“一门七进士,叔侄五翰林”,鼎盛一时。这样一个世家大族,自然是与政治维系在一起的,王朝的兴衰更替,朝野的归趋离立,朋党的依违倾轧,统治集团内部的权力之争,无不牵涉到这个家族的命运。在明清易代之际,查氏家族中人因武装抗清而“暴卒”者指不胜屈。查继佐更是奔走江湖,为维护明王朝的正统统治啮指血书而战,成为领袖东南的抗清斗士。他以“余生节孝之后”[①]而自豪,抗清失败后,仍不忘以光大节孝门楣自警并自励,以“乾坤不可无正气”的使命感遍访南明遗民烈士史迹,著《知是编》“以存诸死”[②]。晚年,作为文化遗民,查继佐著成一部以反清复明为宗旨的《罪惟录》,寄托故国之思和理想抱负,政治情怀极其强烈;查嗣庭行事不避时忌,卷入权力斗争漩涡中,又借试题寄寓识见,文字涉及违碍,故罹

① (清)查继佐:《钓玉轩稿》自序首句,见沈起《查东山先生年谱》1633 年 33 岁条,第 28 页。
② (清)沈起:《查东山先生年谱》1650 年 50 岁条,第 44 页。

谤讪朝廷之罪而遭逮系,瘐死狱中,成了雍正王朝大兴文字狱的牺牲品。金庸的祖父查文清,系海宁查氏最后一位进士,任丹阳知县,政绩卓著,却因“丹阳教案”而被革职还乡,也成了政治斗争的牺牲品。凡此种种,都可见出这个家族始终与王朝内外政治斗争脱不了干系,政治情怀也就成了海宁查氏始终抹不去的“家族记忆”——一个情结,它深深烙印在金庸的潜意识中,成了其人生行为本能的操纵者。因此,可以说金庸无论一生行事或者小说创作,其政治情怀都来自海宁查氏家族传承几百年的政治情结。

其次是得自家族经验教训的应变能力。金庸成长于一个动荡的时代,在种种社会风浪中,他无疑是一个矫健的、身手不凡的泅渡者。他一无靠山,二无资历,以一介见习记者身份在社会斗争的风浪中一路闯荡,成了著名报人、世界级的大作家,这当然一要靠勤奋,二要靠机遇,但还有更重要的一条:靠应变的才能。在人生斗争极其复杂的环境中如何随机应变,需要一种极具智慧的才干。金庸的应变才干,无论在他一生的行事中,还是在他小说的英雄人物塑造中,都表现得淋漓尽致。

就人生行为而言,金庸通过《明报》对香港问题表达的三次立场态度是很值得玩味的。第一次是1962年5月,香港发生“五月人潮”事件。事出内地大饥荒而有大批移民涌入香港,港府无明确的移民安置计划,对偷渡者、非法入境者有强行遣返之举,对滞留山区者也不予照顾,这些都牵涉到新移民是否成为香港永久居民的问题,在香港社会引起了热议,并发展成“五月人潮”事件。金庸任职于左派的《大公报》,《大公报》不予报道,《明报》也持中立,起先不为所动,但整个社会则倾向于对新移民作人道主义援助。“人潮”汹涌下,《明报》内部也有人对报社领导的沉默有所不满。金庸权衡政治与道义,不惜与《大公报》分手而毅然决定采取人道主义立场,从5月8日起,报道这一社会事件,并且连续发表社评,支持“五月人潮”中的人道主义呼声。金庸这一场改变编辑方针的大转变,反映着他应变立场的明智选择,也赢得了香港市民对《明报》的信任。第二次是“文革”期间,金庸主持的《明报》针对“左派”活动导致社会混战、经济陷于低迷的状况,明确态度支持港英政府,反对“左派”势力的过激行为,因此引来一场围攻,甚至上了激进派的黑名单。但他又作了决不退缩、决不妥协、斗争到底的应变选择,又一次付出高昂的政治代价,许多好友或谴责或疏远了他。第三次是1988年,金庸作为香港基本法起草委员会成员,提出行政长官选举的

“新协调方案”,引起港内民主政治团体的攻击,认为太过保守,以致出现“火烧《明报》”事件,金庸仍坚持自己的应变选择。总之,金庸在现实人生中的种种应变,既是机智更是明智的选择。

表现在他的小说创作中,一些英雄人物的应变,也都显示了这种特色。《鹿鼎记》中的韦小宝,可说是应变的能手,这个人物在面对大局时的应变才能,充分地显出了明智基础上的机智。从小说人物的塑造也可见出,金庸是一位应变能手,他胸中自有一套应变术。而这种洞烛事机的才干,是有家族遗传基因的。族中先贤查慎行,原名嗣琏,是著名诗人,康熙朝进士,特授翰林院编修,入直南书房,早年曾从军西南,入直后曾随驾东北,一生阅历丰富多彩。然身处明清易代初期,满清皇族排汉心切,政治高压、文化钳制,各种案狱盛行,文人动辄得咎,查慎行也因牵连进国恤期间观剧事件而被革职,这使他幡然自省,此后行事步步谨慎小心,并改己名为“慎行”,字悔余,这就体现出他的大机智兼大明智的应变心力。在雍正朝其弟查嗣庭试题案中,嗣庭病死狱中,妻、媳自经而亡,族人流放,牵连无数,而查慎行只以“家长失教”罪连坐入狱,次年即得放归,逃过大劫。早年高举反清复明义旗,易代后险遭清算,嗣后又牵连进“庄氏明史案”中的查继佐,为掩人耳目,刻意携查氏女乐到处招摇过市,借丝竹声色以自损名誉;为存故国文献,继续完成“不袭前人一语”①的史论(《罪惟录》《鲁春秋》等),查继佐“从变处求不变”②,在庄氏史案中明辨形势,洞察事机,及时应变,自我保全,苟活于世。继佐有曰:“且思我孔子,倘长年当秦时,奈何?仁者必智,智不足以成仁,仁必有蔽,读书人不可不审此也。”③这类话语,是很能见出他在国变之后的心态的。查继佐、查慎行谨言慎行、随机应变、全身远祸而得葆初心的才能,确为金庸心中一套应变术的形成提供了丰富的经验;而查嗣庭等的悲剧人生,也无疑为其提供了痛定思痛的教训。

再次是与家族文学链一脉相承的诗史意识和“入格”追求。查氏家族文化传统对金庸小说创作的影响,最重要的莫过于使他确立起了诗史意识。金庸写的虽是武侠小说,打打杀杀、恩恩怨怨,似乎只是投小市民所好,为其提供茶余饭后谈笑遣兴的话题而已,其实不然。金庸的 15 部小

① (清)沈起:《查东山先生年谱》附录一《东山外纪》,第 99 页。
② (清)沈起:《查东山先生年谱》附录一《东山外纪》,第 99 页。
③ (清)沈起:《查东山先生年谱》附录一《东山外纪》,第 97 页。

说,合起来其实是一部华夏民族兴衰更替的史诗,是一部中华儿女正邪忠奸的心灵史。大致可以这样说:《射雕英雄传》《天龙八部》《鹿鼎记》都是可以作为中华民族兴衰的史诗看待的,而《神雕侠侣》《笑傲江湖》《倚天屠龙记》等都可看成中华儿女正与邪、忠与奸冲突的心灵史诗。特别值得一提的是后一类——心灵史诗的写作,金庸采用象征寓意的创作原则来写,更具有心灵冲突的超常激烈与壮阔。从诗史的要求看,它们能以超越相对时空的叙事,为读者提供一道人性演变的历史轨迹。金庸小说的史识追求是一种有意为之的行为,这种意识其实出自查氏诗文化传统。海宁查氏以查继佐为精神图腾,作为抗清义士和历史学家,查继佐深明文学与历史的关系以及文学家该有的历史担当。对文学的社会功能的认识于查继佐是与生俱来的。《东山外纪》记他 9 岁"私读《水浒传》,中生纵横,自以为有悟。……半夜藏火读竟,为涕泣而后已"①,11 岁"继读《国策》,忽失声曰'一部《水浒》,却从此书出'"。他"七十年诗分两甲,八千页稿散残鳞"②,原本也是位高产的诗人。对诗歌的功能价值和创作动因,他有清醒的认识,曾说:"朱子云:'诗,何为诗也?'此一句可以得诗,可以论诗。"③认为诗歌创作首先要搞清为什么而作的问题。他在为门人汤芬的集子作序时强调:"君子当为天下忧喜,以一人忧喜形文字尚小。"④在《与及门黎子端鹄》一诗中曾说:"文心至妙参忧患,吾道宁堪预揣摹?"⑤也就是说及时反映时代忧患才是诗歌创作的核心内容。他自己也"间为诗歌,类似杜甫"⑥。查慎行与乃叔在这一点上是呼应的。慎行一生踪迹之广,鲜有其俦。但哪怕是山水诗,他也并不以猎奇心理摹写奇形险景,而是把山川风情与时代社会的风色结合起来,表达对现实生活的感受,凸显现实人生的忧患意识,表现出一个富有人文关怀的诗人悲天悯人的创作主题。金庸、穆旦秉承前辈族众的诗教,以文字记录历史,一生创作始终直面现实人生,把为时代社会抒情置于至尊地位。

与诗史意识相联系,查氏家族诗群历来有一个共识,那就是以诗为史,

---

① (清) 沈起:《查东山先生年谱》附录一《东山外纪》,第 78 页。
② (清) 查世澧:《〈查东山先生年谱〉序》,见《查东山先生年谱》,第 10 页。
③ (清) 沈起:《查东山先生年谱》附录一《东山外纪》,引查继佐叙某人诗草语,第 136 页。
④ (清) 查世佑编:《查氏文钞》,清刻本。
⑤ (清) 查继佐:《粤游杂咏》,载《古书丛刊》,民国十一年(1922)影印稿本,第 397 页。
⑥ (清) 查继佐:《粤游杂咏》,第 397 页。

以诗反映时代社会，诗“以取义之大且正为入格”①，“格上矣，然后论工拙”②。查继佐及其兄继伸首创此说。继佐提出诗之“上格”③，从题材上看须写事父事君之大事；从精神上看，须作“俯仰千载”而有“感于其间”④的抒情。查继伸则从呈现宏大的历史画卷出发，推崇杜甫。查慎行作为查氏家族诗群中最重要的诗人，则以实践提倡以诗写心灵的历史，先师严迪昌先生曾评曰：“查慎行固不能与陶彭泽、杜浣花并称，但他的写心之诗却也是补史诗之未备。”⑤正是这种俯仰千载的宏大叙事、“入格”追求，使海宁查氏后裔不仅推出了穆旦的《赞美》《森林之魅》这样以诗为史的杰作，也推出了金庸的《射雕英雄传》《倚天屠龙记》这样以小说为史的杰作。

根据以上所述，我们可以说：金庸作为杰出的小说作家的出现，不是一件因机遇而生的偶发事件，除了他的才资与勤奋，更值得珍视的是地域与家族文化对他的熏沐。金庸的创作，是对海宁文脉的赓续，是对家族诗文化的传承。

（作者单位：浙江师范大学江南文化研究中心）

---

① （清）沈起：《查东山先生年谱》附录一《东山外纪》，第 143 页。

② （清）沈起：《查东山先生年谱》附录一《东山外纪》，第 143 页。

③ 查继佐：“诗有三格。夫子教人学诗，可以兴观群怨，中也；无不以之于君父，则上矣；而至于鸟兽草木之名，则下焉者哉。”见《查东山先生年谱》附录一《东山外纪》引查继佐序周骧诗集中语，第 143 页。

④ （清）查继佐：《读史偶存》，载《查氏文钞》卷二，清刻本。

⑤ 严迪昌：《清诗史》，浙江古籍出版社，2002 年，上册第 574 页。

王十朋浙东帅幕时期的文事活动及其《会稽三赋》的创作价值*

商宇琦

内容提要　王十朋居浙东帅幕期间的政事与文事活动，既出于其对幕僚身份的认同与文学创作意识的自觉，也得益于幕主王师心鼓扬风雅、提携文士的贤达风范。王十朋《会稽三赋》不仅是赋学史上的名篇，也是反映绍兴地方文化、呈现越地建制沿革的佳制，有重要的历史价值与文学价值。王十朋《会稽三赋》在承继赋体创作传统的基础上，又受时代因素、幕府场域的影响，独造生新，呈现出新的书写转向。

关键词　王十朋　幕府　《会稽三赋》　越地文化

建炎南渡以来，随着文化版图的重构与文化重心的南移，江浙一带遂成人文渊薮之区。这种文化格局的改变，亦体现在两浙东路的温州地区："永嘉自元祐以来，士风浸盛……至建炎、绍兴间，异才辈出，往往甲于东南。"①王十朋身为南宋温州籍名士之典范，在政治风云变幻的高、孝二朝守正自持、谠直敢言，以复土雪耻为己任，彰显着强烈的报国之诚和用世之

* 本文系国家社会科学基金青年项目"幕府视域下的南宋文人与文学研究"（22CZW025）、绍兴市文化研究工程 2022 年度重大项目"绍兴宋韵文化研究"子课题"宋代绍兴幕府文学研究"（22WHZD01 - 10Z）阶段性成果。

① （宋）王十朋著，梅溪集重刊委员会编：《王十朋全集》文集卷二十五《何提刑墓志铭》，上海古籍出版社，2012 年，第 1008 页。

志,“名节为世第一,士无不趋下风者”①,其诗文创作更独步一时,折射出刚正博大、光风霁月的胸次气象。朱熹即推崇其文章大节曰:“平居无所嗜好,颇喜为诗。浑厚质直,恳恻条畅,如其为人,不为浮靡之文,论事每极己意。然其规模宏阔,骨骼开张,出入变化,俊伟神速,世之尽力于文字者,往往反不能及。其他片言半简,虽或出于脱口肆笔之余,亦无不以仁义忠孝为归,而皆出于肺腑之诚。然非有所勉强慕效而为之也,盖其所禀于天者,纯乎阳德刚明之气。是以其心光明正大、疏畅洞达,无有隐蔽,而见于事业文章者,一皆如此。”②王十朋“少颖悟,强记览,为文顷刻数千言”③,在世变与国事的刺激下,又对其后续的创作风格生成与转型起到了形塑作用。

绍兴二十七年(1157),宋高宗亲策进士于廷,王十朋廷对万余言,高宗称其“经学淹通,议论醇正”④,遂亲擢为第一。出于亲揽朝纲、革新朝政的需要,高宗对王十朋不吝奖掖提拔,并对其寄寓厚望,诏命曰:“王十朋系朕亲擢第一人,欲试以民事,何得远阙?可特添差绍兴府签判。”⑤事实上,王十朋不仅以名节与才华名世,且有丰富的幕府经历,是我们探讨幕府环境、地方文化如何影响南宋两浙文人创作的典型个案。为僚绍兴府,不仅是王十朋仕宦的开始,也标示着其文化性格之成长。经由地方文化的浸染与同侪的相互切磋,以及幕府文化环境的镂刻形塑,王十朋在此期间提升了自身的文学技艺,塑造自身的审美品格,并留下大量各体文学作品。迄今,学界关于王十朋的研究虽卓见发明甚多,然鲜有直接论及其绍兴幕府经历与文学创作者。那么,王十朋任绍兴府签判期间,曾参与哪些幕府文事活动?他与幕主、幕僚间的关系如何?其居幕期间所作的《会稽三赋》又呈现出怎样的艺术特色与时代意蕴?本文拟结合王十朋居幕心态、南宋幕府制度以及绍兴地方文化,就上述问题展开探讨。

---

① (宋)王十朋著,梅溪集重刊委员会编:《王十朋全集》附录四,叶适《三贤祠记》,第1129页。

② (宋)王十朋著,梅溪集重刊委员会编:《王十朋全集》附录一,朱熹《宋梅溪王忠文公文集序》,第1090—1091页。

③ (宋)王十朋著,梅溪集重刊委员会编:《王十朋全集》附录二,汪应辰《宋龙图阁学士王公墓志铭》,第1107页。

④ (元)脱脱等:《宋史》卷三百八十七,中华书局,1977年,第11882页。

⑤ (宋)王十朋著,梅溪集重刊委员会编:《王十朋全集》附录二,汪应辰《宋龙图阁学士王公墓志铭》,第1107页。

一、幕府游从盛一时:王十朋居浙东帅幕时期的政事与文事活动

王十朋及第后,在上呈时相的谢启中流露出趋事赴功、忠勤体国之志,"某敢不益坚儒业,恪守官箴,勉来事之可为,慕古人而有作。不负天了,惟殚精白之心;愿为良臣,冀奉周旋之诲"①。而公务闲暇之余,王十朋亦积极参与由浙东帅臣组织的幕府雅集,与同僚登临稽山越水,诗酒唱和,成为浙东安抚司幕府文化的有力提倡者与建设者。

绍兴二十七年冬,王十朋赴任绍兴府,在时任浙东帅臣赵令詪幕下效力,其《与绍兴赵殿撰启》云:"假道治封,曾快瞻于赵日;效官幕府,遂托芘于苏天。……矧兹会稽之邦,实号蓬莱之地。俯临禹迹,仰切尧阶,为二浙之雄藩,总七州之生齿。既近而大有如此,非亲且贤其孰宜。向来披雾,识金枝玉叶之标;此日望尘,与绿水红莲之客。材自惭于樗栎,赐端赖于帡幪。尚期国士之知,庶免简书之责。穷禹穴稽山之胜,窃效马迁;赋鉴湖秦望之奇,愿陪元稹。"②王十朋曾于幕中上书赵令詪,称上虞县有帝舜庙一座,出于保境安民的考虑,请帅臣每年派遣官员祭祀:"父老相传,自置县以来即有此庙……一方水旱疾苦,有请于庙,无不响应,合在祀典。"③绍兴二十八年(1158),赵令詪离职赴朝任户部侍郎,继帅为显谟阁直学士、左太中大夫王师心。王十朋与王师心宾主相期,彼此敬重,其《与安抚王阁学》云:"……恭惟某官望重三朝,才高列辟,学通今古而无入不得,任更中外而所至有声。进长天官,帝命素优于出纳;屈临方面,王畿允赖于藩宣。……某备员幕府,托芘帡幪。民事未知,寤寐敢忘于天语;仕途初筮,吹嘘端借于宗工。"④在王师心幕下,王十朋积极协理政事,并多次向幕主补苴罅隙,"或以书生易之,十朋裁决如神,吏奸不行"⑤。如绍兴殡宫频年兴修,不仅劳民

① (宋) 王十朋著,梅溪集重刊委员会编:《王十朋全集》文集卷十八《及第谢宰相启》,第 856 页。

② (宋) 王十朋著,梅溪集重刊委员会编:《王十朋全集》文集卷十八,第 861—862 页。

③ (宋) 王十朋著,梅溪集重刊委员会编:《王十朋全集》文集卷二十一《与赵安抚乞降版祝祀上虞舜庙》,第 924 页。

④ (宋) 王十朋著,梅溪集重刊委员会编:《王十朋全集》文集卷十八,第 865 页。

⑤ (元) 脱脱等:《宋史》卷三百八十七,第 11883 页。

伤财，亦令幽明不安，王十朋上书指出，“盖缘奉行者，外以崇奉陵寝为名，内有侥幸恩赏之意，遂将已成之宇，撤而更造；不损之器，毁而更置；不枯之木，拔而再植，其害非一端也”[①]，甚至有官吏借修陵寝事以邀功妄生事端，故王十朋又请王师心为高宗言之。此外，王十朋还代王师心撰写了《代越帅王尚书待罪状》《又代上郊祀天晴札子》《代王尚书辟陆宰状》等诸多公文。时朝廷降旨以四科求士，王师心遂向朝廷首荐王十朋，“谓十朋身兼四者，独以应诏”[②]。多年后回首此事，王十朋仍对这位旧日幕主颇多感激：“昔以鲰生，叨依莲幕，虽蔑赞黄堂之画，然最蒙青眼之知。”[③]

王师心身为一代贤守，不仅致力于赈灾救民，治绩突出，且爱才好士，追慕元稹、张伯玉、范仲淹、蒋堂等前守的风流雅政，以登览山水、诗酒唱和为纽带，将幕府僚属与地方文人加以连接，增进彼此的身份认同，助力绍兴文坛之发展。王师心帅浙东期间所举办的幕府文事活动，尤以范文正公祠堂雅集与蓬莱阁唱和尤为突出和引人注目。宝元元年（1038），范仲淹自润州徙越州，获废井于卧龙山府治之西，泉水清冽，遂筑亭修堂俱名清白。时移世易，旧刻不存，王师心遂领僚属修葺此堂而祠之。王十朋有《范文正公祠堂诗》纪之，序曰：

> 宝元间，文正范公自润徙越，治先风化。一日获废井于州治之西，澄而新之，易旧堂筑新亭俱名曰清白，规官师也。阅岁既久，旧刻弗存。绍兴戊寅秋，吏部尚书王公来帅是邦，暇日会僚属于兹堂，酌泉煮茗，修范公故事，慨然叹曰：“自汉迄今，守兹土者，亡虑数百人，莫贤于范。堂与泉尽其甘棠也，记其可以不刊。”又谓：“公自筮仕，掾桐川，典郡帅边，所至立祠，独越无有，于典为缺。”于是求公遗像，得之于其家，比它本为真，乃命工绘之，即其堂而祠焉。明年闰六月庚申，躬帅幕僚祀之，某作诗以纪盛事。[④]

王师心在幕府集会之余，通过建范仲淹祠堂的方式，向绍兴地方官员广布前守高风亮节、勤政为民的为宦理念。由此，范仲淹本身亦成为宋代

---

① （宋）王十朋著，梅溪集重刊委员会编：《王十朋全集》文集卷二十一《与王安抚》，第933页。

② （元）脱脱等：《宋史》卷三百八十七，第11883页。

③ （宋）王十朋著，梅溪集重刊委员会编：《王十朋全集》文集卷二十四《祭王尚书文》，第1005页。

④ （宋）王十朋著，梅溪集重刊委员会编：《王十朋全集》卷十三，第216页。

绍兴重要的文化符号与政治形象。不过,若我们细读王十朋此诗,则可发现,除颂扬范仲淹才兼文武、先忧后乐的俊伟品格之外,他还结合时代主题和现实处境的需要,寄寓祠堂祭祀活动以鲜明的政治意涵:

> 躬修祀事率幕宾,手酌寒泉羞涧苹。一酌清我僚吏民,再酌为国清簪绅。要将清白风无垠,庶俾范公遗志伸。公乎为仙为明神,为泽为瑞为星辰。当宁焦劳思若人,九原唤起清边尘。①

王十朋希望借由祀礼范仲淹,在澄清天下吏治的同时,能护佑大宋边境烽烟消弭、缔建中兴,传递出特定时代幕府文人的心理诉求和价值取向。绍兴二十八年中秋之夜,王师心广集僚属大会蓬莱阁,又于清白堂品茶,联袂赋诗以寄幽情。一时盛况,在浙东罕有其匹。席间,王十朋连作数诗,与幕中同僚递相赓和,借之陈诉心曲、敦睦情谊,展现出清幽的情韵与思致,如"使君开宴小蓬莱,幕客参陪亦与荣。茗煮寒泉饮清白,酒斟佳月赏分明"(《府帅王公中秋宴客蓬莱阁分茶赏月于清白亭某以幕僚与焉坐上成二绝》其一)②、"光浮酒面杯尤滑,清入诗肠句不寒。又与鉴湖添胜事,一时宾主尽鸳鸾"(《又和赵仲永抚干二首》其一)③、"金风吹面扫残暑,明月入怀生嫩寒。见说神山正相偶,醉中端欲驾仙鸾"(《再和赵仲永抚干二首》其一)④、"句好湖山添秀气,谈清齿颊带微寒"(《又用看字韵酬赵仲永》)⑤等,不仅是蓬莱阁幕府宴集的生动刻画,也是幕府文人群体交流契合无间的集中体现。诗题中的赵仲永,系王师心浙东安抚司幕下干办公事,与王十朋过从甚密,二人多有诗歌唱酬,相互砥砺切磋,情好至笃。

除参与幕主组织的唱和活动外,王十朋亦与幕中同僚踏访越中境土,留下诸多题咏。王十朋曾以绍兴府代表性的地方景观为对象,以七绝体式创作系列组诗,涵括州宅、蓬莱阁、清白堂、清白泉、观风堂、望月台、秦望阁、望海亭、卧龙山、西园、马太守庙、梅梁等三十余处景观,以洗练的文辞和精妙的表达编织起绍兴府的人文风貌,重塑地方景观秩序。无论是登蓬

---

① (宋)王十朋著,梅溪集重刊委员会编:《王十朋全集》诗集卷十三,第216—217页。
② (宋)王十朋著,梅溪集重刊委员会编:《王十朋全集》诗集卷十三,第218页。
③ (宋)王十朋著,梅溪集重刊委员会编:《王十朋全集》诗集卷十三,第218页。
④ (宋)王十朋著,梅溪集重刊委员会编:《王十朋全集》诗集卷十三,第219页。
⑤ (宋)王十朋著,梅溪集重刊委员会编:《王十朋全集》诗集卷十三,第219页。

莱阁、望海亭以揽胜抒怀,还是游曲水阁、右军祠堂追慕前代风流,皆为王十朋及帅幕同僚的诗歌创作提供了丰富的诗材,他们对绍兴地方景观的书写,既与北宋越州幕府文人的题咏相联结,又勾连起更为广阔的篱外之境,成为宋代绍兴地方文学的一部分。绍兴二十八年冬十一月,包括诗人在内的宦游绍兴者八人,同游秦望山天衣寺,并由此获致群体欢愉:

> 绍兴戊寅冬十有一月己卯,日南至后二日,游天衣者八人,皆前进士宦游于越者。黎明,戒装集于贺监之故居。天气既佳,爱日初长,篮舆出蠡城之南,道乎稽山之阴,徉徜乎秦望、鉴湖,千岩万壑之间,有松阴十里,林麓静深,山转径迂,烟蔼出没。初行若迷,俄有钟磬声出乎翠微之端,盖天衣寺也。十峰堆秀,双涧涵碧,朝阳、法华二峰,尤苍然崭绝乎其中。寺有唐人李泰和、徐季海、元微之、白乐天、李公垂诸作者诗文,其碑刻尚无恙。有化身普贤,飞来铜像,萧梁衣钵,双乌故事,缁徒颇能道之。方杖屦寻幽,有府吏将使君之命,饷以百榼,既拜赐,有举杯而言者,曰:"今日之集,盖不偶然也。昔王、谢兰亭之游,群贤少长毕集,可谓雅会矣,然赋诗不就者十有六人。岂若吾侪臭味之同,游从之胜乎!白衣之来,非王弘之酒,乃楚元之醴也,欢其可以不记?"于是举白飞觞,唱酬交作,杂以谐笑,咸有余适。僧有劝游云门者,夕阳薄山,遂不果往。乃舍车联骑,探梅而还。晚集于泮宫,饮文字也。初登山,某首赋一章,同行即席而和,既而吟咏者,多不记篇目。遂列书于招提,诸公命某序之。[1]

天衣寺,"在山阴县南三十里。梁惠举禅师隐此山,昭明太子遗举公金缕、木兰袈裟、红银澡瓶、红琉璃钵,至今尚在"[2]。松壑翠阴、遥岑古寺中,山平水远、鸟啼花落间,一群暂离官事羁绊的文人得以在山水悠游中获得自我解脱,真正实践了白居易"不如作中隐,隐在留司官"[3]的仕宦态度,他们追续前代文人雅集的遗风余韵,以寻古访幽、诗酒唱酬的方式娱情遣怀,

---

① (宋)王十朋著,梅溪集重刊委员会编:《王十朋全集》文集卷二十三《游天衣诗序》,第960—961页。

② (宋)王象之编著,赵一生点校:《舆地纪胜》卷十,浙江古籍出版社,2012年,第382页。

③ (唐)白居易著,朱金城笺注:《白居易集笺注》卷二十二《中隐》,上海古籍出版社,1988年,第1493页。

建构闲适的生存空间,甚至期待此次览游活动能如兰亭雅集一样在后世成为典范。一年后,王十朋离任之际,仍感怀去岁天衣之游带给自己的精神抚慰:“去年同会类高阳,蜡屐登临雅兴长。可但山光向人好,更欣天气为吾良。路经禹穴深怀白,目对秦峰遥忆黄。日线又添人正远,尺书千里慰相望。”①不唯如此,这次雅集亦将王十朋和僚友们绾结成了一个彼此认同的群体。

王十朋居浙东帅幕时期的政事与文事活动,既出于其对幕僚身份的认知与创作的自觉,也得益于幕主王师心的鼓扬风雅、提携文士。值得一提的是,绍兴府耳目可及的山水景观以及有着深厚文化意蕴的亭台楼阁,又引发了王十朋的种种灵感与思绪,激活了创作机制,这在其鸿篇巨制《会稽三赋》中尤能得到呈现。

二、地志、民事与雅集:王十朋《会稽三赋》的创作

随着宋代经济社会的发展,诸多江南区域中心城市成为文人们题咏书写的对象。所谓宋代区域中心城市,指“对外相对独立的经济文化区域,以转运使、安抚使治所为代表的路治城市”②。南渡后,浙东路安抚司、转运司及提刑司治所绍兴府,就是典型的区域中心城市。事实上,早在北宋时期,越州已为江南重镇,“越为浙东大府,户口之众寡,无虑十百万,金谷布币,岁入于县官帑庾,数又倍之”③。南宋时期,绍兴又因毗邻行在临安,地望隆重,在浙东的中心地位更趋稳固。因之,绍兴府的建制沿革、地理风貌和风土人情亦常在南宋文人笔下得到呈现,出现不少具有绍兴地方色彩的赋体文学作品,它们不惟辞藻华美、用词精准,且能描摹风土、记录善政、补史不足,呈现出鲜明的文学地志化倾向④。

---

① (宋)王十朋著,梅溪集重刊委员会编:《王十朋全集》诗集卷十三《次韵喻叔奇追感去冬天衣之游》,第 221 页。

② 包伟民:《宋代城市研究》,中华书局,2014 年,第 311 页。

③ (宋)毛维瞻《新修城记》,(宋)孔延之辑,邹志方点校:《会稽掇英总集》卷一九,人民出版社,2006 年,第 287 页。

④ 叶晔《拐点在宋:从地志的文学化到文学的地志化》(《文学遗产》2013 年第 4 期)指出,中国古代文学的向外互动发展过程中,存在一个从地志文学化折返到文学地志化的过程,而宋代恰是这一折返过程的时间拐点所在。宋代都邑赋、竹枝词和地名百咏,即鲜明体现了这种趋势。

《四库全书总目》评《会稽三赋》云："《会稽风俗赋》仿《三都赋》之体，历叙其地山川、物产、人物、古迹。一曰《民事堂赋》。民事堂者，绍兴中添差签判厅之公堂也。元借寓小能仁寺，岁久圮废，十朋始重建于车水城。一曰《蓬莱阁赋》，其阁以元稹诗'谪居犹得住蓬莱'句得名。皆在会稽，故统名曰《会稽三赋》。"[①]宋代右文政策的表现之一，在于修史风气的炽盛，地方官员均有强烈的重史修志、撰画图经的意识，"视事之后，必令详画地图，以载邑井都保之广狭、人民之居止、道途之远近、山林田亩之多寡高下，各以其图来上"[②]，南宋地方志、图志修撰的高峰即形成于高、孝时期。《会稽三赋》不仅是南宋修史热潮背景下，以赋体铺叙宋代地域文化的新尝试，同时亦折射着王十朋身为浙东帅幕僚属的思维方式及价值取向。

嘉定十年（1217），山阴人史铸作《会稽三赋序》，陈述了王十朋《会稽三赋》的创作缘起、内容与功用：

> 会稽之山川风物载于图经地志者，固不少也。然人一一泛观则兴易尽，屑屑遍读则神且疲。傥非有所去取，纂次成文，焉能资于玩绎？绍兴间，詹事王公以射策冠多士，入官越幕。赞治之暇，乃于图志掇其赫奕之事迹，加以旧传新睹可纪之事，从类铺张，著为《风俗赋》，以抑扬品藻寓于答问。其事实，其辞赡，旨趣明畅，字字渊源，诚为杰作。公之究心，可谓平章风物之宗主，其有光于吾邦者大矣！及赋《民事堂》《蓬莱阁》，文皆醇正，语亦高妙，其有见于奉君命、纪胜概者备矣。吁，昔人所言掷地作金声者，岂得专其美哉？……若夫士大夫居是邦，游是境，则是赋也不可以不知。其或外此者，苟能一目，则不必上会稽，探禹穴，不必投剡中，登天姥，其若耶、云门，又不必青鞋布袜也。或从官于此，则镜湖、秦望之游，亦不必月三四焉。况人材风俗与夫登览之胜，班班靡不具在，俾盛传于世，岂曰小补哉？[③]

在《嘉泰会稽志》《宝庆会稽续志》之前，绍兴虽已有部分舆地志，但"一一泛观则兴易尽，屑屑遍读则神且疲"。王十朋任绍兴府签判幕职后，

---

① （清）永瑢等：《四库全书总目》卷七〇，中华书局，1965 年，第 624 页。

② （宋）李元弼等撰，闫建飞等点校：《宋代官箴书五种》，中华书局，2019 年，第 126 页。

③ （宋）史铸《会稽三赋序》，载（宋）王十朋撰：《会稽三赋》，四川大学古籍整理研究所编《宋集珍本丛刊》，线装书局，2004 年，第 44 册，第 403 页。

“乃于图志掇其赫奕之事迹，加以旧传新睹可纪之事”，模仿汉大赋主客问答的方式作《会稽风俗赋》，又作“见于奉君命、纪胜概者备矣”的《民事堂赋》《蓬莱阁赋》，可使后之读者无须亲至，便可了解会稽的“人材风俗”与“登览之胜”，意义非同一般。《会稽三赋》一经刊付，便引起当世与后世士人的关注，“出现了周世则注、史铸增注本，明代又有南逢吉注、尹坛补注本，后者在明清时期十分流行，翻刻不衰”[①]的盛况。

《会稽风俗赋》模仿司马相如《上林赋》，假设了真、无妄先生、有君三人之问答，“子真者，诚言也；无妄者，不虚也；有君者，有是事也”[②]，依次铺叙绍兴的山川、风物、名贤、古迹，详论古今建置沿革，纵横捭阖、想象奇特，堪称宋代散体大赋的代表作品。地理赋作为中国古代重要的辞赋题材，在南宋以前即已形成深厚的创作传统，“萧统《文选》收赋分十五类，其中‘京都’、‘纪行’、‘游览’、‘江海’诸类皆与地理相关。继后，李昉等编《文苑英华》分赋四十三目，有‘地类’、‘水’、‘京都’、‘邑居’、‘纪行’、‘游览’等。姚铉编《唐文粹》分赋十八目，有‘京都’、‘海’、‘名山’等皆与地理相关。至陈元龙编《历代赋汇》正、外集录赋三十八目至四千余首，别立‘地理类’十七卷计三百三十首，另加通合于地理学之‘志乘’和‘都邑类’十卷计七十首，谓洋洋大观”[③]，如扬雄《蜀都赋》、班固《两都赋》、左思《三都赋》、张衡《南都赋》等。王十朋此赋则兼具地理赋与都邑赋的特点，将越地的地理空间、历史沿革、山水人文作了详尽描绘。如写会稽之名山：“梅山乃吏隐之窟，纻罗盖西子之闺。五泄争奇于雁荡，四明竞秀于天台。五云中令之故居，十峰昙翼之招提。”[④]描镜湖之秀美：“境绝利博，莫如鉴湖。有八百里之回环。灌九千顷之膏腴。浮贺监之家，浸允常之都。人在鉴中舟行画图，五月清凉人间所无。”[⑤]摹越地之花卉：“天衣杜鹃，东山蔷薇。湖映香雪，鉴生水芝。鸳梅并蒂，仙桂丹枝。司华骋巧，天女效奇。桃李漫山，臧获视之。”[⑥]以华美的辞藻和富赡的典故，展现越地的风土人情。《风俗赋》中对越地前贤今彦的歌颂与礼赞，则寓含了明显的儒家教化意蕴，如“逮我国朝

① 踪凡、方利侠：《〈会稽三赋〉的注本和版本》，《绍兴文理学院学报（哲学社会科学版）》，2014 年第 4 期。

② （宋）王十朋著，梅溪集重刊委员会编：《王十朋全集》文集卷十六，第 820 页。

③ 许结：《赋体文学的文化阐释》，中华书局，2005 年，第 40 页。

④ （宋）王十朋著，梅溪集重刊委员会编：《王十朋全集》文集卷十六，第 823 页。

⑤ （宋）王十朋著，梅溪集重刊委员会编：《王十朋全集》文集卷十六，第 825 页。

⑥ （宋）王十朋著，梅溪集重刊委员会编：《王十朋全集》文集卷十六，第 829 页。

尤号多士,二百年间不可胜纪。大则杜正献之勋德,次则孙威敏之功名。姚夕郎司元祐之直,顾内相号江南之英。万石云仍,匪建则庆。二陆棠棣,如云与衡”[①]、“舜为人子,克谐以孝,故其俗至今烝烝是效;舜为人臣,克尽其道,故其俗至今孳孳是蹈;舜为人兄,怨怒不藏,故其俗至今爱而能容;舜为人君,以天下禅,故其俗至今廉而能逊”[②]。总之,《风俗赋》充分发挥赋体长于体物的优势,是《会稽三赋》中最为人重视、最具赋学意义的作品[③]。

《民事堂赋》《蓬莱阁赋》则可视为王十朋对绍兴府民政举措以及王师心幕府文事活动的实录,是其相关诗文创作的补充[④]。史铸称《民事堂》《蓬莱》二赋“其有见于奉君命”,指民事堂“民事”二字,实出高宗嘱王十朋之语:“王十朋系朕亲擢第一人,欲试以民事,何得远阙?”[⑤]王十朋亦有诗《民事堂》云:“亲擢深蒙圣主恩,宜知民事训词温。仰惟睿意思邦本,要使书生识治原。不惮勤劳驰禹会,敢忘精白奉尧言。它时上问苍生事,愿竭孤忠慷慨论。”[⑥]《民事堂赋》开篇即言:“堂名民事,志天语也。某备员越幕,岁将期,顾惟不才,瞢然无补,日以败官旷职为忧。所幸黄堂主人甚贤,同僚皆士君子,朝夕讲论,无非民事之要者,因为之赋。……繄越幕有下僚兮,名所寓曰民事之堂。诵天语之丁宁兮,衔圣恩而不敢忘。”[⑦]绍兴二十七年始,会稽风雨大作,水患频仍,百姓流离失所,无粮可食,只能掘采蓼花、草根为食。王十朋积极赈灾,与幕府同僚共克时艰,这在《民事堂赋》中亦有相关表述:

> 嗟会稽之大府兮,罹荐岁之凶荒。……会伯尊之传召兮,达民瘼于九重。予殆有类于辇者兮,亦何恨夫言之不庸。洪惟当宁之至仁兮,视赤子其如伤。蠲常赋而救天灾兮,出内帑之所藏。哀东州之无

① (宋)王十朋著,梅溪集重刊委员会编:《王十朋全集》文集卷十六,第836页。

② (宋)王十朋著,梅溪集重刊委员会编:《王十朋全集》文集卷十六,第840页。

③ 参见郑利锋:《论王十朋〈会稽三赋〉的产生与特征》,《金陵科技学院学报(社会科学版)》,2013年第1期。

④ 关于王十朋的民事思想及其在地方上的施政措施,可参见杨国宜《南宋事功学派研究》所载《略论王十朋的民事思想》,安徽师范大学出版社,2022年,第40—71页。

⑤ (宋)王十朋著,梅溪集重刊委员会编:《王十朋全集》附录二,汪应辰《宋龙图阁学士王公墓志铭》,第1107页。

⑥ (宋)王十朋著,梅溪集重刊委员会编:《王十朋全集》诗集卷十一《民事堂》,第176页。

⑦ (宋)王十朋著,梅溪集重刊委员会编:《王十朋全集》文集卷十六,第843页。

告兮，惠吾民兮龚、黄。左公孝而右孟博兮，相与协赞其惟良。先抚字而后催科兮，正今日之所当。宽公私之债负兮，以俟虖岁之丰穰。省讼牒之烦苛兮，抑蠹政之豪强。节无用之浮费兮，俾斯民之小康。[1]

面对水患灾害，王师心第一时间汇报朝廷，视灾民如子，积极善后安抚，出府库之资赈灾，并延后征收税赋、抑制豪强，最大程度降低灾害损失。王师心的举措，与前帅赵令詪的消极待命错失赈灾良机形成鲜明对比，"予尝告其故于前使君兮，请敷奏于岩廊。顾幕中平日之辨兮，人乃靳其为狂"[2]。随后，王十朋又从幕僚的角色意识出发，指出绍兴府民事存在的诸多弊病："兹政事之所急兮，敢不忠告虖黄堂。至若鉴湖利及九千顷兮，日侵削而就荒。岁和买无虑十万缣兮，会无一钱之偿。榷酤之利半夺于有力兮，财赋浸以荒凉。兼并之弊炽于大族兮，编氓馁于糟糠。兹又越中之巨害兮，姑略言其大纲。若夫民事之在天下兮，固不足以知其详。有一言以尽之兮，曰生之而不伤。择守令兮去奸赃，慎勿扰兮如牧羊。兹畎畎之惓惓兮，愿入告于天王。"[3]如果说《民事阁赋》包蕴着王十朋恪守幕僚职责，积极为政地方的淑世精神，那么《蓬莱阁赋》则是从赋体角度，对王师心幕府中秋雅集的细致刻画与追忆，"此作固在二赋之后而成，然其中所述即戊寅之中秋，盖追思而作者也"[4]。《蓬莱阁赋》开篇，王十朋同样交代了创作之缘起：

越中自古号嘉山水，而蓬莱阁实为之冠。昔元微之作《州宅诗》，世称绝唱。近代张公伯玉三章，脍炙人口，好事者从而和之。独未闻有赋之者。某筮仕之初，辱为蓬莱客，乃者中秋之夕，与同僚会饮于兹阁，览湖山之胜，玩月于樽俎间，即席赋诗，诸公皆和。既而念之，阁不可以常登，一诗不足以尽意，遂从而赋焉。[5]

---

① （宋）王十朋著，梅溪集重刊委员会编：《王十朋全集》文集卷十六，第 843 页。
② （宋）王十朋著，梅溪集重刊委员会编：《王十朋全集》文集卷十六《民事堂赋》，第 843 页。
③ （宋）王十朋著，梅溪集重刊委员会编：《王十朋全集》文集卷十六《民事堂赋》，第 844 页。
④ （宋）史铸《会稽三赋序》，载（宋）王十朋《会稽三赋》，第 425 页。
⑤ （宋）王十朋著，梅溪集重刊委员会编：《王十朋全集》文集卷十六《蓬莱阁赋》，第 844 页。

蓬莱阁，"在郡设厅后，取微之诗也"①，自北宋张伯玉守越以来，围绕其创作的作者代不乏人，并由此形成稳固的蓬莱阁书写传统。王师心浙东帅幕的蓬莱阁中秋雅集活动，又将发生在唐代、北宋的宴集活动拉入当下语境中，持续不断地进行文学和文化的再生产。王十朋作《蓬莱阁赋》前，已有《蓬莱阁》《府帅王公中秋宴客蓬莱阁分茶赏月于清白亭某以幕僚与焉坐上成二绝》三诗，"王子游会稽，客莲幕，登卧龙之山，蹑巨鳌之阁。……于时天高气肃，秋色平分，簪盍良朋，把酒论文，俯仰湖山，怀古伤今，登高赋诗，以写我心"②，但不足以铺叙盛况、抒怀言志，故作赋纪之。《蓬莱阁赋》中王十朋首先从俯视的角度，颂扬绍兴府城的雄伟与繁华，旋又向四方眺望，怀想大禹以来至唐代贺知章的数位越地名士，逗引出浓重的历史意识和思古幽情，发出"仰瞻高阁，翚飞崔嵬，俯瞰州宅，缅怀高才，面无时之屏障，家终日之楼台，长湖山之价于几席之上，惜斯人之安在哉"③的喟叹。最后写阴云蔽月，"渐山川之蒙笼，若有妒乎婵娟"，赏月之兴已尽，遂移步清白堂，饮茶观览唐贤今人题名，"啜茗于清白之堂，漱齿于清白之泉，阅唐宋之题名，终夕为之慨然"④。经由唐宋文人的持续题咏，尤其待王十朋《蓬莱阁赋》撰成后，绍兴蓬莱阁的文化地位逐渐超过山东登州的海上仙山蓬莱阁，"蓬莱隔弱水三万里，以笔刀坐移于是也"⑤，诚为的论。

由上可知，任职绍兴签判的经历，以及绍兴府的文化环境，为王十朋《会稽三赋》的创作奠定了基础。而王十朋的幕僚身份意识、绍兴末年的时代背景、赋体本身的创作传统，又影响了《会稽三赋》的文本生成。

三、赋里乾坤：王十朋《会稽三赋》的时代意蕴与艺术特征

王十朋《会稽三赋》在承继前代都邑赋创作范式的基础上，又受时代背景、幕府场域的影响，呈现出新的书写转向。

---

① （宋）王象之编著，赵一生点校：《舆地纪胜》卷十，第378页。
② （宋）王十朋著，梅溪集重刊委员会编：《王十朋全集》文集卷十六，第844页。
③ （宋）王十朋著，梅溪集重刊委员会编：《王十朋全集》文集卷十六，第845页。
④ （宋）王十朋著，梅溪集重刊委员会编：《王十朋全集》文集卷十六，第845—846页。
⑤ （宋）王十朋著，梅溪集重刊委员会编：《王十朋全集》文集卷十六《蓬莱阁赋》，第845页。

首先,《会稽三赋》有着鲜明的地志化特征,是我们了解宋代尤其南宋绍兴地理、风物和民俗的重要文献,"《会稽三赋》为越中一重要文献,诚如陈春氏所云,吾郡人家置一编"①。而三篇赋文中,文学性与地志化特征最突出的,当属《会稽风俗赋》。《风俗赋》在建构绍兴地理空间的同时,又具有极强的征实性,举凡山川景观、亭台楼阁、名物特产、民风民俗,皆为南宋特定时代条件下绍兴地方社会的缩影。从内容上看,《风俗赋》与南宋地志体例较为接近。如《嘉泰会稽志》《宝庆会稽续志》《舆地纪胜》《方舆胜览》等,详载绍兴府内的衙署、山水、人文景观、人物、诗文、物产等,门目众多,是中国地方志定型时期的重要著作。《风俗赋》中对绍兴地理环境、山川人物、古今风俗的铺叙,即与上述地志所载若合符契。如赋中所写越地建制沿革:"越于九域,分曰扬州。仰瞻天文,度当斗牛。在辰为丑,自夏而侯。郡于秦汉,霸于春秋。"②这与《嘉泰会稽志》中"越在唐、虞时,禹平水土,制九州,而越为扬州之域"③,以及《方舆胜览》"浙东路绍兴府"所载"《禹贡》:扬州之域,粤地,星纪次之,牵牛、婺女之分野。……秦立会稽郡,汉以其地封同姓,更属江都国"④等表述相类。明人顾尔行称:"文有体,亦有用。体欲其辨,师心而匠意,则逸辔之御也。……得其变化,将神而明之,会而通之,体不诡用,用不离体。"⑤事实上,王十朋《风俗赋》虽有以赋作地志的趋向,但从根本上仍遵循着赋体的创作规范与审美姿态,而赋本身的文体功能和文体特点,也恰好契合他铺叙绍兴山川人物、建构地理空间的需要。

其次,《会稽三赋》继承并革新了汉大赋的铺叙手法和语言使用传统。如《会稽风俗赋》沿用汉大赋的主客问答模式,以子真、无妄先生的提问,引出主人有君对会稽地区的详细介绍,并在七问七答中穿插二客对主人所言诸事的疑惑甚至反驳,让主人有君以更为详尽、具有说服力的方式进行解答,并最终令二客心悦诚服。另外,与汉大赋和后世诸多都邑赋一样,《会稽三赋》亦依方位次序来谋篇布局,使各门类事物均能集合在一个空间内,如"东泛曹江哀彼孝娥,西观惊涛吊夫子胥……"⑥、"东望稽山,思禹之

---

① 周作人撰,钟叔河编:《知堂书话》(下),岳麓书社,1986 年,第 743—744 页。
② (宋)王十朋著,梅溪集重刊委员会编:《王十朋全集》文集卷十六,第 820—821 页。
③ (宋)施宿撰:《嘉泰会稽志》卷一,《中国方志丛书》华中地方第 549 号,成文出版社,1983 年,第 6155 页。
④ (宋)祝穆撰,(宋)祝洙增订,施和金点校:《方舆胜览》卷六,中华书局,2003 年,第 104 页。
⑤ (明)徐师曾撰,罗根泽校点:《文体明辨序说》,人民文学出版社,1962 年,第 75 页。
⑥ (宋)王十朋著,梅溪集重刊委员会编:《王十朋全集》文集卷十六《风俗赋》,第 825 页。

功。……南目秦望,哀秦之过。……西望夕阳,送目兰亭。……北望沧海,渺其无涯。……"[①]等,镜头层层推进,徐徐展开。至于言辞句式上,汉大赋主要以四言六言为主,王十朋《会稽三赋》则句式多变,骈散相加,呈现出鲜明的散文化趋势。徐师曾《文体明辨序说》称秦汉古赋之后,"三国、两晋以及六朝,再变为俳,唐人又再变而为律,宋人又再变而为文"[②],《会稽三赋》即兼具宋代文赋的一些特点。如"会伯尊之传召兮,达民瘼于九重。予殆有类于辇者兮,亦何恨夫言之不庸"[③]、"顷之阴云忽兴,点缀青天,渐山川之蒙笼,若有妒乎婵娟,倚危阑而感慨,觉兴尽而思旋矣"[④]等,皆能摆脱创作绳规而有独造自立处。

再次,《会稽三赋》是绍兴府城市地位提升的重要文学表征。建炎南渡,宋高宗一度驻跸会稽,并改越州为绍兴府,其后绍兴正式成为实际意义上的南宋陪都,"浙河之东,越为都会。今地望之重,视汉冯翊、扶风矣"[⑤]。与之同时,南方城市的历史文化、山川风物在南宋辞赋中得到越来越多的呈现,"南渡以后,文化中心南移,文化版图发生了变化,南方出生的文人在绍兴间已经居于文坛的主导地位,因而,文学中的话语体系势必随之改变。描写南方山川物产的辞赋,尤其是南方文人创作的辞赋,其弘扬当地文化,争取文化、文学话语权的动机表现得相对明显"[⑥]。这种创作倾向在《会稽风俗赋》中表现得尤为突出,如子真听完有君的言论后,在感慨之余,也提出了自己的疑问:"然越在春秋,僻处东夷,夫子作经,尊为于越,其人材风俗,固未可与齐、晋、鲁、卫诸列国抗衡也。今有君所称,几不容口。岂昔日远于京畿,含香未越,如王景兴之言邪?抑山川降灵孕秀,固自有时邪?抑亦因人作成而致然邪?"[⑦]有君遂又罗列越地唐宋诸贤,并称"承宣得人,风俗斯美,盖亦理之然也"[⑧]、"然风俗不常美,亦不常弊,善焉恶焉,维人是系。

---

① (宋)王十朋著,梅溪集重刊委员会编:《王十朋全集》文集卷十六《蓬莱阁赋》,第844—845页。
② (明)徐师曾:《文体明辨序说》,第101页。
③ (宋)王十朋著,梅溪集重刊委员会编:《王十朋全集》文集卷十六《风俗赋》,第836页。
④ (宋)王十朋著,梅溪集重刊委员会编:《王十朋全集》文集卷十六《蓬莱阁赋》,第845—846页。
⑤ (宋)蔡幼学:《育德堂外制》卷二《李珏知绍兴府志》,《续修四库全书》,上海古籍出版社,2002年,第1319册,第112页。
⑥ 刘培:《两宋之交辞赋的传承与递变》,《文学评论》2009年第2期。
⑦ (宋)王十朋著,梅溪集重刊委员会编:《王十朋全集》文集卷十六,第837页。
⑧ (宋)王十朋著,梅溪集重刊委员会编:《王十朋全集》文集卷十六,第838页。

今朝廷驻跸东南,越为巨藩,密迩尧天,盖尺五间”①,由铺叙风俗之美、帅守之贤过渡到今日绍兴地望之重,流露出重新为越地正名的倾向。“中原未清,今天下巨镇,惟金陵与会稽耳,荆、扬、梁、益、潭、广皆莫敢望也”②,南宋时期的绍兴府俨然是地势雄伟、舟车辐辏的东南一大都会,呈现出与北方城市相迥异的地方风貌与文化特色。

最后,《会稽三赋》中锐意进取的时代精神,既来源于历史变局的外在推动,也借效了赋体本身的创作经验,流露出王十朋身为幕府文人的文心、才情与壮志。事实上,赋本身就有“或以抒下情而通讽谕,或以宣上德而尽忠孝”③的功能,《会稽三赋》深刻呈现出王十朋爱国参政的政治性,是其淑世精神的延展和外化。譬如,《风俗赋》虽为铺叙绍兴山川风物的作品,却深寓政问,充斥着强烈的淑世精神和教化意涵。王十朋借有君之口,称颂世变前后陈过庭、张宇发、华君平、傅崧卿、李光等绍兴籍名贤的出处抉择,绘就出一幅波澜壮阔的时代人物画卷:“子不见夫衔命虏庭,死于王事,如陈公、张公者乎?议礼靖康,赴难建炎,如华君、傅君者乎?是岂异代之人邪?又不见夫姚江陈公,所临有声,亦克知退,身名两荣;执政李公,忤意权臣,老于沦落,世贤其人;悯孝蔡子,捐生可悲,同彼旌忠,庙食于兹;隐吏王君,斩雠著名,一门可称,贤父难兄。”④通过宣扬南渡前后昌明俊伟之士的事迹,起到教化民众、革新士风的功用。而《风俗赋》迥异于一般都邑赋的结尾,又生动呈现出文学与政治功用的互涉:“今天子披舆地之图,思祖宗之绩,求治如不及,见贤而太息,文德既修,武事时阅,盖将舞干戚而服远夷,复侵疆而旋京阙。余俟其车书仝,南北一,仿吉甫,美周室,赋《崧高》,歌吉日;招鲁公,命元结,磨苍崖,秃巨笔,颂中兴,纪洪烈。迈三五,敻前牒,亘天地,昭日月。于是穷章亥之所步,考神禹之所别,览四海九州之风俗,掩《两京》《三都》之著述。腾万丈之光芒,有皇宋一统之赋出,回视会稽,盖甄陶中之一物。”⑤绍兴末年,南宋虽得以暂时偏安于江左,然靖康之耻未雪,中原兵火之劫未艾,且完颜亮已蠢蠢欲动,有混一天下之志。王十

① (宋)王十朋著,梅溪集重刊委员会编:《王十朋全集》文集卷十六,第841页。

② (宋)陆游著,马亚中、涂小马校注:《渭南文集校注》卷十四《会稽志序》,浙江古籍出版社,2015年,第2册,第133页。

③ (汉)班固《两都赋序》,侯文学校注:《班固集校注》,人民出版社,2019年,第18页。

④ (宋)王十朋著,梅溪集重刊委员会编:《王十朋全集》文集卷十六,第841页。

⑤ (宋)王十朋著,梅溪集重刊委员会编:《王十朋全集》文集卷十六,第843页。

朋对山雨欲来的国势有着敏锐感知，因此他指出朝廷当内修政事、富国裕民后，再积极北向、收复失地，以待“穷章亥之所步，考神禹之所别，览四海九州之风俗”的《皇宋一统赋》出世。可以说，王十朋借由《会稽三赋》的创作，强调富有深广社会内涵的“赋外寄托”，进一步扩大了赋的言志功能。

综之，《会稽三赋》一方面承继了前代都邑赋的创作传统，又在文体结构、内容形式上有所拓展和革新，将绍兴末年的时代风云与会稽历史文化引入赋体的创作中，拓展了赋的文学表现领域，显现出别样的文体风格。

四库馆臣评价王十朋文学创作云：“其于文专尚理致，不为浮虚靡丽之词。其论事章疏，意之所至，展发倾尽，无所回隐，尤条鬯明白。（刘）珙称其诗浑厚质直，恳恻条畅，如其为人。今观全集，淳淳穆穆，有元祐之遗风。”[①]绍兴府任职签判的经历，不仅意味着王十朋仕宦生涯的正式开启，浙东帅幕的文化环境也为其文学嬗变提供了无限可能。王十朋根据自己的入幕体验、对绍兴府城的认知和理解，赋予《会稽三赋》以多重意蕴。尤值得注意的是，《会稽风俗赋》《蓬莱阁赋》中对绍兴空间环境和山川风物的铺叙仅是表象，其深层意涵是时势转捩后社会形态、教化礼义、和战之争的综合体现。此外，王十朋入幕期间所作的部分诗歌，又一定程度上与其赋文形成对应关系，在诗、赋两种文体的共振与互动中，能为我们解读《会稽三赋》提供一些新思路。限于篇幅，容他文另行讨论。

（作者单位：浙江工商大学中文系）

① （清）永瑢等：《四库全书总目》卷一五九，第 1371 页。

海上画派与陈鸿诰的文化圈层*

陈雨星

内容提要 晚清时期，清人赴日规模迅速扩大，其中以同乡关系为纽带的文人群体，形成了中国文人内部、中日文人之间错综复杂的文化交流网络。陈鸿诰便是这一网络中的佼佼者。陈鸿诰在国内虽非一流文士，却凭借一系列传播策略，运用当时新兴的报刊媒体塑造形象，游走于文艺大家之间，获得了丰富的文化资源。赴日后，又因与日本文人原田西畴、小野湖山、江马天江、土屋弘等人的诗文唱和与书画交易，进一步打开了海外文化圈层，凭借中日艺术发展的阶段落差，被日本人目为中国诗、书、画领域的大家，成为晚清中日文艺交流史上的节点式人物。陈鸿诰突破既有文化圈层实现越境，显示了中国文化对日本汉学持续而深远的影响，这是近代双方全面国力倒转前夕的余光。以陈鸿诰为观察视点，考察其身世交游，寻绎由江南向海外蔓延的文化圈层，进而得以体察晚清中日文化交往格局的形成、运作机制及影响，有助于近代中日文艺交流史的研究。

关键词 文化圈层 赴日文人 海上画派 陈鸿诰

日本明治维新以降，尤其是《中日修好条规》签订后，清人赴日规模迅速扩大，文人东渡者也为数可观。赴日群体主要以同乡关系为纽带密切交

* 基金项目：本文为国家社科基金重大项目“东亚汉诗史”（项目编号：19ZDA295）阶段性成果之一。

往,形成了错综复杂的人际网络。他们往往兼具诗人、学者、书画家等多重身份,在各自的文化圈层①内享有一定的知名度。借助当时新兴的报刊媒介,其作品影响力得以扩展到海内外。近年来,在晚清赴日文人的研究中,陈鸿诰(约1825—1884)颇受关注,盖因其在访日期间编辑出版的《日本同人诗选》,乃中国人编纂的第一部日本诗集之故②。不过,陈鸿诰作为晚清海上画派的一员健将,其在中日艺术交流领域的特殊地位,却被有意无意地遮蔽了。事实上,陈鸿诰等人的文化活动中,诗、书、画三者互为媒介、互动相生的关系概难切割。有鉴于此,笔者不揣谫陋,钩沉中外文献,试图通过多种艺术形式的视角进行整体观照,以期管窥当时以诗画为载体的文化交际生态。

---

① 19世纪下半叶开始,地理大发现所造成的全球区域间经济、文化联系逐渐紧密的趋势,促使文化人类学传播论学派的兴起。传播论学派反对古典进化论学派的文化独立发明说,强调文化的传播和迁徙扩散,不同地域的相似文化现象其实源于同一个文化源头。德国文化传播学派的先驱人物弗里德里希·拉策尔(Friedrich Ratzel)在其著作《人类地理学》中提出"人类地理学"理论,主张地理环境对文化分布的决定性影响,指出不同区域物质文化的相似性可以追溯到历史上的关联,为文化圈理论提供了方法论基础。弗罗贝纽斯(Leo Frobenius)在《非洲文化的起源》中首次提出了"文化圈"(Culture Circles)的概念。格雷布纳(Fritz Graebner)进一步系统化了文化圈理论,认为在空间层面,由若干文化元素组成了"文化丛",文化丛结合的特定空间为文化圈;不同文化圈内按照时间顺序出现的不同文化特质,构成了地层分布式的文化层。此后,文化圈层理论迅速漫溢到人类学领域之外,成为人文社会科学广泛采用的理论。在中国古典文史研究领域,众多学者认同并提倡的"江南文化圈""汉字文化圈""中华文化圈"等,即是文化圈层理论在文史研究领域的具体实践。可参曹虹:《论清代江南文化圈中的常州学风》,《南京大学学报》(哲学·人文科学·社会科学)1996年第1期;杨民康:《论中国南传佛教音乐的文化圈和文化丛特征》,《中国音乐学》1999年第4期;张碧波:《中华文化圈中的新罗》,《学术交流》2001年第4期;孟慧英:《文化圈学说与文化中心论》,《西北民族研究》2005年第1期;葛永海:《历史追忆与现世沉迷:唐诗中的金陵与广陵——以江南城市文化圈为研究视阈》,《浙江社会科学》2009年第2期;张伯伟:《东亚汉文学研究的方法与实践》,中华书局,2017年;严明:《近世东亚汉诗流变》,凤凰出版社,2018年。

② 相关成果有王宝平《晚清文人与日本——光绪年间寓日文人考》(《日本学刊》,1998年第4期)、蔡毅《陈曼寿与〈日本同人诗选〉——第一部中国人编辑的日本汉诗集》(《日本汉诗论稿》,中华书局,2007年)、陈捷《十九世纪七十、八十年代中国书画家的日本游历》(《印刷出版与知识环流:十六世纪以后的东亚》,上海人民出版社,2011年)、王宝平《近百年来中国人编日本汉诗(词)集述略》(《天津师范大学学报》2013年第1期)、[日]日野俊彦《陳曼壽と日本の漢詩人との交流について》(《成蹊國文》第四十八号,2015年)、蔡毅《陳曼壽と『日本同人詩選』》(《清代における日本漢文學の受容》,汲古书院,2022年)等。

一、诗画传家:陈鸿诰及其家族行实补考

陈鸿诰在晚清中日两国文化交往中扮演了重要角色。陈氏晚年不仅活跃于海派和浙派画家群体之中,与他们相互往来,切磋诗画文艺,同时在日本也与当地文化界的重要人物有着直接的交流。作为诗人,陈鸿诰经常参加中日文人雅集;作为书画名家,在当时上海的画界中亦享有一定的声望。如胡公寿(1823—1886)、蒲华(1832—1911)、杨伯润(1837—1911)、叶炜(生卒年不详)等名作手,与陈鸿诰都保持着较深厚的友谊。关于陈氏生平,此前的研究成果已有涉及,但尚有较多可以补苴之处。陈鸿诰的主要活动轨迹是在浙江和上海一带,他在中国的交游对象大多是出生或寓居该地的诗画名人。因此,要探究陈鸿诰其人以及他的文化活动,则不可回避他在国内的主要经历和交游对象。本着"详人所略,略人所详"的原则,笔者重点考补前人论著中所忽略甚至未曾着墨的陈氏生平行实。

陈鸿诰,字曼寿,号味梅,又号乃亨翁①,浙江秀水(今属嘉兴)人。他擅长书画,年幼即能诗。《黎里续志》赞其诗"入杜、韩之室,悲凉激楚,多不平之鸣,境使然也"②。这种评价不免有溢美之嫌,但是结合他的人生经历,或许能够看出其诗歌中的"悲凉激楚,不平之鸣"缘何而来。陈鸿诰的人生以太平天国运动为重要转折。咸丰十年(1860)太平军攻占嘉兴前,陈鸿诰生活平稳安逸。他出身于富庶之家,日常生活便是与四方名宿交游,往来唱和。当时的他"家中赀斧尚给,不必为衣食计"③。战乱以后,陈氏家道衰落,"遇日益穷"④。他携子辗转游幕浙江龙游三年⑤,但是依然不能挽救家族的颓势。1876 年他又携家眷搬至沪上,通过在书画圈的运作,维持一家生计。四年后远渡东瀛,客居日本的三年间,以鬻艺刻书为业,后"因嫁女

① 陈鸿诰有《乃亨翁诗》自述平生,载于日本《新文诗》第 64 集,明治十三年(1880)刻本。

② (清)蔡丙圻纂修:《黎里续志》卷十一,清光绪二十五年刻本。

③ (清)陈鸿诰著,[日]原田隆编选:《味梅华馆诗钞》卷首,日本明治十三年(1880)写刻本。

④ (清)陈鸿诰著,[日]原田隆编选:《味梅华馆诗钞》卷首,日本明治十三年(1880)写刻本。

⑤ 陈鸿诰在日本明治十三年所刻《味梅华馆诗钞》有序曰:"同治十二年岁次癸酉十一月下澣乃亨翁记于龙游官廨。"可推知其曾于龙游入幕。其子陈季槃也曾于《赠飞雅阁主人朱九甫二绝》诗中自注:"前三年随侍龙游幕中,去年又游西泠、兰溪及申江诸处。"见王中秀、茅子良、陈辉编著:《近现代金石书画家润例》,上海画报出版社,2004 年,第 402 页。

自东瀛返,至甲申人日后一日竟归道山"①。

有关陈鸿诰的文献记载虽多,但是对于他的家庭情况,却少有人考察。借助文史资料,我们可以发现陈氏家庭中浓厚的文艺氛围对陈鸿诰后来从事文艺事业有重要影响。陈鸿诰父名陈觉生,见于《味梅华馆诗二集》平湖朱壬林所作序:"秀水陈觉生参军,名注铨曹,不乐仕进……尝作《课子弄孙图》寄示,为题二绝句。"②陈觉生的生平不详,单从朱壬林的叙述来看,他应该也是秀水当地的风雅之士。陈觉生在绘画方面的垂范,对陈鸿诰性格和喜好的形成不无影响。陈鸿诰还有一弟陈筠石,生平失考。清人张鸣珂在《寒松阁谈艺琐录》中提及陈筠石(字鸾封)"善花卉,笔极挺秀"③,也可见其家学氛围中的书画修养。遗憾的是,陈筠石逝世较早,未成就经典之作。

陈鸿诰外祖父蔡淇是苏州黎里名贤,《黎里续志》载陈鸿诰"为蔡太常淇外孙,时客执经堂"④。在《续志》人物卷有蔡淇生平介绍。蔡淇,字卫川,号竺溪,蔡懿德次子,年少时与兄长蔡湘一同受业于李锡信。嘉庆十五年(1810)"以震泽诸生举于乡,旋授太常寺博士"⑤。由陈鸿诰的父亲陈觉生和外祖父蔡淇的生平可以看出,陈氏和蔡氏家族都是江南地区比较富庶的士绅家庭,这给他年少时相对优渥自由的生活提供了基本的经济保障。陈鸿诰自叙生平时,便时常回忆自己年少时的漫游时光。

据前揭蔡毅相关论著考证,陈鸿诰有四子一女。笔者考证其第四子为陈善福。善福字季槩,生平事迹未详,曾随侍父亲客居龙游、上海。陈季槩随侍的孝行受到父执的称赞,并为其绘制组图——《山城侍读图》⑥,题辞者多为陈鸿诰、陈季槩往日相与唱和的好友,如邹弢、葛其龙、杨伯润、蒲华、吴大澂、石纶藻、杜求煃等,其中不乏近代绘画名家。杜求煃作题画诗,有句曰"随侍到山城,聊以酬乌私。公余复苦吟,客中父作师",可知在陈季槩

① (清)邹弢:《三借庐赘谭》卷九"海外吟"条,《续修四库全书》据清光绪申报馆丛书余集本影印,上海古籍出版社,1995年,第1263册第720页下栏。

② (清)陈鸿诰:《味梅华馆诗二集》卷首,清咸丰元年(1851)刻本。

③ (清)张鸣珂著,丁羲元校点,唐金海复校:《寒松阁谈艺琐录》卷六"道光乙巳丙午间"条,上海人民美术出版社,1988年,第147页。

④ (清)蔡丙圻纂修:《黎里续志》卷十一,清光绪二十五年刻本。

⑤ (清)蔡丙圻纂修:《黎里续志》卷八,清光绪二十五年刻本。

⑥ 此图现为Reverend Richard Fabian(费立哲牧师)藏品,可参见https://www.bonhams.com/zh-cn/auction/25769/lot/8/zhang-xiong-1803-1886-xu-gu-1823-1896-wu-dacheng-1835-1902-yang-borun-1837-1911-wu-guxiang-1848-1903-et-al-studying-with-father-at-the-mountain-city-wall-1875-1876-20/。

随侍父亲之时,跟随父亲学习,二人的感情比较深厚,亦可见陈氏家族交游之广。在组图的艺术性上,图中书画结合,书法集合各家之所长,图画则描绘父子茅屋伴读的场景,将人放在广阔的山水背景中,既符合龙游地区山水云海的自然风光,又带有明显的文人化风格,可以视作海派绘画的新声。

陈鸿诰之女陈慧娟,邹弢《三借庐赘谭》载其事迹。慧娟名宝玲,慧娟是其小字。她随父学画,邹弢"因曼老曾得其所画梅花小幅,及山水折扇,霏香疏淡,泼墨淋漓,真写生妙手"[①]。可见其绘画极为出色。陈慧娟在上海随侍父亲时,曾流传有任伯年绘制父女两人的授诗图一幅。这幅画的起因是陈鸿诰曾在《申报》作诗向任伯年乞画,诗中曰:"巾帼通才古罕匹,迄今好事还图形。"[②]又云:"父作经师女作徒,要传佳话遍江湖。"[③]赞叹其女才情卓著,希望当时的画坛名家为他们作画以传为佳话。更以伏生之女来比况陈慧娟文采斐然,而这一才女形象也通过杨伯润、晋卿[④]等人的和诗进一步建构起来。

在海上画派发展的初期,对才女形象的书写塑造有一定的时代背景。由于清代才女文化兴盛,公开地展示女性才能实际上是为了进一步渲染家族的文化传承。而凭借近代上海发达的报刊媒体的传播以后,进一步稳固了陈鸿诰与其家族在上海文艺界的地位。进入 20 世纪以后,如吕碧城(1883—1943)这样的女性进一步借助近代媒体塑造并传播进步女性的形象,实际上与晚清才女文化建构的方式是一脉相承的。

从以上所辑补的陈鸿诰家族相关史实中不难发现,陈氏一族热衷于养成诗书绘画的文化修养。并且很早就将家族成员与文艺界连接起来,借助交际圈和时新媒体的广泛传播,进一步筑深家族的文化底蕴。

二、别饶韵致:陈鸿诰与海上画派

陈鸿诰固是晚清赴日文人群体中的著名诗人,然其在寓居沪上和赴日

---

① (清) 邹弢:《三借庐赘谭》卷一"陈慧娟"条,《续修四库全书》据清光绪申报馆丛书余集本影印,第 1263 册第 622 页上栏。

② (清) 陈鸿诰:《乞任伯年画〈授诗图〉》,《申报》1879 年 1 月 8 日,第 4 版。

③ (清) 陈鸿诰:《乞任伯年画〈授诗图〉》,《申报》1879 年 1 月 8 日,第 4 版。

④ (清) 杨伯润:《题曼寿明经女公子授诗图》,《申报》1879 年 2 月 20 日,第 4 版;(清) 晋卿《题陈曼寿明经女公子授诗图》,《申报》1879 年 4 月 22 日,第 4 版。

期间却主要以书画作品维持生计，且与著名的书画家多有交往。因而，有必要将陈鸿诰的书画履历特为拈出。梳理陈氏在上海前后的交友圈不难发现，陈氏在后世所称“海上画派”的文化圈层中，自有其一席之地，尽管在艺术上并没有达到如其好友蒲华、胡公寿等人的声名和成就，但是作为海上画派的一员，他的艺术之路也有一定的学术研究价值。

由于早年家境优渥，陈鸿诰青少年时期得以广泛发展自己的兴趣爱好，才情也颇受人称赞。陈鸿诰年少便展露出了书画艺术的才能，《黎里续志》记载其“力学好古，工篆隶，尤善钟鼎书，能作擘窠大字，苍古遒劲，兼能画梅”①。他的书法功底深厚，喜好古朴苍劲的金石文字。《两浙辅轩续录》也记录了他年少时就“嗜金石文字，隶篆八分，皆有法度”②。好友张鸣珂曾评价他的“书法仿冬心，作蝙扁字，具有古趣”③，画梅则是“用干笔擦出，别饶韵致”④。冬心即清代著名书法家金农(1687—1764)，金氏最为著名的便是取法篆刻碑帖自创的“漆书”。陈鸿诰喜好临仿金农的书法，结合金石篆文和隶书特点，形成朴拙的风格。中国古典绘画中的干笔擦出的技法往往用于绘画云山石或者浮云这种需要表现立体感的对象，陈鸿诰用于画梅花，颇有创意。陈氏以画梅著称，寓居上海期间，流播坊间的陈氏书画作品中梅花图较多。

与传统士大夫一样，陈鸿诰寄情山水，与同乡好友往来唱和。绘画理论家张鸣珂亦为嘉兴人，与陈鸿诰时常往来。张氏在《秋风红豆楼诗钞》中收录了其与陈鸿诰等人的唱和诗。张氏另著有《寒松阁谈艺琐录》《寒松阁诗词》等，其中收录有《赠曼寿、�石》《题曼寿〈味梅花馆初集诗刻〉》等诗⑤。陈鸿诰题曰：“辛亥孟冬二十八日，偕朗亭周兄及筠石弟，奉访玉珊仁兄同调，出示大集《秋风红豆楼诗钞》。携归细读，其苍老似诚斋，其峭蒨似放翁，侪辈中当独树一帜，若仅以灵芬目之，则浅矣。”⑥张鸣珂诗中则有“阿连下笔尤精妙，与花写照花能笑。阿兄三绝画书诗，一门风雅真

① (清)蔡丙圻纂修：《黎里续志》卷十一，清光绪二十五年刻本。
② (清)潘衍桐编纂，夏勇、熊湘整理：《两浙辅轩续录》卷三十一，浙江古籍出版社，2014年，第9册第2292页。
③ (清)张鸣珂著，丁羲元校点，唐金海复校：《寒松阁谈艺琐录》卷一“陈曼寿”条，第46页。
④ (清)张鸣珂著，丁羲元校点，唐金海复校：《寒松阁谈艺琐录》卷一“陈曼寿”条，第46页。
⑤ 张霞云：《张鸣珂稿本〈秋风红豆楼诗钞〉整理》，《古籍研究》2015年第1期，第148页。
⑥ 张霞云：《张鸣珂稿本〈秋风红豆楼诗钞〉整理》，《古籍研究》2015年第1期，第148页。

堪师。我也落落少所喜，三人从此称知己”之句[1]。三人之情谊，跃然纸上。更重要的是，点出了陈氏诗、书、画“三绝”的特质及陈氏“一门风雅”的家学。

在地方经营的才名让陈鸿诰得以与著名书画家胡公寿[2]等人结交。道光三十年(1850)，胡公寿和 25 岁的陈鸿诰同游吴兴苏湾天镜庵。光绪二年(1876)，两人再次相逢，“初冬，陈曼寿(鸿诰)挈眷属与杨伯润同至沪上，住城内南园侧，与分别十五年之胡远重晤”[3]。这之后，胡公寿便开始了对陈鸿诰的长期资助，二人互相酬赠诗文。陈氏去了日本之后，刊刻诗稿，犹请胡公寿为其作序[4]。

陈鸿诰在沪上与杨伯润、葛其龙、蒲华、蔡鸿鉴、齐学裘、万世清、北方心泉、卫铸生、王冶梅、任伯年等中外文人艺术家交游往来[5]。前文已云海上画派代表人物之一的任伯年即曾为陈氏父女作《授诗图》，并在《申报》上引发一连串的唱和。关于这幅画在上海文化届引起的讨论，今已有学者关注。丁羲元考察了画作的内容以及引发的历时数年的余波[6]。伍美华认为，陈鸿诰通过在上海的画家群体中请托当时画坛名手任伯年为自己与女儿作画，并在当时具有广泛影响力的《申报》发表，成功地展示了自己的艺术价值[7]。笔者以为，还需要注意的是，陈鸿诰父女的此次自我营销、自我经典化，如果没有在上海文艺界深广的人际关系，则不可能达成，而这种关系网络是以地缘关系为纽带的。

陈鸿诰往来最密切的杨伯润、蒲华等人，便是因为同乡关系和共同的雅好而建立起的友谊。杨伯润，字佩夫，号茶禅、南湖，浙江嘉兴人。曾任

---

① 张霞云:《张鸣珂稿本〈秋风红豆楼诗钞〉整理》,《古籍研究》2015 年第 1 期,第 148 页。

② 胡公寿,名远,号横云山民,华亭人。《海上墨林》记其工山水、花卉、兰竹。他的绘画水平极高,在当时已称大家,杨逸《海上墨林》称其“江浙名士无不倾服,谓三百年来无此作也”,见杨逸著,印晓峰点校:《海上墨林》,华东师范大学出版社,2009 年,第 94 页。

③ 王中秀、茅子良、陈辉编著:《近现代金石书画家润例》,第 401 页。

④ 关于两人的交往可以参考谢怡青:《海派画家胡公寿交游研究》附录《胡公寿交友年表》,上海师范大学 2020 年硕士学位论文,第 67—72 页。

⑤ 如“2 月 21 日阴历元月初九,杨伯润、陈鸿诰、万世清同游静安寺观涌泉井。翌日复同游豫园,憩湖心亭茗画,均有诗纪之”,见王中秀、茅子良、陈辉编著:《近现代金石书画家润例》,第 401 页。

⑥ 丁羲元:《任伯年年谱》,天津人民美术出版社,2018 年,第 89—90 页。

⑦ 伍美华:《〈授诗图〉:任伯年所绘陈鸿诰及陈慧娟的肖像》,载上海书画出版社编《海派绘画研究文集》,上海书画出版社,2001 年,第 1102—1135 页。

豫园书画善会会长,有《南湖草堂集》《语石斋画识》等。卫铸生,名铸,常熟人。明治十一年(1878)赴日从事书画艺术活动,收获颇丰。1889年他离开上海,远赴新加坡,并在新加坡掀起了诗社文社的热潮。蒲华,字作英,浙江嘉兴人,陈鸿诰同窗。陈鸿诰不仅参与到蔡鸿鉴与蒲华所结“苹花社”的唱和之中[①],还极有可能与杨伯润、蒲华等好友,续办了嘉兴当地的著名诗社“鸳湖诗社”。同结诗社,同遭巨变,沪上重逢,这种人生经历让他们之间的交谊更趋坚固。

除了早就有交情的同乡杨伯润、蒲华等人,陈鸿诰的许多文人朋友也是到上海以后逐渐形成交际关系,形成了被称作“海上画派”的组群。所谓的“海上画派”,并非因为绘画风格而聚集起来。一方面,太平天国运动使得江南一带士绅失去了产业,往往选择去上海做寓公;另一方面,这批文人受到上海的商业化活动影响,荟萃于此,相聚切磋,进而逐渐被统称为“画派”。如同南宋江湖诗派一般,海上画派虽不都是主流人士,但在一定的时空范围内引领了潮流。有研究者认为这一时期的书画家并没有主体意识,书画活动仅仅是作为诗社活动的附庸[②]。笔者以为,与其说没有书画家的主体意识,毋宁说在这个新旧交替的时期,他们依然保持了传统文人的自我定位。如陈鸿诰被他人所称呼最多的便是“陈曼寿明经”,他们所引以为豪的,仍然是科举社会中以诗文为尊、书画为雅趣的士人本色。

三、东瀛旅居:陈鸿诰的域外交往及其文化圈层的拓展

陈鸿诰赴日活动主要是为了解决自己的经济危机[③]。此行之所以能够成功,得益于他在上海文艺界积累的人脉基础。1880年,陈鸿诰借助岸田

① 参见茅子良:《萍花社应为苹花社》,《艺林类稿》,上海书画出版社,2009年,第53—56页。

② 王中秀:《历史的失忆与失忆的历史——润例试解读》,《新美术》2004年第2期,第14—28页。

③ 参见蔡毅:《陈曼寿与〈日本同人诗选〉——第一部中国人编辑的日本汉诗集》,载《日本汉诗论稿》,第255—272页。

吟香的宣传①,受卫铸生的邀请②,东渡日本。在京都与原田西畴、小野湖山、江马天江等人交游,进一步打开海外文化圈层。“庚辰春日,余航海至日本,客于西都,得识原田西畴于晓翠楼,与之谭艺,颇契洽。一夕手执余未刻稿数册,流连不释,曰君盍续雕以公同好乎?”③陈鸿诰赴日后,客居晓翠楼,据李筱圃《日本纪游》载,此时的日本京都,寓留于此的中国人只有住在晓翠楼的陈鸿诰以及住在不远处松村屋的王寅和冯浤三人④。陈鸿诰在这里认识了附近的原田西畴和江马天江,又通过原田西畴的帮助,择选刻印了诗集《味梅华馆诗钞》。以上事迹,前人已有详述,在此不做赘述。

陈鸿诰在日本最主要的文化活动,除了和在上海时一样经营他的书画作品,便是与日本文人的交游唱和,诗画可谓相辅相成。客居京都时,陈鸿诰曾短暂探访居住在大阪堺邑的土屋弘⑤。据陈鸿诰在《邂逅笔语》序言所述,这次拜访的时间是光绪七年辛巳六月十三日(1881 年 7 月 8 日)。当天,陈鸿诰与福原周峰⑥一同到访,寒暄过后的第一件事是请阅土屋弘所写汉诗。土屋弘出示最近所写的一首七绝,诗曰:“一雨滂沱洗午天,当窗山色碧于烟。收眸时入诗三昧,又被幽禽窥坐禅。”⑦陈鸿诰评价道:“新警动目,看来容易,恰艰难。非躁心人所能领取,拜服之至。”⑧土屋弘此诗起句描写雨后环境的清新秀丽,继而将视角拉回窗内赏景的自身,自然地转向诗人自己由景色产生的哲理诗思,末句又跳出诗人的主体视角,看到了被“幽禽”所窥的自己。整首诗不断转换视角,将清新的景色与深幽的哲思结

① 可参王宝平:《晚清赴日文人群体初探》,《社会科学战线》2010 年第 12 期,第 76—80 页。文章考证岸田吟香在《朝野新闻》发表两篇通信,介绍陈鸿诰的才能,给后来陈氏初到日本的活动提供了便利。

② 陈鸿诰有诗《庚辰仲春将之日本赋诗三章留别沪上诸君子》,首句曰“故人招我海东游(谓铸生)”,收入(清)齐学裘:《劫余诗选》卷二十三,清同治八年(1869)天空海阔之居刻增修本。

③ (清)陈鸿诰著,[日]原田隆编选:《味梅华馆诗钞》卷首,日本明治十三年(1880)写刻本。

④ (清)李筱圃:《日本纪游》,载钟叔河编《走向世界丛书》第 1 辑第 3 种,岳麓书社,2008 年,第 167 页。

⑤ [日]土屋弘(1841—1926),字凤州,号伯毅,又号晚晴楼,和泉(今属大阪府)人,日本诗人、教育家。著有《晚晴楼诗钞》《晚晴楼文钞》等。

⑥ [日]福原周峰(1827—1913),名亮,字公亮,长门(今山口县)人。幕府末期到明治时期的武士、神官。有《香草斋诗集》《外征纪事诗存》《梅花唱和集》《太古山房诗集》等。

⑦ [日]土屋弘编:《邂逅笔语》,明治十四年(1881)刻本。

⑧ [日]土屋弘编:《邂逅笔语》,明治十四年(1881)刻本。

合，将诗人的自我意识与广阔的世界相联系。如果结合陈氏的绘画作品互视，则不难发现，这一理念贯穿诗、画而相映成趣。

陈鸿诰此次访问是为鬻艺。堺邑之行，陈氏接到了若干书画订单，“乞挥毫者，既有数名”[①]。根据笔谈文献可推测这次交易的中介人应该是福原周峰、土屋弘，关于书画买卖的对话频现，而求购书画的则主要是土屋弘的门人。土屋弘的几个门生故旧得知陈鸿诰来访，希望获得他的作品。陈氏欣然应下，并称自己“有现成书画数种带来，如有相好赏识者，亦可择取”[②]。土屋弘询问陈鸿诰的润例，陈氏并不直言，而是隐晦地表示：“弟极通融，虽有润规，断不计较，但结墨缘而已。”[③]在上海时，陈鸿诰的润格是比较明确的，还曾公开减价助赈。赴日以后，自然仍收润格。陈曼寿“题签、作序、评点皆应有酬劳”[④]，且在日出版的两部诗集销售“亦当大半归陈所有”[⑤]。因此，相对于在上海时的困窘，陈鸿诰在日期间应是比较宽裕的，故他在日本时期创作的诗歌风格也相对闲适悠然一些。陈鸿诰曾给友人寄诗表达在日本生活的惬意，在上海时他还“眼光昏沉”“不能离镜”[⑥]，到了日本之后却“剪灯能写蝇头字”[⑦]，目力恢复“无异少年”[⑧]。在日期间，陈氏的生活状况有较大改善，得益于在西京和大阪的文化网络经营，他的书画销售颇有成绩。

陈鸿诰的堺邑之行，虽为销售书画作品，但也不仅限于此。陈鸿诰的学识与为人受到土屋弘等人的赞叹，彼此相交，才有后来陈鸿诰择选日本诗文而汇刊之雅事。陈氏停留大阪不过数日，期间前来拜访者络绎不绝。到达堺邑当日，陈鸿诰便与土屋弘、赖达堂[⑨]、内村青山几人相偕前往海滨，同登帆影楼，观赏对岸旧炮台。在《邂逅笔语》中，陈鸿诰还透露他当时正

① [日] 土屋弘编：《邂逅笔语》，明治十四年（1881）刻本。
② [日] 土屋弘编：《邂逅笔语》，明治十四年（1881）刻本。
③ [日] 土屋弘编：《邂逅笔语》，明治十四年（1881）刻本。
④ [日] 土屋弘编：《邂逅笔语》，明治十四年（1881）刻本。
⑤ [日] 土屋弘编：《邂逅笔语》，明治十四年（1881）刻本。
⑥ [日] 土屋弘编：《邂逅笔语》，明治十四年（1881）刻本。
⑦ [日] 土屋弘编：《邂逅笔语》，明治十四年（1881）刻本。
⑧ [日] 土屋弘编：《邂逅笔语》，明治十四年（1881）刻本。
⑨ [日] 赖达堂（1815—1882），名铉，字君举。为赖山阳抚养，赖山阳去世后，师从大阪儒学家篠崎小竹。

与藤泽南岳[①]、坂本葵园[②]三人结岁寒诗社。诗社名取岁寒三友之意，每月一会，互为宾主[③]。堺邑之行进一步加深了和土屋弘等人的友谊，且通过土屋弘结识了大阪的更多文人。

陈鸿诰在浪华客居时，与日本友人土屋弘、福原周峰等人的笔谈交流，后由土屋弘刊刻出版《邂逅笔语》一卷(今藏日本国立国会图书馆)。其中提到陈鸿诰在日本有《云儿词》一部："高木秋水曰：'挥毫既到八张，就中《云儿词》一读敬服。'"[④]陈鸿诰曰："云儿，弟所雇之小鬟。拙诗共得十八绝，兹仅录其五首，未免有惰，先生幸勿见笑。"[⑤]可知《云儿词》其名由来。《云儿词》序言进一步叙述道："云儿，姓岩井，名草，日本浪华人也。智慧玲珑，容颜韶秀。身瘦于蝶，影翩若鸿。圆肤六寸，浮致致之光；低髻双丫，尽娟娟之态。琪花超乎尘埃，瑶草产自蓬瀛……略仿《香奁》诗，成十八绝句。还求彩笔，图描三五芳姿，韵事克传，欢悰曷已。"[⑥]言明该集收录之诗乃是描写日本女子岩井草的艳诗。序言还提及，此女有一姐，晚清旅日文人叶炜聘之，二人之相识便是在叶氏处。此集所收录绝句格调不高，但这本诗集因是写刻本，保留了书法原生形态。全集有四种字体，序言为隶书，其后绘画题字为行书，后接行书则与《邂逅笔语》中序言部分所用字体相同，正文所写诗歌为草书。整体书写风格受到金农风格影响明显，笔画流畅自然，字形舒展圆润，骨肉均匀，作为一本诗集而具有一定的书法艺术价值。

值得指出的是，《云儿词》卷首有《云在楼图》一幅，为旅日画家王冶梅所绘。图中所绘男女皆做清人装扮，应为陈氏与其所咏云儿者。绘图寥寥几笔，景致简单写意。屋中男女形象则近乎漫画，面部五官描摹颇为随意，二人对坐而表情自然俏皮，这与王冶梅一贯的绘画风格似乎并不相似。光绪六年(1880)秋王冶梅所画《秋溪晚晖》立轴，不仅在山水晕染的细节上有较多刻画，为了描绘傍晚余晖，在水面、树梢、茅屋之上也加以朱笔设色，屋中人物背向画面，虽不辨神情，却有独坐幽思之态。《云在楼图》虽非精雕

① [日] 藤泽南岳(1842—1920)，名恒，字君成，号醒狂、香翁、七香斋等，幕府末期到明治时期日本儒学家，著有《日本通史》《七香斋诗钞》《七香斋文集》《七香斋类函》等。

② [日] 坂本葵园(1828—1881)，名亮，字亮平，号葵园，兵库县人，幕府末期到明治时期的儒学家和汉诗人，著有《白莲池馆诗钞》。

③ [日] 土屋弘编：《邂逅笔语》，明治十四年(1881)刻本。

④ [日] 土屋弘编：《邂逅笔语》，明治十四年(1881)刻本。

⑤ [日] 土屋弘编：《邂逅笔语》，明治十四年(1881)刻本。

⑥ (清) 陈鸿诰：《云儿词》卷首，日本关西大学图书馆藏光绪七年(1881)写刻本。

细琢之作,但重在写意,两人窗前对坐的场景放置在山环水绕、幽林秘境之中。结合前述陈氏的诗、画特点,可知这一意境的营造,恰合陈氏的审美意趣。而在该书中,旅日文人叶炜、王冶梅同时出现,也进一步揭示了上海流寓文人的文化圈层向海外拓展的线索脉络。

余　　论

陈鸿诰是晚清江南赴日文人的典型代表之一。本文考证陈鸿诰在中日间的文化穿梭,以此管窥19世纪末期传统画家的生存境遇。可以发现,从上海到日本,从国内到海外,文化圈层不断延展,中日文人的交际圈彼此交叉又相互渗透。在以诗画为媒介的日常书写中,进一步影响、塑造着近代文艺审美风尚与创作模式。陈鸿诰旅日的时间并不算长,但以其为切入点,却可以透视当时的一批文人身处社会政治即将巨变之际,具体生动的文艺创作和传播流通。他虽然终生未仕,不是丹青巨手,也非知名藏家,却凭借一系列传播策略,运用当时的新兴报刊媒体塑造形象,游走于书画大家之间,获得了丰富的文化资源。值得一提的是,陈氏在日本的文化声誉比在国内还要出色。凭借中日艺术发展的阶段落差,被日本人目为中国诗书画领域的大家,成为晚清中日艺文交流史上的关键节点式人物。与此相映成趣的是,晚清时期东亚场境中诗歌交往的常态——“主导者亦非诗坛大家,却也自成名家”①。从中反映出的文化权力日渐下移的生态,正是以往以宏大叙事为观照视角所忽视的部分。陈鸿诰突破既有文化圈层实现越境,显示了中国文化对日本汉学持续而深远的影响,这是近代双方全面国力倒转前夕的余光。

(作者单位:浙江大学文学院)

① 吴留营:《黎庶昌散佚诗文及其日本汉学观照》,《中国典籍与文化》2024年第1期,第152页。

江南学术与文献

论吕祖谦与南宋婺州科举社会*

赵瑶丹　夏　悦

内容提要　随着科举制度对地方社会的强力冲击，南宋时期浙、赣、闽等区域成为典型的科举社会。位于南宋统治腹地的婺州成为科举重镇，这离不开地方士人精英的系列教育活动。其中，以金华学派的开创者吕祖谦最具代表性。他开设丽泽书院，长期在婺州从事以科举为中心的讲学授业，制定完备的教学制度，编纂和刊印科举参考书，婺州及其周边从教者达千人，门下中举者数量在南宋教育家中首屈一指，对当时及之后婺州科举的勃兴产生非常重要的影响。通过讨论吕祖谦在婺州的举业教学，本地家族对吕祖谦的倚重，以及吕祖谦科举观与婺州科举社会的关联，阐析婺学后人对吕祖谦形象从"举业名师"向"一代儒师"转换的塑造，以揭示士人精英与地方科举社会的关系，这为推动南宋士人社会影响的研究提供了典型个案。

关键词　吕祖谦　讲学活动　婺州　科举社会　科举观

唐宋以降，科举与社会关系问题，因关涉社会流动、社会结构变迁等重要议题，长期为学界关注①。宋代科举开始向包括四民在内的社会各阶

---

* 本文为浙江省高质量哲学社会科学重点研究基地（浙江师范大学江南文化研究中心）自设课题（2024JDKYZS01）、浙江省方志文化研究与传承协同中心研究成果。

① 关于"科举社会"，国内外学者进行了诸多阐释。早在20世纪50年代，钱穆《中国社会演变》（《国史新论》，生活·读书·新知三联书店，2001年，第31页）提出，从士人身份与政府组成分子出身的角度，可将唐代以下称为"科举的社会"，至宋定型。此后，国内外不少学者 （转下页）

层开放[①],这加快了各阶层间的流动,并重构了地方社会的形态[③]。随着宋室南渡,浙、赣、闽等东南区域成为南宋统治的核心区域,科举制度对其的冲击和塑造作用尤为明显[③]。士大夫阶层的壮大与在乡影响力的扩大,是南宋东南区域科举社会兴起的重要标识。地处浙中腹地的婺州(今浙江金华),成为其中的典型。

婺州在南宋乾、淳之际,名儒踵接,尤以金华学派代表人物吕祖谦的影响为最大,在儒学发展史上占据一席之地。吕祖谦(1137—1181),字伯恭,金华人,时称东莱先生,谥"成",世称吕成公,作为南宋著名理学家、史学家、教育家,与同时代的张栻、朱熹并称"东南三贤"。吕祖谦一生多半居乡

(接上页)以此来概括自宋以来的社会形态。刘海峰、李兵《中国科举史》(东方出版中心,2004 年,第 155 页)指出,宋朝以后,中国基本上是一个科举社会,朝廷、士大夫及学术文化由科举而紧密结合。日本学者近藤一成《宋代科举社会的形成——以明州庆元府为例》(《厦门大学学报(哲学社会科学版)》2005 年第 6 期)提出,居于最上层的科举及第者、应试者与自称有应试能力之人,被认为是区别于庶民的士人,构成了"士人层"社会,即科举社会。梁庚尧《中国社会史》(东方出版中心,2021 年,第 178 页)指出,宋代属于典型的尚官社会,"对于科举出身的士大夫,朝廷十分尊重,社会也寄予厚望"。梁氏《宋代科举社会》(东方出版中心,2021 年)、何忠礼《科举与宋代社会》(商务印书馆,2006 年)、日本学者平田茂树《宋代政治史研究的新视野——以科举社会的"人际网络"为线索》(《史学月刊》2014 年第 3 期)、美国学者贾志扬《棘闱: 宋代科举与社会》(江苏人民出版社,2022 年)等亦从不同视角对宋代科举社会加以阐释。

① 宋廷重视科举取士向社会各阶层开放。一方面在政策上向底层寒门子弟倾斜。咸平元年(998),真宗告谕知贡举杨砺等:"举重任,当务选擢寒俊,精求实艺,以副朕心。"(宋) 李焘:《续资治通鉴长编》卷四三,中华书局,1995 年,第 907 页。南宋赵彦卫在《云麓漫钞》卷七(中华书局,1996 年,第 116 页)中回顾宋朝科举取士特点,指出:"本朝尚科举,显人魁士,皆出寒畯。"另一方面准许工、商之民参加科考。英宗治平元年,宋廷下诏准许贡院"进纳及工商杂类有奇才异行者,亦听取解"(《续资治通鉴长编》卷二〇二,第 4890 页),工商阶层亦可科举入仕。

② 吴铮强系统讨论了科举制度对宋代地方社会的影响,提出"科举与乡村社会"的研究范式。他在《宋代科举与乡村社会》(浙江大学 2006 年博士论文)、《科举理学化》(上海辞书出版社,2008 年)等著述中强调,科举制度对宋代(及之后的)地方社会结构变化的重要推动作用。

③ 宋代地方科举社会的空间、网络和结构及其变化,是学界研究宋代科举社会重点关注的问题,主要从地方家族、士绅阶层及其人际关系等角度切入。讨论科举社会地方家族的,以黄宽重《科举社会下家族的发展与转变——以宋代为研究中心》(荣新江主编:《唐研究》第 11 卷,北京大学出版社,2005 年,第 337—353 页)、王瑞来《科举家族与地域网络——以曾安强与周必大为中心的个案解析》(《社会科学研究》2015 年第 3 期)、马利清《宋代科举社会的乡村形态——吉水亿田刘氏家族举业的个案研究》(《北京大学学报(哲学社会科学版)》2019 年第 6 期)等为代表。从社会结构和士人交际网络角度分析宋代地方科举社会,以柳立言《科举、人际关系网络与家族兴衰: 以宋代明州为例》(《中国社会历史评论》2010 年第 11 卷)、陈永霖《宋代温州科举研究》(浙江大学出版社,2017 年)、陈锴《宋代吉州科举与社会研究》(山东大学 2023 年博士论文)、日本学者平田茂树《宋代政治的空间与结构——科举社会的人际网络研究》(浙江古籍出版社,2022 年)等为代表。

讲学，以教育家乡子弟为事，教学以教授举业为中心，使门下弟子中举率极高，慕名从学者络绎不绝，多达千人，成为南宋乾、淳年间最受欢迎的老师[①]。吕祖谦在婺州科举社会中扮演着重要角色，其科试教学对婺州社会产生重要影响。不过，学界关于吕祖谦的研究较集中于教育实践[②]。讨论吕祖谦与婺州科举社会的相互影响和关联互动，揭示其对南宋地方科举社会塑造与发展的影响，显然是宋代科举社会研究中的生动个案。

一、吕祖谦在婺州的举业教学

吕祖谦除少数时间在外任官外，一生过半都在婺州讲学授业。吕祖谦自认为"天资涩讷，交际酬酢，心所欲言，口或不能发明"[③]。朱熹称他"不会说话""声音难晓"[④]。拙于言辞的他，讲学以举业为主，迅速引起轰动，远近来学者络绎不绝，一时规模空前。据吕祖谦同年兼好友楼钥回忆，"自建炎南渡，(吕祖谦)父祖始寓于婺，假官屋以居，其地在光孝观之侧。入仕虽久，而在官之日仅四年，故在婺之日最多。四方学者几于云集，横经受业，皆在于此"[⑤]。吕祖谦的举业教学活动集中于两方面，一是在武义明招山和金华丽泽书院聚徒讲学，二是编写刊印大量科举教材以供举子学习。

(一) 吕祖谦在婺州的聚徒讲学活动

乾道二年(1166)十一月，吕祖谦因母丧归婺，次年葬母于武义明招山，

① [美] 田浩：《朱熹的思维世界》，陕西师范大学出版社，2002年，第101页。

② 学界关于吕祖谦教育实践及其学脉传承的研究，成果颇丰。参见董平《南宋婺学之演变及其至明初的传承》(刘东主编：《中国学术》第10辑，商务印书馆，2002年，第193—244页)、李光生《吕祖谦的教育实践及影响》(《内蒙古师范大学学报(教育科学版)》2010年第8期)、杜海军《吕祖谦门人及吕学与浙东学术的发展关系》(《浙江师范大学学报(社会科学版)》2014年第2期)、马艳辉《吕祖谦门人及后学研究》(广西师范大学2018年博士论文)等。吕祖谦编订的《东莱博议》等科试教材盛行于世，影响颇大，马晨唯《〈东莱博议〉：以科举教材为中心的研究》(安徽师范大学2019年博士论文)、慈波《八股前史：吕祖谦〈东莱博议〉与科举论体之形成》(《文艺研究》2023年第12期)等文对其有所探讨。

③ (宋) 吕祖谦著，黄灵庚点校：《东莱吕太史集》卷八，《吕祖谦全集》，浙江古籍出版社，2008年，第1册，第135页。

④ (宋) 黎靖德编，王星贤点校：《朱子语类》卷九五，中华书局，1986年，第2458页。

⑤ (宋) 楼钥撰，顾大朋点校：《楼钥集》卷五二，浙江古籍出版社，2010年，第971页。

开始他在明招的守孝和讲学生活。虽然这次讲学活动不是刻意为之,也未有稳定的教学场所和教材,但其规模还是相当可观的。吕祖谦称"近日士子相过,聚学者近三百人"①,其中不乏出身本地望族者如潘景宪、彭仲刚等人。是年秋,十八岁的叶适到明招问学吕祖谦。是冬,又有一批学生前来问学②。可惜未明示具体人数,如若夏天来学的三百余学生还未散去的话,此时在明招山的学生数量相当可观。就吕祖谦的讲学内容来看,以儒家典籍、史学文献为主,兼及科举考试内容。他自述道"时文十日一作,使之不废而已"③,透露掩饰之意,但表明习练科举时文,是明招讲学吸引众多子弟来学的重要原因。乾道四年(1168)秋,吕祖谦从明招归婺州城,到冬天,居于东阳武川,在曹家巷重新授业。吕祖谦讲授《左传》以资课试,很受举子欢迎④。此后,无论在官学或归乡办私学,科考内容为吕祖谦讲学的重要内容。乾道五年(1169),吕祖谦就任严州州学,开"举业一路"⑤,将科举考试内容列入教学范畴。

乾道六年(1170)八月,吕祖谦再次归乡讲学。因"四方学者几于云集"⑥,生徒众多,为教授方便,吕祖谦在"丽泽堂"的基础上创办了丽泽书院。嘉靖《金华县志》载:"宋吕成公作书堂于城西,睹前二湖悦焉,取《易》兑象之义,以'丽泽'名。"⑦"丽泽"出自《易经》兑卦,"兑,君子以朋友讲习"⑧。吕氏以"丽泽"命名讲堂,以表讲习"是德义之事,故尽说则尽不妨"之意⑨。书院规模并不大,"为屋才十余楹"⑩,但四方求学者云集,与湖南岳麓书院、江西白鹿洞书院、象山书院并称南宋四大书院,尽显讲坛之盛。自书院创建以来,吕祖谦除短暂外出居官外,直至去世,前后约十年时间集中于此进行讲学,这是其教育生涯中最为辉煌的阶段。据田浩统计,吕祖谦在丽泽书院这十年间所教学生,加上明招山讲学及任教严州州学时的学

① (宋) 吕祖谦著,黄灵庚点校:《东莱吕太史集》别集卷九,第 453 页。
② (宋) 吕祖谦著,黄灵庚点校:《东莱吕太史集》附录卷一,第 741 页。
③ (宋) 吕祖谦著,黄灵庚点校:《东莱吕太史集》别集卷九,第 453 页。
④ (宋) 吕祖谦:《左氏博议 · 自序》,《吕祖谦全集》,第 6 册,第 575 页。
⑤ (宋) 吕祖谦著,黄灵庚点校:《东莱吕太史集》别集卷七,第 398 页。
⑥ (宋) 楼钥撰,顾大朋点校:《楼钥集》卷五二,第 971 页。
⑦ 转引自(清) 嵇曾筠等修,(清) 沈翼机等纂:《(雍正) 浙江通志》卷二八,文渊阁《四库全书》本,台湾商务印书馆,1983 年,第 519 册,第 726 页。
⑧ (魏) 王弼注,(唐) 孔颖达疏:《周易正义》卷六,北京大学出版社,1999 年,第 235 页。
⑨ (宋) 吕祖谦著,黄灵庚点校:《左氏传续说》卷一〇,《吕祖谦全集》,第 7 册,第 308—309 页。
⑩ (宋) 楼钥撰,顾大朋点校:《楼钥集》卷五二,第 971 页。

生，总数至少上千人[①]。正如吕氏门人叶适所言，“近世大儒吕公出，而人以理著，四方英俊，岁常数百千人”[②]。明招讲学与严州任州学不过三年，只占东莱讲学生涯的三分之一不到，若取总人数的三分之二，吕祖谦在丽泽书院所教导的学生至少也有七八百人。

吕祖谦在丽泽讲学的内容以举业为主。乾道九年(1173)，吕祖谦居家丁父忧。时值深秋，临近科试，慕名来学者络绎不绝，短时间便有数百人之多。居丧期间，孝子按礼不能办理外事，暂停人际交往等活动。若非为举业，这些举子也不会不避讳礼制。吕祖谦面对众多举子的请求，无奈答应，这也引来了诸多朋友的劝诫。张栻批评这些举子“既为举业之故，先坏利心”[③]，希望吕祖谦莫为此辈做冒不韪之事。陆九渊、汪应辰亦来信劝告，提醒他在居丧期应停止举业教学，以全孝道[④]。从张栻等人的信件可见，远近学子趋之若鹜地奔赴丽泽，皆因东莱善于讲授科试。

东莱病逝后，胞弟吕祖俭继续主持丽泽书院。婺州学者何基、王柏、袁桷等相继担任山长，薪火相接，丽泽书院继续在金华的举业教育中发挥影响力。位于金华县城西光孝观之侧的书院本是租借的官屋，嘉定元年(1208)婺州乡士大夫及吕氏门人进行修缮，改其旧居为祠堂，刊印东莱生前著述，供学子阅览，此距东莱逝世二十余年。后世吕学传人及崇信者，为表对吕祖谦为人为学的敬仰，纷纷开办书院，并直接以“丽泽”命名。有学者统计宋元明清出现了12所以“丽泽”为名的书院，分布在浙江、湖南、两广、甘肃等地[⑤]。有的丽泽书院，坚持刊刻、售卖辅助科举时文的参考材料。宋末元初的马端临就曾于东阳丽泽吕氏家塾中，见到过其出版的吕许公(夷简)应本州乡试考卷[⑥]。

(二) 编写、选辑和刊印科举教材

为了更好地为士子应试提供便利，吕祖谦还编写、选辑并刊印了许多

---

① [美] 田浩：《朱熹的思维世界》，第101页。

② (宋) 叶适著，刘公纯等点校：《叶适集》卷一一，中华书局，2010年，第194页。

③ (宋) 张栻著，杨世文点校：《张栻集》卷二一，中华书局，2015年，第1090页。

④ (宋) 陆九渊著，钟哲点校：《陆九渊集》卷五，中华书局，1980年，第61—62页；(宋) 吕祖谦著，黄灵庚点校：《东莱吕太史集》别集卷七，第390页。

⑤ 秦玉清、张彬：《吕祖谦与丽泽书院》，《杭州师范学院学报》1999年第2期，第34页。

⑥ (元) 马端临：《文献通考》卷三〇，中华书局，2011年，第876—877页。

用于课试的讲义、参考书。乾道四年（1168）冬，吕祖谦居东阳武川曹家巷讲授《左传》，编订为《东莱博议》，不论经旨，专为“诸生课试之作也”①。《东莱博议》是南宋以来举子科试的必备参考书之一，影响颇广，一直风靡至晚清时期②。淳熙元年（1174），吕祖谦又选录时文、古文之类，并付建阳刊刻，以“特为举子辈课试计”③。杜海军认为，此即后来流行的《古文关键》④。吕祖谦编订的科举教材不仅在婺州很受欢迎，亦在邻近区域畅销。乾道九年（1173），在福建建阳流行一种以吕祖谦名义售卖的科举用书《精骑》，朱熹听说后写信询问吕祖谦：“近见建阳印一小册，名《精骑》，云出于贤者之手，不知是否？此书流传，恐误后生辈，读书愈不成片段也。”⑤吕祖谦虽回信否认，但他未必说的是实话⑥。就目前留传下来的吕氏著述来看，他至少编著有十余种与科举相关的用书，如《东莱博议》《古文关键》《东莱标注三苏文集》《诗律武库》《丽泽论说集录》《皇朝文鉴》《左氏类编》《左氏传说》《左氏续传说》《两汉精华》《历代制度详说》《东莱集注观澜文集》等，堪称宋儒之冠。与其说这是吕祖谦招徕人才讲习学问的手段，不如说吕祖谦所进行的教育活动本身就是以举业为中心的。在吕祖谦看来，举业并不妨碍道学。

朱熹对吕祖谦编写科举教材一直持批评态度。对于吕祖谦编写《东莱

---

① （宋）吕祖谦：《左氏博议 · 自序》，第 575 页。

② 晚清学者俞樾曾记述《东莱博议》受当时举子追捧的场景：“天子深念时文取士之弊，下明诏废时文，改以策论取士，甚盛举也。于是，缝掖之士无不思学为古文，而苦于不得其途径，则争取《东莱博议》而读之。旬日之间，而书肆所有《东莱博议》为之一空。”（清）俞樾：《古文关键 · 跋》，（宋）吕祖谦：《古文关键》，光绪江苏书局重刻本，转引自杜海军：《吕祖谦文学研究》，学苑出版社，2003 年，第 178 页。

③ （宋）吕祖谦著，黄灵庚点校：《东莱吕太史集》别集卷八，第 418 页。

④ 参见杜海军：《吕祖谦年谱》，中华书局，2007 年，第 132 页。

⑤ （宋）朱熹：《晦庵先生朱文公文集》卷三三，朱杰人、严佐之、刘永翔主编：《朱子全书》，上海古籍出版社、安徽教育出版社，2002 年，第 21 册，第 1445 页。

⑥ 北宋秦观亦有《精骑集》若干卷，已佚，但有证据表明朱熹见到的《精骑》为吕祖谦所编的科举参考书。生活在孝、光、宁时期的东阳人俞成于《萤雪丛说》卷下（《全宋笔记》第七编（五），大象出版社，2015 年，第 239 页）中载：“东莱先生吕伯恭尝教学者作文之法：先看《精骑》，次看《春秋》权衡，自然笔力雄健，格致老成，每每出人一头地。”俞成大约与吕祖谦同时代，他的记载是有一定可信度的。另，今台北“国家图书馆”藏有南宋刻本《精骑》三卷（南宋孝宗光宗间婺州永康清渭陈宅刊本），全书虽未见编著者姓名，但有学者根据其版本、钤印和传世文献对比考证，认为就是吕祖谦所编之《精骑》，参见慈波：《片段读书：吕祖谦〈精骑〉编选与文章关键》，《新宋学》，复旦大学出版社，2021 年，第 277—292 页。

博议》,朱熹曾批评该书为学子“心术之害”①。对于吕祖谦编写《古文关键》,朱熹听闻便写信道:“近年文字奸巧之弊熟矣,正当以浑厚朴素矫之,不当崇长此等,推波以助澜也。”②对流传到福建建阳的《精骑》,朱熹亦写信质问“此书流传,恐误后生辈”云云。但正因吕祖谦将举业纳入教学,才使得其在短期内便得到婺州及周边地域学子的青睐,纷纷来学,以求有助于自身举业。甚至连一直反对吕祖谦编写科举教材的朱熹,为自家子弟和门人的仕途,亦主动将儿子朱塾,及门下弟子刘爚、刘炳兄弟等遣至吕祖谦处学习举业,并在其教导下顺利中举。这从侧面反映吕祖谦于举业教育方面的水平,为时人共睹。

(三)吕祖谦在婺州举业教学的成绩

吕祖谦短短十五年(1167—1181)的举业教学无疑是非常成功的。一方面,他招收的学生众多,于明招及丽泽书院授课时,“岁常数百千人”③。在东阳讲学时,亦有数百人慕名求学。金华人陈良祐曾回忆,东莱“讲道东阳郡,门生数百人”④。吕祖谦每次开馆授徒,追随者达数百,甚至上千人。根据学者考证,吕祖谦门人有姓名可考,并受吕氏亲炙者达 216 人⑤。在这 216 人中,曾中进士者达 73 人,中举率达到 33.8%,将近四成的门人考中进士。若以同时代的朱熹做参照,朱子门人能确定名姓者共计 492 人,进士及第者 92 人⑥,中举率仅 18.7%。单论举业教育的成绩,吕祖谦显然优于朱熹,在南宋众多理学家中遥遥领先。

另一方面,吕祖谦的婺州籍门人中举情况亦十分可观。婺州所处的两浙路,属南宋朝科举竞争最为激烈的地区。根据龚延明《宋登科记考》及邓涛《宋代浙江进士研究》,南宋 152 年的历史中,共举行 49 场科考,浙江籍进士计 5 926 名,占全国进士总数(23 319)的四分之一强⑦。其中,婺州在南宋时期共有 503 名进士,在两浙路 11 个州中,也能位列第五。吕祖谦生

---

① (宋)朱熹:《晦庵先生朱文公文集》卷三三,第 1429 页。

② (宋)朱熹:《晦庵先生朱文公文集》卷三三,第 1452—1453 页。

③ (宋)叶适著,刘公纯等点校:《叶适集》卷一一,第 194 页。

④ (宋)吕祖谦著,黄灵庚点校:《东莱吕太史集》文集附录卷三,第 807 页。

⑤ 杜海军:《吕祖谦门人及吕学与浙东学术的发展关系》,《浙江师范大学学报》(社会科学版)2014 年第 2 期,第 25 页。

⑥ 邓庆平:《朱子门人与朱子学》,中国社会科学出版社,2017 年,第 57 页、第 60 页。

⑦ 邓涛:《宋代浙江进士研究》,安徽师范大学 2015 年硕士论文,第 19 页。

于婺州，又长期在婺州从事讲学活动，因地缘关系，其门人多半为本地士人。陈傅良曾回忆吕祖谦在婺州讲学的情况，"天下之士靡然从之，而其所居乡诸生能自表见者为多"①。按《宋元学案》所列举之东莱门人一传共88人，其中籍贯为婺州者54人，占五分之三强。据现代学者统计，东莱门人有明确籍贯者近166人，而婺州籍就有98人，约占六成②，其中，中举者达33人。若从吕祖谦开始授徒讲学的乾道三年（1167）算起，吕氏婺州门人共有29人考中进士。吕祖谦于淳熙八年（1181）病逝，以此划分，其门人在吕氏生前中举者有9人，生后则有20人。婺州从乾道三年至理宗宝庆二年（1167—1226，吕氏婺州门人最晚中举者在宝庆二年）共开科22次，有232人中举，吕氏门人占12.5%。若只按吕祖谦生前亲炙者来统计，此期间共开科5次，婺州39人中举，吕氏门人就占23.1%。也就是说，在吕氏生前的13年间，婺州平均4个进士中就有一个是吕祖谦的门人。这样的成就，在当时是其他私学无法比拟的。根据李兵统计，在南宋四大书院中，尤以东莱门人的进士及第率最为出彩，远远高于其他三家③。吕氏婺州门人中举后，大都进入仕途，其中不乏政坛显宦，治世之臣。如东阳人乔行简、葛洪，都官拜宰相，位极人臣。义乌人毛炳、朱质，分别官至宝谟阁学士和权吏部侍郎。如此辉煌的教学成绩，对婺州社会的影响不可谓不大。明代婺州学者宋濂（1310—1381）曾感叹：

> 吾婺自东莱吕成公传中原文献之正，风声气习，蔼然如邹鲁，而其属邑东阳为尤盛。有若李正节侯茂钦、信国葛端献公容甫、监察御史乔公世用、通判眉州赵公周锡，皆成公之高第弟子，或以忠义显，或以政事称，或以文学著，传之当世，布之简书，相去一百余载，人犹象而法之。④

婺州自南宋后在学术、文章及政事等方面的人才辈出，显然与吕祖谦在婺州的举业教育密不可分。

---

① （宋）陈傅良著，周梦江点校：《陈傅良先生文集》卷四八，浙江大学出版社，1999年，第604页。
② 参见马艳辉：《吕祖谦门人及后学研究》附录一，第182—189页。
③ 李兵：《书院与科举关系研究》，厦门大学2004年博士论文，第80页。
④ （明）宋濂著，徐儒宗等点校：《宋学士文集·芝园后集》卷八，《宋濂全集》，浙江古籍出版社，2014年，第5册，第1637—1638页。

二、吕祖谦与婺州地方家族以举业为中心的交往

宋代以降,科举制度一方面冲击地方社会的旧有秩序,另一方面也在重新整合和构建新的地方社会,尤其是整合乡村的宗族势力①。在以国家权力为主导的专制时期,科举对世代为农的家庭来说极具吸引力。一旦科举成功,就意味着身份由平民转变为官僚,不仅能获得实际的“富贵”,还能“光宗耀祖”,给家族带来莫大声誉。不过,科举对平民来说,需要承担巨大的经济成本与时间成本。何怀宏曾指出,宋代“取士全然不问门第,士大夫多出草野,贵族就无论新旧而皆消亡,社会渐转成一个完全的科举社会了。然而,由此所造成的对社会的搅动,人口的递增及普遍期望值的提高,反过来又加重了对科举本身的压力”②。参加科举的子弟,不仅可能丧失治生能力,而且因长期在外求生,会消耗大量的家庭财富。科举的成功概率太小,一次中举绝非易事,需要多次尝试。故而,科举对于从事农业的乡村家庭来讲,风险太大,收益无法保障。乡村社会的应对方法是整合家族力量,一部分治生,一部分通儒举业,这促进了宋代以来家族的重新凝聚。这种情况在婺州社会有集中体现。

(一)集家族之力:婺州地方社会应对科举的方式

南宋时的婺州社会,亦经历科举带来的冲击。一方面,为应对科举风险,婺州本地举子多倚靠家族对举业的支持。东莱吕氏家族是北宋著名世宦之家和学术世家,家学渊源深厚。南渡后的吕氏家族,虽在政坛上未能延续祖上的辉煌,但依然保持相当深厚的家学底蕴,素有“中原文献之传”的美誉。吕氏家族凭借政治、学术影响力和一定的经济实力,支持族中子弟的举业。吕祖谦能在27岁进士及第,复中博学宏词科,除自身“天资高处”外,亦离不开家族的支持。婺州另一位知名学者陈亮,穷其一生致力于

① 吴铮强:《宋代科举与乡村社会》,第109—110页。

② 何怀宏:《人累科举》,刘海峰编:《二十世纪科举研究论文选编》,武汉大学出版社,2009年,第632页。

举业,但因其家贫忙于生计,离不开岳父家族的支持,历经坎坷最终状元及第。吕氏婺州门人亦大都倚靠家族支持,如武义人巩丰,与其弟巩嵘一同求学于吕氏。巩嵘之妻何氏为东阳富户,积资至巨万,其兄弟何逮与巩氏兄弟一起从东莱学。门人时澜、时沄兄弟出身于兰溪地方富户,时氏家族"皆饶于财",支持子弟的举业。自时澜叔父时铸与吕祖谦交好以来,带动大批时氏子弟从学于东莱。

另一方面,婺州本地家族为追求举业成功,通常延请名师教导子弟。在吕祖谦生活的时代,除了吕氏闻名遐迩之外,婺州亦有不少举业名师。金华唐仲友(1136—1188),少年成名,绍兴二十一年(1151)便举进士,兼中博学宏词科,历任建康府通判、秘书省著作郎、知信州、知台州等,有治绩。后因被朱熹弹劾,奉祠而归后,"遂不出",在乡讲学为事,"从游尝数百人"①。据明人郑柏《金华贤达传》载,唐仲友开席授徒,至多时"学者云集至四百余"②。他实际招收的学生应远超这一数量,足见他在婺州受欢迎的程度。

在婺州本地的举业教学上,唐仲友与吕祖谦还可能存在竞争关系。唐仲友门生吴葵,出自东阳富豪之家,与本地另一富豪郭良臣相埒。郭氏子郭澄、郭江、郭溥皆为吕门弟子。郭良臣有"西园、南湖、石洞三书院,招延吕成公、薛象先之徒,教授子弟,而吴氏亦有安田书院,初则徐天民主之,已而唐说斋主之,皆携弟子百余人以至,远近惊愕"③。吴、郭二家皆东阳富户,各建书院以教授子弟,郭氏延聘吕祖谦,而吴氏延聘唐仲友,二人竟有掎角之势。在婺州,吕、唐二人皆为举业教学的权威人物,在教育市场中拥有旗鼓相当的竞争力。

陈亮曾因家贫开馆授徒,其生徒数量也比较可观。他在淳熙十二年(1185)致信朱熹时提到,"今年不免聚二三十小秀才,以教书为行户"④。陈亮善于作文,为举子所追捧。好友叶适曾回忆"同甫在太学,睨场屋士余

---

① (清)陆心源撰,吴伯雄点校:《宋史翼》卷一三,浙江古籍出版社,2016年,第281页。

② (明)郑柏:《金华贤达传》卷八,续《金华丛书》本,甲子春永康胡宗楙校锓,1924年,第6—7页。

③ (清)黄宗羲原著,(清)全祖望补修,陈金生、梁运华点校:《宋元学案》卷六〇,中华书局,1986年,第1963页。又(宋)叶适著,刘公纯等点校:《叶适集》卷二五(第498页)载:"金华唐仲友,字与正,博学宏词,著作郎,知台州,江西提刑,吴君亦尽礼请,一旦挈生员百余应聘至,远近惊愕,不意其为吴君屈也。"不仅可知吴氏家族家资颇厚,能请动地方大员来家讲学;且能知晓唐仲友学生之多,一时能携百余名学生到吴氏家族的书院。

④ (宋)陈亮著,邓广铭点校:《陈亮集》卷二八,中华书局,1987年,第342页。

十万,用文墨少异雄其间”,其文字“芒彩烂然,透出纸外”,一时举子争相诵读[①]。

在婺州,与东莱同时代的举业教师还有陈傅良弟子东阳倪千里[②]、唐仲友再传义乌傅芷[③]、兰溪吴儒宗[④]等,皆为“业内”的佼佼者。汉上先生朱震的弟子兰溪徐畸,与吕祖谦、陈亮和唐仲友齐名,“于时婺中之以师道兴起后进者,曰东莱,曰同甫,曰说斋,曰先生。学者称为天民先生”[⑤],是婺州最为知名的四位教师之一。不过,就学生数量和教学成效而言,吕祖谦显然是其中翘楚。

(二) 吕祖谦与婺州潘氏、时氏等家族以举业为中心的交往

婺州本地家族尤看重吕祖谦,因其家学渊源深厚,人际关系广阔,关键还在于其尤善举业教学。东莱吕氏不仅是显赫的仕宦世家,也是极负盛名的学术世家,被黄宗羲列入《宋元学案》的家族成员上下七代共 17 人,其中有三位(吕希哲、吕本中、吕祖谦)分别专立学案。在婺州南迁北方士人家族中,可以说以吕氏家族的政治地位最显,学术成就最高。高中博学宏词科的吕祖谦学识渊博,出仕后多为学官与科试考官,有着丰富的应试、教学与判卷经验,且与当时著名学者朱熹、张栻、陆九龄、陆九渊、陈亮、叶适等有着广泛的交往和互动。在这些潜在和外在资源的吸引下,婺州本地家族积极结交吕祖谦,希望家族子弟通过他的教育与培养,能够科举入仕,实现社会阶层的跨越。

除上述郭氏家族在家建书堂,延聘吕氏到家中教学外,婺州本地家族更多是遣子弟到东莱处问学。值得注意的是,婺州及附近各县来吕祖谦处求学,多为全门阖族,甚至全族几代人追随而至。如金华潘氏、汪氏、戚氏,

---

① (宋) 叶适著,刘公纯等点校:《叶适集》卷二四,第 483—484 页。

② 倪千里,字起万,东阳人也。学于止斋,传其《春秋》之学。淳熙进士。户外之屦恒满。见(清) 黄宗羲原著,(清) 全祖望补修,陈金生、梁运华点校:《宋元学案》卷五三,第 1728 页。

③ 傅芷,字升可,义乌人也。淳熙五年(1178)进士,精于经史之学,为杏溪上弟子,从游之士极盛。见(清) 黄宗羲原著,(清) 全祖望补修,陈金生、梁运华点校:《宋元学案》卷六〇,第 1965 页。

④ 吴儒宗,字景舒。当宋之季,攻苦力学,通群经,精举子业,文尚理致,经其指授者,多占魁选而已。见(明) 徐用检修:《(万历)兰溪县志》卷七,《中国方志丛书·华中地方》,成文出版社有限公司,1983 年,第 517 册,第 613—614 页。

⑤ (清) 黄宗羲原著,(清) 全祖望补修,陈金生、梁运华点校:《宋元学案》卷三七,第 1261 页。

东阳郭氏、赵氏，武义巩氏、刘氏，兰溪时氏[①]，义乌楼氏、龚氏等，其中，吕祖谦与金华潘氏、兰溪时氏的关系最为密切。

潘景宪家族本是松阳右族，财力丰厚，自祖父潘宗回跻身士大夫之列，七代人中有八人中科举。潘宗回长子好古迁居金华后，其子潘景宪、景愈兄弟率先师从吕祖谦。潘景宪（1134—1190），字叔度，与吕祖谦同为隆兴元年（1163）进士，官至太平州学教授。虽年长于吕祖谦，但仍以弟子礼事之。其弟潘景愈勤奋好学，在东莱培养下，一举成太学解魁。潘景宪族弟景夔、景尹尚在松阳，也越数百里从吕祖谦学，甚至为便于求学，谋徙家于婺[②]。潘景宪家族不仅是最早一批求学于吕祖谦的，亦是与吕祖谦交往最为紧密的金华家族。也许有这一缘故在，吕祖谦对潘氏子弟的举业十分上心。直到他去世的前一年（1180），病中仍在孜孜教导潘氏子弟。他在致潘景宪长兄景珪（字叔玠）的信中，汇报潘家子弟最近的读书情况："孺子近日作举业却勤，亦可喜也。"[③]吕祖谦与景宪兄弟交好，除日常的书信往来外，每逢外出游学，常将景宪兄弟带在身边。淳熙二年（1175），吕祖谦携景愈自婺州入闽访朱熹，观社仓，又参加鹅湖之会，与朱、陆论学。不仅如此，潘、吕二家还结为姻亲，潘好古幼子潘景良迎娶吕祖谦长女。朱熹长子朱塾亦在东莱门下学习举业，潘景宪为他提供读书和住宿之地，后来将女儿嫁与朱塾。潘氏家族与朱熹、吕祖谦结为姻亲，门生之外再加上婚姻关系，使潘氏成为婺州知名的理学家族。

谋求以举业跻身士人阶层的富民，对举业名师的需求尤为强烈。兰溪时氏家族，可谓是南宋普通富民通过举业之路实现阶层跨越的一个缩影。时氏家族本是兰溪清溪里的富户，自追随吕祖谦后，其社会地位便发生巨大变化。宝祐四年（1256），曾担任过丽泽书院山长的时少章，在《书王木叔〈秘监文集〉后》中回忆起家族早先追随吕祖谦问学的场景：

往时东莱先生讲道金华，吾宗人尊老翕然从之。叔祖铸寿卿、锜

---

① （宋）陈宓《复斋先生龙图陈公文集》卷二二（续修《四库全书》本，上海古籍出版社，2002 年，第 1319 册，第 532 页）云，时氏"其先开封人，后徙居东阳"，而非兰溪。但崔小敬《兰溪清江时氏家族研究》（《浙江师范大学学报（社会科学版）》2018 年第 4 期）考证，时氏在南宋时占籍兰溪清江里，东阳之说概误记也。本文从之。

② （清）黄宗羲原著，（清）全祖望补修，陈金生、梁运华点校：《宋元学案》卷七三，第 2440 页。

③ （宋）吕祖谦著，黄灵庚点校：《东莱吕太史集》别集卷九，第 456 页。

长卿实为之领袖，而寿卿与先生同为癸未进士，先生盖兄视之，而视长卿若弟。伯父沄子云、泾仲渊及吾先人则日在讲下，课试常最诸生……子云筑室，扁曰“学古”，前植丹桂，后倚苍柏，大皆敝牛。每休日，则永嘉人憬集□□叶公正则始介陈公同甫以来，已而戴公肖望、钱公□□□徐公居厚最后来，而刘公茂实、蒋公行可、陈公顺刚则又往来其间，薛公士龙访先生，留数月。先生挟以游学古，从容竟日，欲去，尚自顾不忍舍发。吾宗人是时皆饶于财，夙戒世毳，候诸公至，争先迎致之。[①]

时氏祖先为开封人，五代时南迁避居于婺州兰溪清江里，至南宋时已俨然成为知名富户。吕祖谦称“婺之群室，以地系姓者，皆其闻家。清江之时，盖其一也”[②]。在时氏家族先祖中有较为详细记载的，实际只有时汝功（1108—1175）与时汝翼（1110—1174）兄弟。从吕祖谦为二人撰写的墓志来看，汝功兄弟皆无官身，靠“勤俭自力，以封殖”起家，逐渐富裕，成为当地富户。吕氏称汝功兄弟善于教子，汝功“筑室买书，饬厉其子不少置”[③]。汝翼教导“子孙胜衣冠以上，皆使之从师肄习。晨起盥栉，未问家事，亟往劳来之。在塾者以次侍，各陈其业，或当其意，欣然为之忘食”[④]。二人在致富后，便追求科举仕进，力图跻身士人阶层。汝功不愧善教之名，生子三人，鉴、铸、镇，仲子时铸，字寿卿，与吕祖谦同年中进士。时、吕二人私交甚好，后汝功病逝，吕祖谦亲往凭吊。有这层关系，时氏家族便在时铸、时锜（时汝翼生子三人，镐、锜、悰）兄弟的带领下，与时鉴之子时澜、时源，时镐之子时沄、时淇、时泾，举族两代人从学于吕祖谦。

时氏宗人不仅举家从吕祖谦学，还筑馆延请浙东名儒前来讲学。当时，时沄筑造书室，名“学古”，每值休沐，便延请同郡学者陈亮（同甫），永嘉学者薛季宣（士龙）、叶适（正则）、戴溪（肖望）、徐元德（居厚）、刘茂实、蒋行可、陈顺刚等。来访学者在拜会吕祖谦之余，带领时氏子弟游学访古，有时长达数月。这座时氏书室，竟成为金华学派与永嘉学派交流学问之所，其间讲学交游的成本则由时氏族人承担。通过吕祖谦，时氏家族子弟得以

① （宋）时少章：《书王木叔〈秘监文集〉后》，曾枣庄、刘琳主编：《全宋文》卷七七六三，上海辞书出版社、安徽教育出版社，2006 年，第 337 册，第 43 页。

② （宋）吕祖谦著，黄灵庚点校：《东莱吕太史集》卷一二，第 188 页。

③ （宋）吕祖谦著，黄灵庚点校：《东莱吕太史集》卷一三，第 197 页。

④ （宋）吕祖谦著，黄灵庚点校：《东莱吕太史集》卷一二，第 189 页。

进入浙东学术圈，结识当时名儒。在这种氛围内成长、熏陶出来的时氏子弟，其前途自然不可限量。

时氏家族的努力并未白费，时鉴之子时澜（1156—1222）于淳熙八年（1181）中进士，后官至台州通判。他成为时氏子弟中学名最显著者，在学术与诗文方面皆有很大成就，在东莱殁后，增补《东莱书说》，完成先师遗志。其子时少章（1199—卒年不详，字天彝），亦以文学称于世，继承吕祖谦经、史并重，博综百家的特质，又与朱学再传"北山四先生"之何基、王柏交好，常相互唱和。明初王袆（1322—1373）评价时少章之才，云："古今文章作者众矣，未易悉数也，姑自吾婺而论之。宋南渡后，东莱吕氏绍濂洛之统，以斯道自任，其学粹然一出于正……而香溪范氏（浚）、所性时氏（少章）先后又间出，皆博极乎经史，为文温润缜练，复自成一家之言。"①

通过吕祖谦的举业教学，时氏家族中先后有时澜、时沄、时淇兄弟相继中举。通过吕祖谦的交友圈，时氏家族与永嘉诸子、朱熹、陈亮等结识并交往。自此，时氏从治生求富的富户跻身士人阶层，成为婺州知名的理学家族。时氏子弟在经术、诗文方面都有杰出成就，在南宋婺州学术发展的高潮阶段占据一席之地，成为婺学传承中不可忽视的一部分。清人黄宗羲在《宋元学案》中将时氏两代三人（时澜、时沄及澜子少章）列入《丽泽诸儒学案》，并称"时氏家学"。

三、吕祖谦的科举观对婺州举业的影响

吕祖谦汲汲于家乡的举业教学，固然与婺州乃至整个南宋社会对科举的热衷有关，但也与其对科举的态度和观念有关。吕祖谦和张栻、朱熹、陆九渊等同时代的儒者一样，对待科举的态度是复杂的，甚至是扭捏的。朱熹将科举"场屋"视为"声利之场"，并宣称"士之有志于义理者既无所求于学，其奔趋辐辏而来者不过为解额之滥、舍选之私而已。师生相视漠然，如行路之人。间相与言，亦未尝开之以德行道艺之实。而月书季考者，又只以促其嗜利苟得、冒昧无耻之心，殊非国家之所以立学教人之本

① （明）王袆著，严庆余整理：《王袆集》卷五，浙江古籍出版社，2016 年，第 129—130 页。

意也"①,极言科举对人心的腐蚀,使人见利忘义,不知义理道德为何物。他对吕祖谦的举业教学与编写科举教材等行为颇为不满,曾在给张栻的信中批评吕祖谦"渠又为留意科举文字之久,出入苏氏父子波澜,新巧之外更求新巧,坏了心路"②。不过,朱熹对亲近之人的应举又抱以宽容态度。他曾对弟子讲,"士人先要分别科举与读书两件,孰轻孰重。若读书上有七分志,科举上有三分,犹自可;若科举七分,读书三分,将来必被他胜却,况此志全是科举!所以到老全使不着,盖不关为己也"③。对举业已不全是声色俱厉。在长子朱塾的举业问题上,朱熹也全然是另一副面孔。乾道九年(1173),朱熹将长子朱塾送到婺州丽泽堂,请吕祖谦尽心教导举业。在朱塾未入学前,便几次与吕祖谦通信,讨论其子就学、食宿等事,并反复叮咛朱塾到丽泽堂须专心向学,尊师重道。吕祖谦亦不敢怠慢好友重托,亲自为朱塾选择居所,并安排工于程试的潘景愈(曾为太学解魁)做其同窗。朱塾就学后,朱熹又屡次来信与吕祖谦讨论儿子举业。在该年十一月的通信中询问:"儿子极感教诲,不知近复如何?正唯懒惰,不肯勤谨检饬,此为大患,计必有以变化之。为文稍能入律否?"④拳拳舐犊之情,跃然纸上。次年,朱塾学有小成后,朱熹即匆匆遣人召回,参加该年福建解试。

实际上,像朱熹这样对待科举的扭捏姿态,在吕祖谦身上也可见到。吕祖谦对科举不乏批评之语,曾道:"科举之习,于成己成物诚无益。"⑤他对士子只为科考入仕而读书大为不满,"人能以应科举之心读书,则书不可胜用矣"⑥。对那些通过科试进入朝廷的士人,对政事、民生百无一策,一旦遇事难堪大用的现象表达深深的忧虑。

> 后世自科举之说兴,学者视国家之事,如越人视秦人之肥瘠,漠然不知,至有不识前辈姓名者。异时一旦立朝廷之上,委之以天下之事,便都是杜撰,岂知古人所以教国子之意?⑦

---

① (宋)朱熹:《晦庵先生朱文公文集》卷六九,第 3363 页。
② (宋)朱熹:《晦庵先生朱文公文集》卷三一,第 1334 页。
③ (宋)黎靖德编,王星贤点校:《朱子语类》卷一三,第 243 页。
④ (宋)朱熹:《晦庵先生朱文公文集》卷三三,第 1444—1445 页。
⑤ (宋)吕祖谦著,黄灵庚点校:《东莱吕太史集》别集卷七,第 398 页。
⑥ (宋)吕祖谦著,蒋金德点校:《丽泽论说集录》卷一〇,《吕祖谦全集》,第 2 册,第 255 页。
⑦ (宋)吕祖谦著,蒋金德点校:《丽泽论说集录》卷四,第 141 页。

对于科举,吕祖谦与同时代的理学家存在一些共同的观感。但对科举于士人之重要性的认识,吕祖谦的态度却更为温和。乾道六年(1170),针对朱熹对自己聚徒讲学的指责,他回信解释:

科举之习,于成己成物诚无益。但往在金华,兀然独学,无与讲论切磋者。闾巷士子,舍举业则望风自绝,彼此无缘相接。故开举业一路,以致其来,却就其间择质美者告语之,近亦多向此者矣。自去秋来,十日一课,姑存之而已。至于为学所当讲者,则不敢怠也。①

吕祖谦虽站在理学家的立场上,认为科举会导致学子不去钻研诚己正心之学,本末倒置。但现实情况却是,如果开馆授徒不讲习举业,是很难招到学生的,道学也会因此相隔,影响学术传承。故而吕祖谦认为,可以借举业教育来招揽学生,在课程中做到科举"十日一课",使学生不废举业即可。

此后,他又编写了许多科举时文教材,以扩大影响力。在最受举子欢迎的时文教材《左氏博议》的序言中,吕氏就曾吐露真实想法,"假课试以为媒,借逢掖以为邮"②。举业教育也好,编订刊印时文教材也好,皆为"中介",以达到传播学术,扩大理学影响的目的。吕祖谦用这种灵活、变通的手段,因势利导,以传播其学术思想。在吕祖谦的课程中,时文占比并不重,更多则以经、史为纲,"一经一史为常课,而以诗文之类为余课"③。美国学者包弼德曾指出,吕祖谦"已经跨越了一些理学家认为不应跨越的界限",他相信要有效地推广理学,就需要在课程中增加科举的内容④。

吕祖谦还将这一想法推介给身边学友。陈亮家境日贫,为解决生计,于乾道八年(1172)开"保社"以聚徒讲学。吕祖谦听说后,致信道:"方欲洗濯其心,深求其所未至。但所欠者,朋友磨切之助耳。吾兄保社,今莫已就条理否? 后生可畏,就其中收拾得一二人,殊非小补。要须帅之以正,开之以渐,先惇厚笃实,而后辨慧敏锐,则岁晏刈获,必有倍收。"⑤此时,陈亮尚在居丧期

① (宋) 吕祖谦著,黄灵庚点校:《东莱吕太史集》别集卷七,第 398 页。
② (宋) 吕祖谦:《左氏博议 · 自序》,第 576 页。
③ (宋) 吕祖谦著,黄灵庚点校:《东莱吕太史集》别集卷一〇,第 503 页。
④ [美] 包弼德著,[新加坡] 王昌伟译:《历史上的理学》,浙江大学出版社,2009 年,第 197—198 页。
⑤ (宋) 吕祖谦著,黄灵庚点校:《东莱吕太史集》别集卷一〇,第 471 页。

间，聚徒讲习自然招人闲话。但吕祖谦依然以理解与宽容之心安慰陈亮，并建议他教学中不要专以举业，亦须重视敦厚正直的儒家教育，从中发现可造之材。

丽泽书院是吕祖谦连接举业与道学教育的重要场所。在此，他多次订立学规，推动丽泽书院教学和管理的制度化。在教学内容上，吕祖谦并未以举业为重心，而是严格要求学生的行为举止和道德素养。《乾道六年规约》提出了七条禁入规定，包括不孝、犯律、游荡不检点等，并要求诸生不可传习私录讲说的文本，专注经史古籍[①]。乾道九年（1173），吕祖谦又推行《乾道九年直日须知》，申论学生若逢同窗丁忧应当如何，包括出资助葬及凭吊礼仪等[②]。淳熙八年（1181），他又制订《宗法条目》，要求学生课中学习礼法[③]。这些措施都与举业无关，而是理学家正己修身的道德实践教育。丽泽书院虽“因学校科举而成之”[④]，却以培育极高修养的理学之士为目标。

此外，不少婺州书院延请吕祖谦亲往讲学。吕祖谦的东阳门人赵彦秬创建文成书院，培养了李诚之、乔梦符、陈黼、葛洪、乔行简、倪千里等东莱高足[⑤]。乔行简、葛洪甚至官拜宰辅，李诚之、乔梦符善治《易经》，乔行简善治《三礼》，陈黼、葛洪以治《书》闻名，倪千里善诗，对东阳儒学的发展起到重要的推动作用。

吕祖谦这种举业不妨碍理学的观点，对婺州社会产生深远的影响。此后，婺州不但继续产出众多进士，还陆续培育出众多著名理学学者。他们以东莱学术为中心，逐渐形成跨越宋、元、明、清的婺学。明人陈相指出：

> 吾婺道学之传，自宋东莱吕成公以身任其道，倡鸣于南渡之后，卓乎不可及已。元有仁山金文安公（履祥），以其传于北山何文定公（基）、鲁斋王文宪公（柏）者，而传之白云许文懿公（谦）。盖北山得于勉斋黄氏（榦），而勉斋实出考亭朱子之门。故传得其正，粹然以道名家。……以及国朝学士景濂宋公（濂）、待制子充王公（祎），皆以斯文羽翼其道者也。[⑥]

① （宋）吕祖谦著，黄灵庚点校：《东莱吕太史集》别集卷五，第362—363页。

② （宋）吕祖谦著，黄灵庚点校：《东莱吕太史集》别集卷五，第363页。

③ （宋）吕祖谦著，黄灵庚点校：《东莱吕太史集》别集卷一，第299页。

④ （宋）刘辰翁：《须溪集》卷三，文渊阁《四库全书》本，第1186册，第464页。

⑤ （清）王梓材、（清）冯云濠编纂，沈芝盈、梁运华点校：《宋元学案补遗》卷七三，中华书局，2012年，第4213页。

⑥ （明）陈相：《许白云先生文集序》，（元）许谦著，蒋金德点校：《许谦集》附录，浙江古籍出版社，2015年，第881页。

清人王崇炳亦指出："婺州之学，至何（基）、王（柏）、金（履祥）、许（谦）而盛，而东莱吕成公首浚其源。"①清代全祖望称赞吕祖谦的传学之功："明招诸生历元至明未绝，四百年文献之所寄也。"②

吕祖谦的举业教学培育了诸多进士，在婺州取得明显的成效。他将理学思想寄于举业教学之中，为婺州塑造了一代又一代的理学学者。有趣的是，吕祖谦的生前形象和逝世后的形象是有所差异的。作为"东南三先生"之一的理学名家吕祖谦，生前的时人印象是一位文章高手。武义门人巩丰称赞乃师："文章之卓，旋端转倪。有正有奇，有峻有夷。开阖纵闭，握其枢机。世无韩、杜，孰窥其涯？"③另一位学生高观亦评价道："彼怪于文，锼镌出奇。公文浑然，不事劂剞。彼险于行，内阻外夷。"④永嘉学者郑伯英（1130—1192）在写给吕祖谦的祭文中也谈及，时人对东莱的刻板印象，就是一位时文高手、举业名师，这使得他不得不加以辩驳："是其道甚广，而人徒指为章句之雄者，非也。"⑤作为举业名师，是吕祖谦留给当时士人，尤其是婺州士人的主要印象。

吕祖谦生前在婺州取得卓越的举业教育成绩，可能还掩盖了他在其他方面的表现。随着婺学的传播与传承，在东莱殁后不久，其主要形象便逐渐由"举业名师"向"一代儒师"转变。这要归功于吕氏婺州门人的努力。吕祖谦的婺州门人及再传弟子，终南宋一世，都在积极推崇和传播东莱学术。在吕祖谦去世后，不少婺州门人建精舍、辟书院以教授生徒，依然继续他的科举教学事业。金华叶邽"受业吕成公之门"，以其得于吕祖谦者，教授后来的南宋名臣、朱子高足徐侨⑥。金华叶秀发"师事东莱"，著《论语讲

① （清）王崇炳：《清王崇炳重刻吕东莱先生遗集叙》，（宋）吕祖谦著，黄灵庚点校：《东莱吕太史集》新增附录，第 984 页。

② （清）全祖望：《丽泽诸儒学案》序录，（清）黄宗羲原著，（清）全祖望补修，陈金生、梁运华点校：《宋元学案》卷七三，第 2434 页。

③ （宋）巩丰：《祭吕祖谦文》，（宋）吕祖谦著，黄灵庚点校：《东莱吕太史集》文集附录卷三，第 791 页。

④ （宋）高观：《祭吕祖谦文》，（宋）吕祖谦著，黄灵庚点校：《东莱吕太史集》文集附录卷三，第 787 页。

⑤ （宋）郑伯英：《祭吕祖谦文》，（宋）吕祖谦著，黄灵庚点校：《东莱吕太史集》文集附录卷三，第 759 页。

⑥ （清）黄宗羲原著，（清）全祖望补修，陈金生、梁运华点校：《宋元学案》卷七三，第 2434 页。

义》以教训诸弟子，“一时巨儒皆相器重，愿与之交”[①]。婺州门人的讲学，虽大都以举业为主，但他们公开宣扬的是吕祖谦的学术思想。吕祖谦早逝，其后学发展不如朱学兴盛，所谓“婺之言性理者，悉本于紫阳朱文公”[②]，影响力有所减弱。但是，吕祖谦之学前承吕氏家学，后启丽泽诸儒，承朱学一脉的北山四先生等婺州学者依然保留东莱学术“经史并重”的特点[③]。吕氏治学特质已深深融入婺学之中。吕祖谦的学术思想，正是经过婺州门人的传播和延续，从而奠定了他在婺学学术传承上的祖师地位。

到明清时期，吕祖谦“一代儒师”的形象最终被确定下来。在吕学沉寂多年后，明初金华学者宋濂、王祎等再次高举吕学大旗。宋、王二人皆为东莱之再传，此时离吕祖谦逝世已百余年。时间慢慢消磨了婺人对吕祖谦“举业名师”的印象，而更多将其视为理学名儒、婺学宗师，并被明初学者强化。宋濂就说：“吾乡吕成公实接中原文献之传，公殁始余百年而其学殆绝，濂窃病之。然公之所学，弗畔于孔子之道者也，欲学孔子，当必自公始。此生乎公之乡者所宜深省也。”[④]王祎与宋濂同门，效仿宋濂，也以振兴吕学为志向：“（吕祖谦）本诸家庭文献之渊源，博诸四方师友之讲习，其学以孝弟忠信为本，收敛持养为要，会诸理以成身，推诸己以成物……其著书立言，皆以羽翼六经，而尤长于史，无非明民至理，经世大法。推而广之，足以尊主而芘民，引而远之，足以立教而垂世……呜呼！吕氏之学可不讲乎！”[⑤]到清代，当婺州本地士人提到吕祖谦及其对婺州社会的影响，不吝赞美：“东莱吕子，其会友之堂曰‘丽泽’，一时人士倾心向往，道统学脉灿然昌明，名儒蔚兴，踵武相接，天下称婺州为小邹鲁。”[⑥]至此，吕祖谦的形象早已不是生前的举业名师，而是婺学宗师，其对婺州社会的影响由“兴举业”发展成“开婺学”，绵延后世。

（作者单位：浙江师范大学人文学院）

① （清）黄宗羲原著，（清）全祖望补修，陈金生、梁运华点校：《宋元学案》卷七三，第2439页。
② （元）黄溍著，王颋点校：《黄溍集》卷三三，浙江古籍出版社，2013年，第1209页。
③ 参见董平：《南宋婺学之演变及其至明初的传承》，第193—244页。
④ （明）宋濂著，张文德点校：《潜溪前集》卷七，《宋濂全集》，浙江古籍出版社，2014年，第1册，第208页。
⑤ （明）王祎著，严庆余整理：《王祎集》卷八，第231页。
⑥ （清）邓钟玉纂，（清）谢骏德等修：《（光绪）金华县志》卷一三，1934年金震东石印本，第8册，第92页。

明代朱存理别集版本考*

黄佳薇　汤志波

内容提要　明代吴中诗人朱存理现存别集有《野航杂抄》稿本1种，《野航杂著》抄本3种，陆观潜辑本《楼居杂著》《野航先生诗稿》抄本8种、刻本1种，陆绍曾辑本《野航遗稿》抄本2种。乾隆间，陆观潜曾将其辑本收入《芳溪八刻》丛书刊行，《四库全书》本即以此为底本，并析《野航先生诗稿》一卷为《野航诗稿》《野航文稿》各一卷。陆观潜辑本多据总集、别集，陆绍曾辑本则多据书画真迹，二家辑本收录篇目、内容颇异，可互作参校补正。朱存理尚有别集《野航集》《野航诗卷》《朱存理集》，今已亡佚。

关键词　朱存理　《野航杂著》　《野航先生诗稿》　《野航遗稿》　版本考

朱存理（1444—1513），字性甫，号野航，明代苏州府长洲县采葑溪（今属苏州市姑苏区）人。少学制科，后谢去，从杜琼游学，工诗善画，以藏书鉴赏为乐，赏鉴既高，考证亦精。日与吴宽、沈周、祝允明、邢参诸士游，活跃于明中叶吴中文坛。正德八年（1513）七月廿五日卒于家，享年七十岁。朱存理曾参与编修《姑苏志》，纂辑有《经子钩玄》《吴郡献征录》《珊瑚木难》《野航诗集》等。

目前学界对朱存理著作的研究主要集中于《珊瑚木难》《铁网珊瑚》二书，

---

* 本文为国家社科基金一般项目“明人别集序跋辑录与研究”（项目批准号：21BZW018）阶段性成果。

其别集的版本情况探讨较少①。朱氏现存别集有中国国家图书馆藏《野航杂抄》稿本 1 种;上海图书馆藏《野航杂著》清抄本 3 种;陆观潜辑《楼居杂著》《野航先生诗稿》(以下简称"陆观潜辑本")9 种(清《四库全书》本 4 种、日本静嘉堂文库藏抄本、南京图书馆藏清丁氏当归草堂抄本、复旦大学图书馆藏民国间《天尺楼丛抄》本、上海图书馆藏民国庐江刘氏远碧楼抄本及民国三十二年刻本);陆绍曾辑《野航遗稿》2 种(清《白斋七种》本、民国间王氏学礼斋抄本,均为复旦大学图书馆藏)。本文著录朱存理别集版本特征,考辨内容异同,并绘制版本源流图,为进一步整理研究朱存理著作奠定基础。

一、稿本《野航杂抄》1 种

《野航杂抄》不分卷,稿本,中国国家图书馆藏(索书号 10536)。半叶十行行二十四字,小字双行同,无格。是书卷首残阙,卷末附明末王广题跋 3 则。首跋云:"先哲野航朱先生性父杂抄诗文一卷,向埋没人家,已经百余年,脱落残断……先司理公偶见而辨其为性父笔,遂携以归,向藏不肖处。忽失去者五六载,顷复得之。既喜故物之还,又恐蠹简之将尽也,因命工分装二册,重加拓焉。予观是书,当是先生晚年所录,中载李太仆、白石翁、杨仪部辈尺牍几通,大都为先生作荐剡甚慰,或引售其书画,亦可以想诗人之穷矣。笔札潦草,不复如《铁网》《木难》之精,书又不尽出先生手,或当时令门人抄写,中有丑极似小儿涂鸦者。就其所录,则皆一代名人之作,有诸公集中所无及,号为名家而未必有集传于世者,多散见于此。如先生外,若企翱、尧民、茶香、梦晋诸公……是先生在当日不过草草备录,而流传至今,不且为文献之征,而将于金石之观哉!此先公访求独勤,而予小子所珍藏。"尾跋则云:"是编先公于昔年辛酉冬授予,旋复命童子取去,后从先公书斋

① 此二书皆已有整理本问世:王允亮点校《珊瑚木难》(浙江人民美术出版社,2012 年);韩进、朱春峰校证《铁网珊瑚校证》(广陵书社,2012 年)。关于《铁网珊瑚》著者问题,郭建平、黄朋、韩进等学者均有考证,主流观点认为此书应系朱存理原著,赵琦美补校。另,目前对朱存理别集的专门研究仅有潘樱宁《朱存理研究》。潘文中对朱存理别集《楼居杂著》《野航诗稿》《野航文稿》《野航杂抄》内容进行了梳理,但涉及版本不全面。参见潘樱宁:《朱存理研究》,南京师范大学 2022 年硕士论文,第 65—81、109—117 页。

寻觅之，不可得也。乃先公顾数问予，予惧有讹失，不敢质，惟默怀之，胸中每念至，未尝不惋惜者久之。今年秋杪，从弟兆芬过予草堂。予偶谈及，弟言向见是编在季弟沅芬处，盖昔年从先公借得者。予闻之喜甚，遂走询季弟，弟亦随出以归我。予深庆是书之不流落他所，更嘉诸从之能藏，俾予得还旧观，而先哲遗文不至泯灭，良厚幸也。"据此可知王广父子收藏之经过。内页钤"王广字凯度""小琅嬛藏书记""王广之印""毛扆""子晋氏""一名凤苞""铁笛道人""汲古阁印""毛""凤苞""奏叔""进德修业""西涯""宾之""周氏庭芝""句吴外史""吴郡""东吴毛扆图书""凯度□""王广"诸印，可知为王广、毛氏汲古阁旧藏。毛扆《汲古阁珍藏秘本书目》著录是书："朱性甫《野航杂抄》二本，系性甫真迹，有王凯度手跋。"①

按，是书今装订为两册，封面题"野航杂抄　朱性甫真迹　上（下）册"，内封签题"朱性甫先生野航杂抄　王凯度跋"。现存残卷共收录朱氏《虎丘》《题化竹疏》《题程君刻慈记》《送王学士还朝诗卷》《送刘大尹子还乡诗卷》《题杜允贽鹤舟》《丹谷诗》等诗 7 首，《奉赠泾川何公宸擢佥事山西序》《本府倪通判寿母诗册序》文 2 篇，附有沈周、吴宽、杨循吉、黄云等数十位名家诗作三百余首，多为明代江南景物及画作题诗，尺牍、序、记、说、疏、杂著、墓表、颂、赋、题跋等近百篇。按，王广（生卒年不详），字凯度，号莪斋，苏州府长洲县获溪人（今苏州市相城区太平镇），善收藏，与毛晋过从甚密，朱氏手抄《铁网珊瑚》《珊瑚木难》及《存悔斋稿》等亦曾藏其所。

二、清抄本《野航杂著》3 种

朱存理纂有《野航杂著》一卷。今上海图书馆存清抄本 3 种。傅增湘《藏园群书经眼录》著录："朱氏手稿本。起成化壬辰，至弘治甲子，三十三年内者，共三十一则，多书籍题跋考证。丁巳见，已收得。"②《藏园订补郘亭知见传本书目》又载："〔补〕《野航杂著》一卷，明朱存理撰。明抄本。"③可知傅氏收有《野航杂著》稿本及另一抄本，二种今皆亡佚。

---

① （清）毛扆：《汲古阁珍藏秘本书目》，清嘉庆五年（1800）黄氏士礼居刊本，叶 18a。

② 傅增湘撰，傅熹年整理：《藏园群书经眼录》卷十八，中华书局，2009 年，第 4 册，第 1293 页。

③ （清）莫友芝撰，傅增湘订补，傅熹年整理：《藏园订补郘亭知见传本书目》卷十五上，中华书局，2009 年，第 1396 页。

1.《野航杂著》一卷，清抄本，上海图书馆藏（索书号 T07723）。半叶九行行二十字，小字双行同，无格。卷端题"成化壬辰起，至弘治甲子三十三年内者，共计三十一则。朱存理性父氏"。卷首钤印累累，有"杭州叶氏经书""三晋世家""司马相公家""元方鉴定""天籁阁""□□□印""合众图书馆藏书印""宗伯大夫""用之""句章灌园叟""虞丘""卷盦六十六以后所收书""林邨隐居""沧瀛外史""柯溪""柯溪藏书"等图记，卷末钤有"三南翁""翰墨适情""德符堂印""青云在目前""若墅堂""玄赏斋藏书印""树德堂"诸印，可知此书曾经谢淞洲、李宏信、叶景葵等名家递藏。

按，是书共收朱存理所撰题跋 23 篇、募疏 2 篇、逸事 1 篇、记 2 篇、序引 2 篇、尺牍 2 篇，凡 32 篇。《募刻诗疏》前另录王鏊《募造野航疏》，"野航"既是朱存理号，也是其舟名，此文系王鏊应朱氏之请为其募资造船而作。清初陆漻《佳趣堂书目》著录："朱存理《野航杂著》一卷，史辰伯抄。"①史辰伯即史兆斗（？—1663），明末清初苏州府长洲人，博雅多藏书。陆氏所言史辰伯抄本或为傅增湘所言"明抄本"，或即上图藏此清抄本，有待进一步考证。

2.《野航杂著》一卷，清瓶花斋黑格抄本，上海图书馆藏（索书号 364463）。半叶八行行十八字，小字双行同，粗黑口，四周双边，双黑鱼尾，版框左栏侧下方题"瓶花斋写本"。该本卷端所题与前本同，有鲁瑶仙朱笔标点校正。卷首钤"鲁氏书印""瑶仙藏本""浙东沈德寿家藏之印""授经楼藏书印""亚东沈氏抱经楼鉴赏图书印"等图记，卷尾钤"吴兴沈氏药盦父尚䌹庐主所蓄经籍书画金石印"，知曾为清末沈德寿旧藏，《抱经楼藏书志》有著录②。

按，此本目次、内容皆同前者，或据其抄录，仅有个别异文，如《答史明古》题下无"名鉴"二字，《募造野航疏》中"自办"作"自辨"。书中"玄"字皆改作"元"、"弘"字均缺末笔或作"宏"③，当为乾隆间或其后抄本。瓶花斋是清中叶杭州吴焯（1676—1733）所建药园亭阁之一，以藏书名闻天下，

① （清）陆漻：《佳趣堂书目》，《清代私家藏书目录题跋丛刊》影印叶德辉观古堂民国八年（1919）刻本，国家图书馆出版社，2010 年，第 1 册，第 451 页。

② 参见（清）沈德寿：《抱经楼藏书志》卷六一，中华书局影印民国十三年（1924）铅印本，1990 年，第726 页。

③ 按，仅《云林子逸事》篇"弘治元年"除外，或偶尔遗漏。

后由其子吴城(1701—1772)经营,是清中期浙派诗人群体诗文化活动的雅集场所①。

3.《野航杂著》一卷,清抄本,上海图书馆藏(索书号 821244)。半叶八行行十八字,小字双行同,无格。卷端题同前二种。卷首钤“笠泽王之佐印”“青来草堂珍藏”图记,知曾为晚清王之佐旧藏。

按,此本收朱氏文数目亦为 32 篇。书中小字部分及个别异文与前种清抄本同,如《僦松轩记》中“善本真难得”等 20 字为双行小字注,与前种清抄本同,而瓶花斋本则写入正文。故其应非抄于瓶花斋本,或亦抄自前种清抄本。该本中“玄”“弘”皆改字避讳,当亦抄于乾隆间或其后。

三、《楼居杂著》《野航先生诗稿》9 种

乾隆间吴县陆观潜辑有《野航先生诗稿》一卷,《附录》一卷,《诗稿》收录朱存理所撰诗文 24 篇,多自诸家别集、总集中辑出。此二卷后与其所得《楼居杂著》旧本(与《野航杂著》内容基本一致)并刻入《芳溪八刻》丛书。四库全书馆曾收陆观潜辑本,馆臣将《野航先生诗稿》一卷析为《野航诗稿》《野航文稿》二卷。是编今存 9 种:《四库全书》本 4 种、日本静嘉堂文库藏抄本、南京图书馆藏清丁氏当归草堂抄本、复旦大学图书馆藏民国间《天尺楼丛钞》本、上海图书馆藏民国间庐江刘氏远碧楼抄本及民国三十二年刻本。另有清湖西草堂抄本,或已亡佚。

1.《楼居杂著》一卷,《野航诗稿》一卷,《野航文稿》一卷,《附录》一卷,清乾隆间写文渊阁《四库全书》本。半叶八行行二十一字,小字双行同,四周双边,上黑鱼尾,版心题书名。卷端题“明朱存理撰”,卷首有提要,《野航诗稿》卷前有杨循吉、祝允明《〈野航诗稿〉原序》,卷末有陆观潜《跋》。卷首提要云:“……此本为其族孙观潜所补缉,中《楼居杂著》一卷为传写旧本。其余诗文则从诸家选本搜集,不及十之一二,又摭诸家赠答题咏附录于末,仅成卷帙。……其王鏊《募造野航》跋一篇宜入《附录》,而误窜于存

① 参见郑幸:《钱塘吴氏与瓶花斋书事考述》,《浙江学刊》2017 年第 1 期,第 122—129 页;王小恒:《清中期杭郡吴氏家族瓶花斋及其唱和高潮》,《内蒙古社会科学》2023 年第 6 期,第 159—165 页。

理《募刻诗疏》之前，盖编次之失，今厘正之，俾从其类焉。”杨循吉序云：“……性甫居吴葑门之外，早岁力学，左图右书，殆于忘寒暑，一吟一咏，用以自适。或应亲友之求，或写胸臆，率皆简淡高古，有味有法，不落秾丽枯涩之境，非深妙入悟，乌能然耶？性甫未尝自匿，每亦流布人家，而知其诗者盖鲜。”祝允明序言：“……友人朱君性甫攻诗有年，自集其所赋成帙，从前后所操，曰《鹤岑集》，曰《野航渔歌》，间以示余。”陆观潜跋云：“野航先生著述甚富，按文翰林志铭所载，不下数百卷。潜从幼访求，自《铁网珊瑚》世有刊本，《珊瑚木难》好事传抄外，只购《旌孝录》一卷、《楼居杂志》一卷，并诗文数十篇，因分类纂集，附录名流诗笔、传记、墓志，以存什一于千百。倘藏书家有藏先生集，或抄寄，或走录，不啻锡我百朋也。”

按，文渊阁本《楼居杂著》与《野航杂著》收文篇目及编次顺序基本一致，但少王鏊《募造野航疏》，共 32 篇，《野航诗稿》收诗 14 首，《野航文稿》收记 4 篇、传 1 篇、募疏 3 篇、跋 1 篇、尺牍 1 篇，《附录》收文林、沈周、祝允明、邢参、吴宽诸子赠诗 12 首，各家传记逸事 9 篇，墓志 1 篇（文徵明《性甫先生墓志铭》），凡 78 篇。与《野航杂著》相较，《楼居杂著》在《题俞氏家集》后无祝允明评点，篇题、字句亦偶有异，如《书陈子贞诗后》此本作《书陈子贞诗》，《跋怀古录》“岁甲午孟秋上日”作“岁次甲午孟秋日书”。

文津阁本目次及内容与文渊阁本同，但《野航诗稿》卷前无杨循吉、祝允明序，增附王鏊《募造野航疏》于陆观潜《跋》前，凡收诗文 79 篇。文澜阁本系四库馆臣原抄，但书目编次略异于文渊阁、文津阁本。后两种均是《野航诗稿》在前，《野航文稿》在后，但文澜阁本中两书顺序倒置，先《文稿》后《诗稿》，《文稿》中首二篇《纪游》《龟峰胜概记》置于卷末，《诗稿》中《送叙州太守吴惟谦》由第三首移至末首，王鏊《募造野航疏》位于陆观潜跋后。文字基本与文渊阁、文津阁本一致，但偶有异，如《跋怀古录》中“甲午孟秋日书”作“甲午孟秋十二日书”，《送叙州太守吴惟谦》末“寿康堂”作“寿原堂”。文溯阁本暂未能目验。

四阁阁本提要个别字句有出入，如文澜阁本“存理嗜古，精赏鉴”句，文津阁、文渊阁、文溯阁本阙。然四者皆与殿本《四库全书总目》颇异：“……《千顷堂书目》载其《野航渔歌》《鹤岑集》二种，亦不言卷数，盖已久佚。是编为其族孙观潜所辑，惟《楼居杂著》一卷为当时原帙。……然杂乱无次第，又以王鏊《募造野航疏》一篇窜入其中，殊不可解。《诗稿》《文稿》各一卷，则观潜采掇诸书而成。《诗稿》仅十四首，其中一为佚句，一为联句，实止十二首,仍冠以杨循吉、祝允明二序。《文稿》亦仅十篇,而见于《吴都文粹续集》者八,益以《欣赏编》所载一跋,及顾氏憩贤堂所藏一帖而已。《附录》一卷,杂录存理逸事及诸家诗文为存理而作者,而以观潜跋语终焉。……诗文则皆散佚之余,不足以尽所长,姑附存以备一家耳。"①记载此书所收诗文情况更为明晰。陆观潜(1694—1771),长洲人,康熙间岁贡生,候选儒学教谕,为朱存理后人②。性好阅书,纂辑颇丰,有《古今悼亡诗》《中舟杂录》《岁时杂咏续集》等,多已不存。陆观潜跋称其所购"《楼居杂志》一卷",其"题"与《野航杂著》甚异,笔者推测清初或另有《楼居杂志》抄本,然未见之于诸家著录,俟考。

2. 《楼居杂著》一卷,《野航诗稿》一卷,《野航文稿》一卷,《附录》一卷,清丁氏当归草堂红格抄本,南京图书馆藏(索书号 EB/113640)。半叶十八行行二十一字,小字双行同,上粗黑口,左右双边,单黑鱼尾。封面题"楼居杂著"及"八千卷楼插架",卷端不著撰人名氏,卷首有提要,文字与文澜阁本一致,《野航诗稿》卷首有杨循吉、祝允明《野航诗稿序》,卷末有陆观潜《跋》。卷首钤"钱唐丁氏正修堂藏书""江苏省立第一图书馆藏书""四库著录"图记,为清末丁丙所藏。是书所收篇目及内容与文澜阁本一致。当归草堂为清末藏书家丁丙斋号,《八千卷楼书目》著录是书:"明朱存理撰,其族孙观潜辑。抄本。"③

3. 《楼居杂著》一卷,《野航诗稿》一卷,《野航文稿》一卷,《附录》一卷,民国间《天尺楼丛抄》本,复旦大学图书馆藏(索书号 rb0598)。半叶十行行二十一字,小字双行同,细黑口,左右双边,双黑鱼尾,版框左栏侧下方印"天尺楼抄"。卷端不著撰人名氏,卷首提要、杨循吉与祝允明序、陆观潜跋位置均同文澜阁本。内页钤有"元和王氏图书记""栩缘所藏""王同愈印"图记,当是民国王同愈旧藏。是书内容亦与文澜阁本一致。"天尺楼"为清末民初刘世瑗(1889—1917)书斋名,刘世瑗字蘧卿,祖籍安徽贵池,喜藏书,有《征访明季遗书目》行世。

4. 《楼居杂著》一卷,《野航诗文稿》二卷,《附录》一卷,民国庐江刘氏远碧楼蓝格抄本,上海图书馆藏(索书号 364464)。半叶十行行二十一字,

---

① (清)永瑢等:《四库全书总目》卷一七〇,中华书局,1965 年,第 1491 页。
② 按,明成化年间,朱氏有子孙出赘南濠陆家,因改姓陆,陆观潜即其后代。
③ (清)丁立中编,曹海花点校:《善本书室藏书志(外一种)》,浙江古籍出版社,2016 年,第 2627 页。

小字双行同，左右双边，单黑鱼尾，版框左栏侧下方印“远碧楼刘氏写本”。卷端题“明朱存理撰”。书内提要、序跋位置及正文内容基本与文澜阁本一致，然有若干讹误，如《野航诗稿》前杨循吉序“或应亲友之求，或写胸”后误接祝允明序后半部分“也，至其所谓四病……不知君为如何也”，或是抄写时漏去一叶；又如《寄性甫》下缺撰者“邢丽文”。远碧楼系清末刘秉璋（1826—1905）所建藏书楼，后由其四子刘体智（1879—1962）接管，《远碧楼抄本书目》未著录此书。

5.《楼居杂著》一卷，《野航先生诗文稿》一卷，《附录》一卷，民国三十二年刻本，上海图书馆、南京图书馆、浙江大学图书馆、吉林大学图书馆等藏（浙大图书馆、吉大图书馆所藏为蓝印本）。半叶十行行二十一字，细黑口，左右双边，单黑鱼尾，版心著录书名，下镌“阇楼丛书”。《楼居杂著》卷端题“野航朱存理性甫”，《野航诗稿》卷端题“长洲朱存理性甫”，《野航文稿》卷端不著撰人名氏，卷前有长方牌记“昭阳协洽之冬刊成”。封面及扉页有李霈秋题签及题名，卷首有摹朱处士像（摹孔继尧本）、刘凤《续吴先贤赞》，《野航诗稿》卷前有杨循吉、祝允明序，卷末有陆观潜跋、民国三十二年（1943）李霈秋跋。李跋曰：“阇楼先生藏朱性甫《楼居杂著》一卷，又野航先生诗稿、文稿共一卷，《附录》一卷。乾隆间，性甫之族孙观潜所类辑而合刊以传者，其书录入《四库》，析诗、文稿各一卷。此为《四库》底本，眉端墨批皆当日馆臣指示写官之语，如《诗稿》《文稿》标题并抹去‘先生’二字，又《附录》中《钱牧斋〈列朝诗集小传〉》批云：‘此段删去不抄也。’阇翁以是书罕见，乃邵蕙西、莫郘亭两家所未目洽者，命工覆雕，一仍旧贯，而稍订正其字句讹夺、名氏差互，有可考证异同者附注于各本篇下，复摹孔莲卿《吴郡名贤画像》，并录刘子威《续吴先贤赞》冠编首焉。……是编《楼居杂著》为其旧稿，大都可与《木难》《铁网》二书参证。陆其清《佳趣堂书目》有史辰伯抄《野航杂著》一卷，殆即是书，而异其标题耳。辰伯为明古之族孙，性甫与明古友善，故史氏传其副，其称：‘“楼居”者，则《木难》诸跋，每自署书于小楼也。’”

按，其中《楼居杂著》收文33篇，王鏊《募造野航疏》仍置于《募刻诗疏》前，《野航诗稿》诗14篇，《野航文稿》文10篇，《附录》杂录诗文23篇，增《钱牧斋〈列朝诗集小传〉》于《朱竹垞〈静志居诗话〉》前，凡80篇，篇目编次与文渊阁本一致。较之上述诸本，是书篇题偶有相异，如《跋夷白斋拾遗》作《跋夷白斋稿拾遗》，《笠泽金氏书册》作《记笠泽金氏书册》，《性甫先生墓志铭》作《朱性甫先生墓志铭》，《杨循吉笔记》作《杨南峰笔记》。是书部分字句或篇目后有“阁翁”考订评注，或述字句讹夺，如《记虞氏书册》中“复见其幼子拳”下，注“今按，《匏翁家藏集》《列朝诗集》，‘拳’并作‘权’”，《朱性甫先生墓志铭》中“未尝一日忘”下，注“今按，《甫田集》‘忘’下有‘学亦未尝一日忘’七字”；或述名氏差互，如《祝希哲金石契》题下注“今按，《金石契》旧题祝肇撰，实祝允明之作”；或述编目冗复，如《杨南峰笔记》篇末注“今按，是条乃朱彝尊《明诗综》附摘杨循吉《野航集序》中语，观潜误作笔记而重录之也”。

据李霈秋跋，陆观潜所辑朱存理诗文集初名《野航先生诗（文）稿》，共一卷，后由四库馆臣更名为《野航诗稿》《野航文稿》，析为二卷。据《浙江采集遗书总录》：“《楼居杂著》一卷，《野航诗稿》《文稿》并《附录》共一卷，刊本。右明长洲朱存理撰。”[①]若记载无误，则陆观潜曾于乾隆间刊刻此书，为《四库全书》所据底本。民国初杨守敬、李之鼎编《增订丛书举要》中《芳溪八刻》条下云“吴门陆氏辑，乾隆中刊本。……《楼居杂著》一卷，同上（明朱存理）；《野航先生诗稿》一卷，同上；《附录》一卷”[②]。“芳溪”乃陆观潜斋名，故此处所云“陆氏”应即陆观潜，《浙江采集遗书总录》中注“刊本”当为清《芳溪八刻》本。是书民国间曾藏于罗振玉大云书库，《雪堂类稿》有著录[③]，今或亡佚。《阁楼丛书》本是据四库底本翻刻。按，李洣（1884—1953），字霈秋（一作佩秋），号小山，湖南衡阳人，精于词学考据，兼通目录版本之学，著有《〈书林清话〉校补》等。

6.《楼居杂著》一卷，《野航诗稿》一卷，《野航文稿》一卷，《附录》一卷，抄本，日本静嘉堂文库藏（索书号 16 函 6 架）。《静嘉堂秘籍志》著录为“文澜阁传抄。抄一本”[④]，系陆心源十万卷楼旧藏。昭和四十二年（1967）日本京都大学人文科学研究所曾据静嘉堂藏本影印一册，尚未寓目，姑附于此。

---

① （清）沈初等撰，杜泽逊、何灿点校：《浙江采集遗书总录》（下册），上海古籍出版社，2019 年，第 831 页。

② （清）杨守敬原编，李之鼎补编：《增订丛书举要》卷二十四，国家图书馆出版社，2010 年，第 2 册，第 393 页。

③ 罗振玉撰述，萧文立编校：《雪堂类稿》戊《长物簿录》，辽宁教育出版社，2003 年，第 2 册，第 1092 页。

④ ［日］河田罴撰，杜泽逊等点校：《静嘉堂秘籍志》卷四十四，上海古籍出版社，2016 年，第 1797 页。

另,《中国古籍总目》著录上海图书馆藏“《楼居杂著》一卷,《野航先生遗诗》一卷,《附录》一卷,清湖西草堂抄本”①,今查上海图书馆无此书。陆观潜之父陆纯锡,号湖西,著有《湖西草庐遗稿》,此书或据陆观潜初辑本所抄。《江苏艺文志·苏州卷》著录此书版本为“清西湖草堂抄本,无《文稿》”②,将“湖西草堂”误作“西湖草堂”,笔者推测此书有《文稿》,因陆观潜初辑本《诗稿》《文稿》并为一卷,抄者因袭之,内容实与全本无异。翁方纲《四库提要分纂稿》著录陆观潜辑本云:“观潜访求存理集不得,因得所为《楼居杂志》一卷,益以他书中采出之诗文,又采同时人所赠诗文并墓志等为一小卷附于后,而以‘楼居杂著’总目之,非其集之原本矣。”③陆观潜自编年谱记述其辑佚经过,节录如下:

> 辛丑,(康熙)六十年,二十八岁……得野航先生《楼居杂志》,此潜九世伯祖野航先生所著也。……潜七八岁时,见大人托古卿徐先生埰映抄《铁网珊瑚》,即知为先生所集,复读竹垞老人《明诗综·诗话》载《募刻野航诗疏》,益思得见先生制作。今年复同《旌孝录》得之湖客,乃先生杂著而募诗疏原本具焉,遂重录一册,并向日从《列朝诗集》《明诗综》《珊瑚网》《华氏石刻》中摘录先生诗附其后,以存什一于千百,倘再得先生诗集,尤为忻幸也。
>
> 乙亥,(乾隆)二十年,六十二岁。……五月,阅《续吴都文粹》三十册。……《吴都文粹续集》内检得野航先生文九首,诗二首,温州太守文公诗一首,徐祯卿赠诗一首,杨仪部循吉、祝京兆允明作先生诗序二首,共计十五首,录入《楼居杂著》后。小暑前一日记。④

据此可知,《野航诗稿》《野航文稿》为陆观潜自总集、笔记、方志、诸家别集中辑佚而成,较少参照朱存理及其友人书画真迹。其诗题或文末皆注明辑佚来源,如《野航诗稿》中《支硎山再送文交木太守》《泛吴江》二首

① 《中国古籍总目》编纂委员会编:《中国古籍总目·集部》,上海古籍出版社,2010年,第2册,第609页,“集20207102”条。

② 江庆柏等编:《江苏艺文志(增订本)·苏州卷》,凤凰出版社,2019年,第297页。

③ (清)翁方纲等撰,吴格、乐怡标校整理:《四库提要分纂稿》,上海书店出版社,2006年,第267页。

④ (清)陆观潜:《陆端门自订年谱》不分卷,南京图书馆藏稿本。

辑自朱彝尊《明诗综》,《送叙州太守吴惟谦》辑自缪氏寿康堂藏《沈启南送吴叙州卷》,《题沈石田画安老亭卷》辑自李日华《六研斋二笔》,《寄华西楼》辑自华氏《群贤余韵》,《垂虹桥送戴明甫昭归休宁》《贺肤庵先生致仕》二首辑自汪砢玉《珊瑚网》、卞永誉《式古堂书画汇考》,《银杯联句》辑自《杨南峰集》,《虎丘陈公楼》辑自顾湄《虎丘志》;《文稿》中《纪游》《龟峰胜概记》《新建大有桥记》《杨氏修墓记》《蠹斋先生传》《清微道院修三元阁募缘疏》《募修韩墅通济桥疏》《葑门外马路北募造石桥疏上传水部辛酉正月》八篇均辑自钱谷《吴都文粹续集》,《跋〈欣赏编〉戊集〈茶具〉》辑自沈津《欣赏编》,《与款鹤先生手简》辑自顾氏憩闲堂《明贤册》。《附录》中传记题末或文末不注出处,但可据篇题知此篇曾收入何书。

然陆观潜辑录时所据并非皆为原书,或由他人转述而得,如书中《何元朗〈丛说〉》首句为"野航葑门老儒,在荻扁王氏教书",末句为"吴中旧事,其风流致足乐也",与朱彝尊《静志居诗话》《明诗综》"朱存理"条目下文字一致。考通行本《四友斋丛说》则作"吴中旧事,其风流有致足乐咏者。朱野航乃葑门一老儒也,颇攻诗,在篠匾王氏教书。王亦吴中旧族"①,颇有出入。则陆氏或据朱氏转述改编而抄录,非其文之本来面目。

四、抄本《野航遗稿》2种

除陆观潜外,吴县陆绍曾也曾于乾隆间辑录朱存理诗文及各家赠答唱酬,命名《野航遗稿》。书内所录诗文,多自朱氏及友人手迹辑出。民国间王欣夫增附补遗四篇,皆出自顾沅《吴郡文编》,但此抄本所收篇目及内容颇左于陆观潜辑本,二书可互作参校补正。是编今存2种。

1.《野航遗稿》一卷,清抄《白斋七种》本,复旦大学图书馆藏(索书号rb1264)。半叶十行行二十一字,双行小字同,白口,左右双边,红格,单黑鱼尾。卷端题"野航公遗稿真迹,吴郡后裔白斋手录",卷前有目录,部分篇目后有陆绍曾跋语,载诗文出处或抄录经过。卷首钤"欣夫""庞青城收藏印"等图记,可知曾为清末民初庞元澄、王欣夫二家旧藏,庞元澄《百匮楼书目》

① (明)何良俊撰,李剑雄校点:《四友斋丛说》卷二十六,上海古籍出版社,2012年,第172页。

有著录①。

按,是书共收录朱存理诗24首、序跋及尺牍4篇、篆额1篇,另收诸家有关朱存理诗、颂、记、赞、题跋、尺牍、墓志铭等数十篇及《野航公手录书目》,杂乱无序。陆绍曾(1736—1795),字贯夫,号白斋,清吴县(今苏州市)人,乾隆间诸生,精于鉴赏,工画善书。书内《记诗会联句》后跋称"庚寅冬十月八日篝灯书此",又《野航公手札》跋云"丙申八月中浣识",分别是清乾隆三十五年(1770)、四十一年(1776),则陆绍曾辑录是书当于此间前后。

2.《野航遗稿》二卷,《附录》二卷,民国间王氏学礼斋抄本,复旦大学图书馆藏(索书号rb3202)。半叶十一行,行二十四至三十字不等,无格。《野航遗稿》卷端题"明长洲朱存理撰,清吴县陆绍曾辑",《附录》卷端题"清吴县陆绍曾辑",跋语较《白斋七种》本少若干。

按,《野航遗稿》上卷收诗27首,下卷收序跋及尺牍4篇,《附录》上卷收各家颂、记、赞、题跋、尺牍、墓志铭等22篇,过录仇英《募驴图卷》(含徐祯卿《为朱君募买驴疏》、诸家出资题署及陈继儒、衲彦、沈弘度三篇跋),下卷收诗24首、题识5篇及《朱性甫家藏》《野航公手录书目》《野航公篆额》,卷末附王欣夫补遗4篇。较以《白斋七种》本,《野航遗稿》卷上增收朱存理诗《题石屏诗己酉夏日》《奉贺肤庵先生致仕》《又题〈垂虹别意卷〉》三首,《附录》卷上增收吴宽《朱孝子旌门记》、徐祯卿《与惟修札》《又与仁渠札》,卷下增收《朱性甫家藏》,《附录》卷下阙"野航题元人朱泽明画《秀野轩图》"题识,编纂体例及篇题亦与《白斋七种》本相异甚远。篇题或删除作者名氏,如《白斋七种》本"《刘凤〈续吴先贤赞〉》"此本作"《续吴先贤赞》","《陈继儒〈书画史〉》"此本作"《书画史》";或有个别异文,如"《祝希哲草书野航公诗卷》"此本作"《祝希哲手书野航公诗卷》";亦有题名全异者,如"《明人书册有野航公一纸行楷书六行》"此本作"《初度寄尧民宗弟》","《野航公手札》"此本作"《与宏之札》"等。二书所据底本应不同。

王欣夫《蛾术轩箧存善本书录》有长跋详述其抄书始末:"此为吾乡陆白斋所辑,余从原稿手录者。上卷为诗二十七首,较观潜本倍之。下卷文四篇。《附录》上为杂录存理父灏孝行及存理逸事文字,下为诸家有关存理诗及题识。似白斋未见观潜辑本,然所据多出真迹,为世所希见,正可补

① (清)庞元澄:《百匮楼书目》不分卷,《南京图书馆藏稀见书目书志丛刊》,2017年,第63册,第434页。按,庞元澄著录是书为"《白斋六种》,十六册"。

观潜本之未及。……又所录《石田遗稿》，则据乐饥老人王懒髯手抄本，《邢丽文先生遗稿》则据锦帆逸史叶九兰手抄本，亦皆秘箧珍本。惟中称性甫曰'野航公'，则白斋本为性甫之裔而易姓者。《附录》中载王凯度《野航杂抄》跋云：'执友史晨伯数为余言先生后今改姓陆，居阊门外。有为博士弟子员者。'陈明卿处士《仍竹陆翁墓志铭》云：'曾大父性甫，孝义著于庠，因外姓陆，徙居金阊之濠南，则自爱竹始。'潘奕隽《陆君谨庭墓志铭》：'先世朱姓，九世祖讳孟，以舅氏姓游庠，因世为陆氏。祖观潜，长庠岁贡生，候选训导。'然则白斋之辑此书，不仅表先世之清芬，亦为考吴中氏族者之所取资矣。……余于顾湘舟《吴郡文编》得性甫文四篇，抄附以作补遗。"①据此跋知王欣夫曾目验陆观潜辑本，并比较两书异同，但缘何仅过录陆观潜辑本中已有的 4 篇而非全部抄录，有待进一步考证。王欣夫（1901—1966），名大隆，字欣夫，后以字行，江苏吴县人，学礼斋为其室名，近代藏书名家。

陆绍曾辑本除《野航公手抄宣和书画谱跋》辑自王世贞《古今法书苑》，《题白石翁画安老亭图》辑自李日华《六研斋二笔》，《题六如画文恪公出山图》辑自张丑《清河书画舫》，《九日和续宋潘邠老诗句同和者陈琦文林卢襄吴叶顾福卢雍施选》《同文林奉和吴匏庵对竹一首且闻楕亭以复竹为扁故用其意》二首未注出处外，余篇皆据朱氏手迹过录。部分篇目后有陆绍曾手跋，详叙其所见书画真迹及目览之经过，如《题白鹤观道士莹斋号》后跋云："右真迹共计二十三行，行楷书，末有白文印'性甫'二字。庚寅冬十月九日灯下录此，雷电冰雹大发，风雨后至。"又如《野航公手札》后跋称："右行书八行，高五寸四分，广五寸，海盐张苞堂赠余，今益庄大侄欲得此幅宝护，索之不已，即以付之。丙申八月中浣识。"其所辑录友人诗文亦据书画真迹者居多，如沈周《记诗会联句》后有跋："右白石翁真迹卷共五十四行，楷书，有'煮石亭'及'石田'印文，又有'罗世良印''豫章郡图书印'。卷中损去字数十，吴东白先生惠我。庚寅冬十月八日篝灯书此。"又如《唐解元

---

① 王欣夫撰，鲍正鹄、徐鹏整理：《蛾术轩箧存善本书录》辛壬稿卷四，上海古籍出版社，2021 年，第 624—625 页。按，《吴郡文编》共收录朱存理所撰文 11 篇，除王欣夫所抄《龟峰胜概记》《募修韩墅通济桥疏》《葑门外马路北募造石桥疏上傅水部》《新建大有桥记》外，另有《僦松轩记》《杨氏修墓记》《跋夷白斋拾遗》《野航诗卷序》《葑溪编序引》《笠泽金氏书册》《记虞氏书册》。参见（清）顾沅：《吴郡文编》，上海古籍出版社影印顾沅手稿本，2011 年，第 4 册，第 87—88 页，第 5 册，第 324 页，第 6 册，第 310、386—387、507—508 页。

与野航公看梅札》文末跋称："右行书七行，纸高六寸，广九寸，印有三，'朱之赤''鉴赏卧庵所藏''之赤'，皆朱文。"沈周、邢参二人所作诗文则分别辑自"乐饥老人王懒髯手抄《石田遗稿》"①与"锦帆逸史叶九兰手抄本《邢丽文先生遗稿》"，相较而言，更近朱存理及诸家诗文之原貌。

陆绍曾辑本所录篇目颇左于陆观潜辑本，上卷与《野航诗稿》有8篇同，下卷与《野航文稿》仅有1篇同，两种辑本《附录》有9篇同②。陆绍曾辑本收录朱存理诗作数量略多于后者，然其中载朱氏文则甚少，正可与陆观潜辑本互为补充。此外，陆绍曾辑本中载朱氏与友人赠答、信札颇多，有若干为诸集未收之遗篇。

然二家共辑之篇亦有字句出入。8篇篇题有异，如陆观潜辑本"《虎邱陈公楼》"，此本作"《虎邱》"，"《题沈石田画安老亭卷》"，此本作"《题白石翁画安老亭图》"。经笔者校勘，各篇内容共有20余处异文，如《人日即事》"河冰渐解晚生潮"句，此本作"河冰渐解晚通潮"，《与丽文出郭访友》"春风反道日鸣驺"，此本作"春风官道日鸣驺"，又如《和性甫九日松下饮酒次韵》"闲人不许弹棋入""重阳节序独徘徊"，此本作"宵人不许弹棋入""重阳节序独萦徊"。

二家辑本所见异文可互为参照。如《题沈石田画安老亭卷》一诗，二家辑本均注为自李日华《六研斋二笔》所辑，然"若以能存鹳等帖"句则有出入。《六研斋二笔》通行本"以"作"也"③，与陆绍曾辑本同。然沈周《安老亭图》卷末朱存理题诗原作"以"字④，与陆观潜辑本同。虽未知陆观潜所据何本抄录，但与原诗相合。如邢参《性甫游杭以诗见示次韵》，陆观潜辑

① 按，王懒髯即王慎德（1608—?），字乃昭，号懒髯叟、乐饥翁，苏州府常熟人，明末清初藏书名家，尤爱抄本，善书法。其抄沈周遗稿曾藏于黄丕烈士礼居，叶昌炽《藏书纪事诗》卷二有"昌炽案：余藏乃昭手录《沈石田诗》，亦士礼居物，有'虞山王乃昭图书'及'乐饥''懒髯''槐隐'诸印"。见（清）叶昌炽著，王锷、伏亚鹏点校：《藏书纪事诗》卷三，北京燕山出版社，2008年，第261页。

② 按，陆观潜辑本《附录》中收录文徵明《性甫先生墓志铭》全文，陆绍曾辑本《附录》仅节录"朱性父，长洲人，从杜琼先生游。其诗精工雅洁，务出新意，尤精楷法，手录前辈诗文积百余家。著《铁网珊瑚》"。

③ 按，此书较通行的版本为民国间有正书局石印本，此外，年代较早的尚有明崇祯刻本、清康熙乾隆间修补刊本，皆作"也"字。见（明）李日华：《六研斋二笔》卷一《石田安老亭图》，华东师范大学图书馆藏民国间有正书局石印本，国家图书馆藏明崇祯刻本，美国哈佛燕京图书馆藏清康熙乾隆间修补刊本。

④ （明）沈周：《安老亭图》卷末，［日］铃木敬编：《中国绘画总合图录》卷二，东京大学东洋文化研究所，1982年，第112—113页。

本作"一到千金未易偿"，陆绍曾辑本则作"一刻千金未易偿"，今见南图藏清抄本《邢丽文先生遗稿》与陆观潜辑本同；又如沈周《劝性甫饮用韵》，陆绍曾本及明弘治刻本《石田稿》、明正德刻本《石田诗选》、明万历刻本《石田先生集》皆作"红花的皪雨脚后，白鸥浩荡江光间"[①]，陆观潜辑本则作"红花灼烁雨脚后，白鸥浩荡江湖间"，略有出入。本文限于篇幅，不尽枚举，二书来源版本多相异，内容各有优劣，可互为参校补正。

五、亡佚著作暨版本源流图

朱存理别集除上述 4 种外，尚有《野航集》《野航诗卷》《朱存理集》等。文徵明《性甫先生墓志铭》云："其诗精工雅洁，务出新意，得意处追躅古人。所著《野航集》，君谦实叙之。"[②]《野航集》卷前应有杨循吉、祝允明序，陆观潜辑本将此二序移置《野航诗稿》前。该书或清初已佚，钱谦益《列朝诗集小传》、翁方纲《四库提要分纂稿》皆云"不传"[③]，杨、祝二序因收入《吴都文粹续集》乃得存。

朱存理纂集有《野航诗卷》，自序云："《野航诗卷》卷凡十，以甲乙次焉。名'野航'者，野人所乘之舟，泛泛江湖，诗盟有年，既得江湖之诗，稛载而多录以成卷矣。……并收拾童子时获接见前辈诸老翰墨录之，仍以接见先后为次，弗较爵位与韦布为嫌也。及所收凡为吾家题咏者，一一存之，人勿论以私己也，盖以野航中所有者也。如杜、周二老，天全、完庵诸公手迹如新，若今石田沈公尤多，李尚宝、吴宫庶宦游京师所得者，亦是曩作。仪部杨君养疾林下六载，其作颇多示我，祝君亦然。都君有诗禁，惟旧作一二篇。昆山黄应龙与予相好，又得相引见吴吏部诸君子，故亦有诸诗也。略为序例，幸览终卷。"[④]可知此书亦为杂录诸家诗咏之作，然未见于各家著录，或已不存。

---

① （明）沈周撰，汤志波点校：《沈周集》，浙江人民美术出版社，2013 年，第 707 页。

② （明）文徵明撰，周道振辑校：《文徵明集（增订本）》（上册），上海古籍出版社，2014 年，第 656 页。

③ 参见（清）钱谦益：《列朝诗集小传》丙集，上海古籍出版社，2008 年，第 303 页；（清）翁方纲等撰，吴格、乐怡标校整理：《四库提要分纂稿》，第 267 页。

④ （明）朱存理：《野航杂著》，上海图书馆藏清瓶花斋抄本。

钱谦益《绛云楼书目》"国初文集类"著录"《朱存理集》"①,未提及卷数及内容。《列朝诗集小传》称"(朱存理)所著《野航诗集》,杨君谦叙之,今不传。其文集手稿,余得之于钱允治功甫,录其诗数章"②,则此处所云《朱存理集》并非《野航诗集》。按,钱允治(1541—1624),字功甫,号少室,苏州府吴县(今苏州市)人,为藏书家钱谷(1508—1572)之子。钱谷所编《吴都文粹续集》收录朱存理诗文颇多,这也验证了钱谦益称其家藏有朱存理文集、手稿多种。

顺带提及,朱存理编有史部类著作《旌孝录》一卷,载其父朱灏孝行事,亦为陆观潜所得。其称:"辛丑,(康熙)六十年,二十八岁。……得《旌孝录》。……旌表孝子景南先生,潜九世伯祖也。先生之弟景清先生赘陆氏,妇姓陆,子旁竹先生以外祖姓入□□府,遂仍陆姓,为潜八世祖也。潜幼时即闻上世有《旌孝录》,遍访族中,无收藏者。夏间,客王子重持旧抄本书数种来,《旌孝录》在焉,喜而集之,如获拱璧。"③是书卷前有徐源序云:"……于是荐绅士人闻其事而知其人者,从而为传、为记、为铭赞诗歌,以播其美。前柱国武功伯徐公、太保文定吴公,今太师西崖李公、太侍守溪王公,馆阁山林,一时诸作有载可考。……孝子之嗣曰存理,隐而文者也。尝谨书圣旨部札,并次诸公篇章汇为一编,名曰《旌孝录》,锓之于梓,书来嘱序,盖其扬亲之孝汲汲焉。"④殿本《四库全书总目》史部传记类存其目:"《旌孝录》一卷,浙江巡抚采进本。不著撰人名氏。……灏字景南,长洲人,即存理之父。亲殁,负土成坟,庐于其侧,有驯乌之异,诏旌其门。"⑤是书亦曾收入《芳溪八刻》。

综上,可绘制出朱存理别集版本源流图(见附表)。

(作者单位:华东师范大学中文系)

① (清)钱谦益:《绛云楼书目》集部,(清)钱谦益等:《稿抄本明清藏书目三种》,北京图书馆出版社,2003年,第616页。

② (清)钱谦益:《列朝诗集小传》丙集,第303页。

③ (清)陆观潜:《陆端门自订年谱》不分卷。

④ (清)陆观潜:《陆端门自订年谱》不分卷。

⑤ (清)永瑢等:《四库全书总目》卷六〇,第541页。

附：版本源流图

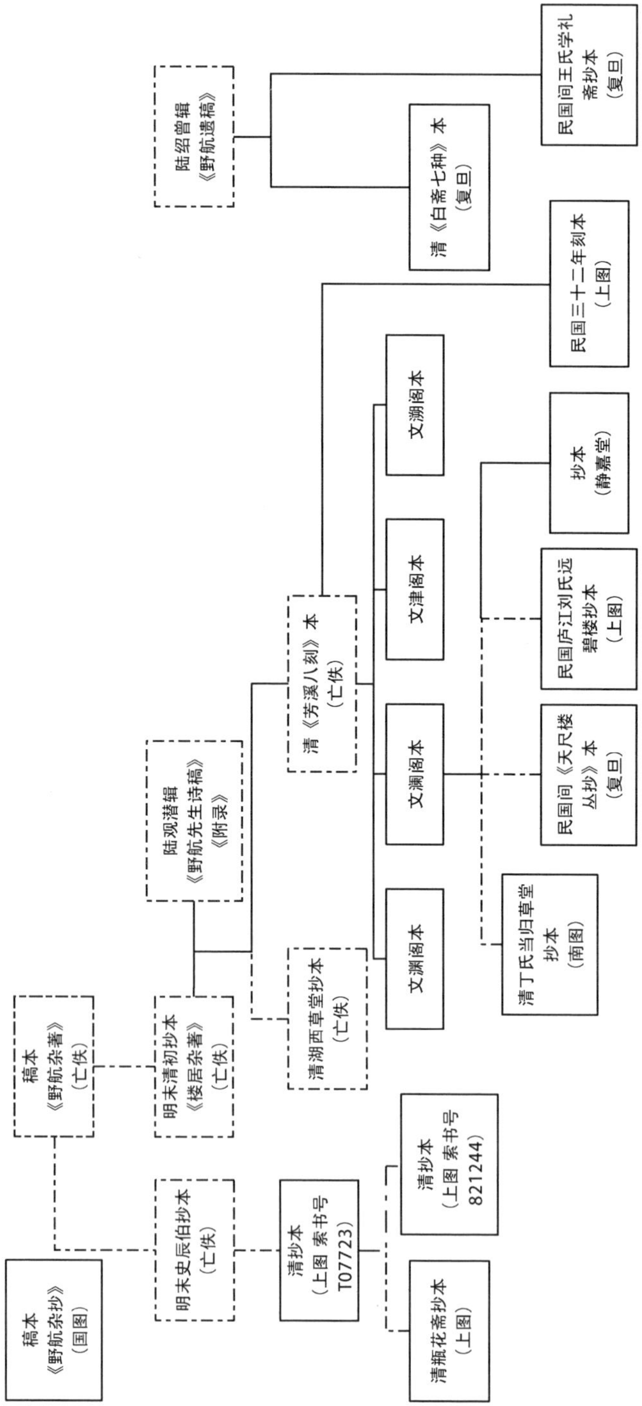

稿本《野航杂抄》(国图)
明末史辰伯抄本(亡佚)
稿本《野航杂著》(亡佚)
明末清初抄本《楼居杂著》(亡佚)
清抄本(上图 索书号T07723)
清瓶花斋抄本(上图)
清抄本(上图 索书号821244)
清湖西草堂抄本(亡佚)
陆观潜辑《野航先生诗稿》《附录》
清《芳溪八刻》本(亡佚)
文渊阁本
文澜阁本
文津阁本
文溯阁本
清丁氏当归草堂抄本(南图)
民国间《天尺楼丛抄》本(复旦)
民国庐江刘氏远碧楼抄本(上图)
抄本(静嘉堂)
民国三十二年刻本(上图)
陆绍曾辑《野航遗稿》
清《白斋七种》本(复旦)
民国间王氏学礼斋抄本(复旦)

清同治兰溪县高隆庄鱼鳞图册考述*

李义敏　王行睿

内容提要　通过对清同治高隆庄鱼鳞图册的系统考释，深度解读文本结构内容，复原高隆庄各分字号的区域空间，揭示不同等则田的土俗亩折算方式，分析晚清兰溪高隆庄土地占有情况，可为深入研究鱼鳞图册制度及基层治理提供具有参考意义的样本。

关键词　鱼鳞图册　地籍档案　兰溪　高隆庄　传统村落

引　　言

鱼鳞图册是南宋以来官府为征收赋税而攒造的土地簿册，因其所绘图形排列状若鱼鳞而得名。太平天国运动中兰溪县土地册籍焚毁殆尽，同治初期为恢复赋税重造鱼鳞图册 889 册，民国兰溪实验县清查地粮时整合成 820 册，现存 746 册，已编成《兰溪鱼鳞图册合集》①（全 250 册，下文简称《合集》）。其中，《合集》第 155 册收录的清同治兰溪县乡区二十四都二图高隆庄鱼鳞图册，尤为珍贵。高隆庄（今浙江省兰溪市诸葛村）是全国最大的诸葛氏后裔聚居地，保存完好的元、明、清古建筑有 200 多座，为全国重点文物保护单位，其整体建筑空间至今仍保持相对完整。而清同治高隆庄鱼

---

* 本文系国家社科基金冷门绝学研究专项“明清珍稀鱼鳞图册与东南传统村落研究”（24VJXG017）阶段性研究成果。

① 胡铁球、李义敏、张涌泉：《兰溪鱼鳞图册合集》第 155 册，浙江大学出版社，2021 年。

鳞图册完整记录了晚清该庄土地的字号、面积、形状、四至、业主等详细内容,不仅精确到每块土地的边界走向,还标注了田土等则、赋税征收标准等关键信息,为研究晚清江南地区的土地制度、赋税体系、农村经济结构以及基层社会治理提供了第一手且系统的实物资料。通过对鱼鳞图册与高隆庄现存建筑、村落布局的对照研究,更能直观展现传统村落发展与土地利用之间的紧密联系,对复原乡村历史地理风貌、探究宗族聚居型村落的空间演变规律具有不可替代的学术价值。

目前,涉及高隆庄鱼鳞图册研究的论文仅有四篇。胡铁球、杨贤毅利用高隆庄鱼鳞图册及民间文书展开两项研究:一方面,探讨了晚清浙江清赋中土俗亩与国家标准亩制的关系、藏等亩的形成及落实情况;另一方面,以大公堂为例,考证屋基计量标准的修正过程,并指出"土俗亩"最终与国家标准亩制的一致性。李欢从语言学角度研究高隆庄鱼鳞图册土名的结构、命名依据及演变。胡铁球、李新怡考证高隆庄鱼鳞图册"业户"与"业名"分离,提出户名从"产权单位"到"纳税单位"的转换①。以上研究虽取得了显著成果,但多聚焦于高隆庄鱼鳞图册某类特定信息,缺乏对文本内容的整体关照和系统分析。高隆庄鱼鳞图册的版本、结构、字号、地目、等则、简图、四至、亩分、土名、户名、住址、印章及批注等基本且重要的问题,都有待深入地探讨。本文拟对高隆庄鱼鳞图册展开系统的文本考释,通过文献学、历史学、文字学多学科交叉的研究方法,解析鱼鳞图册文本结构的内在逻辑,还原图册攒造的具体细节,阐释其在土地管理、赋税制度、历史地理复原等领域的重要价值。

一、高隆庄鱼鳞图册版本概述

兰溪市档案馆藏清同治高隆庄鱼鳞图册,线装,竹纸,共4册,计432

① 胡铁球、杨贤毅:《晚清浙江清赋中的土俗亩、藏等亩与土地面积落实——以〈同治兰溪鱼鳞图册〉为中心》,《中国经济史研究》2022年第2期,第19—37页;胡铁球、杨贤毅:《晚清兰溪县屋基面积土俗计量标准的确立与落实——以〈同治兰溪鱼鳞图册〉为例》,《史林》2022年第6期,第60—76页、第220页;李欢:《浙江兰溪鱼鳞图册中诸葛村土名研究》,浙江师范大学2023年硕士论文;胡铁球、李新怡:《从"产权单位"到"纳税单位":〈同治兰溪鱼鳞图册〉所载户名考释》,《浙江社会科学》2024年第2期,第140—154、160页。

叶。册长 24 厘米，宽 18.7 厘米。千字文编号为“常”字，每叶登记 6 号土地。册内为雕版填写本，版式主要有三类。其一，天头印“兰溪县鱼鳞册”字样；其二，天头不印字；其三，天头印字，版框颜色偏蓝，右下角印“集和堂官纸铺制”七字。前两类为清同治时刊刻，最后一类为民国时期补造[①]。在版面结构设计上，高隆庄鱼鳞图册采用层级化信息组织模式（参见图 1），涵盖字号、地目、等则、简图、四至、亩分、土名、户名及住址等核心要素。这些

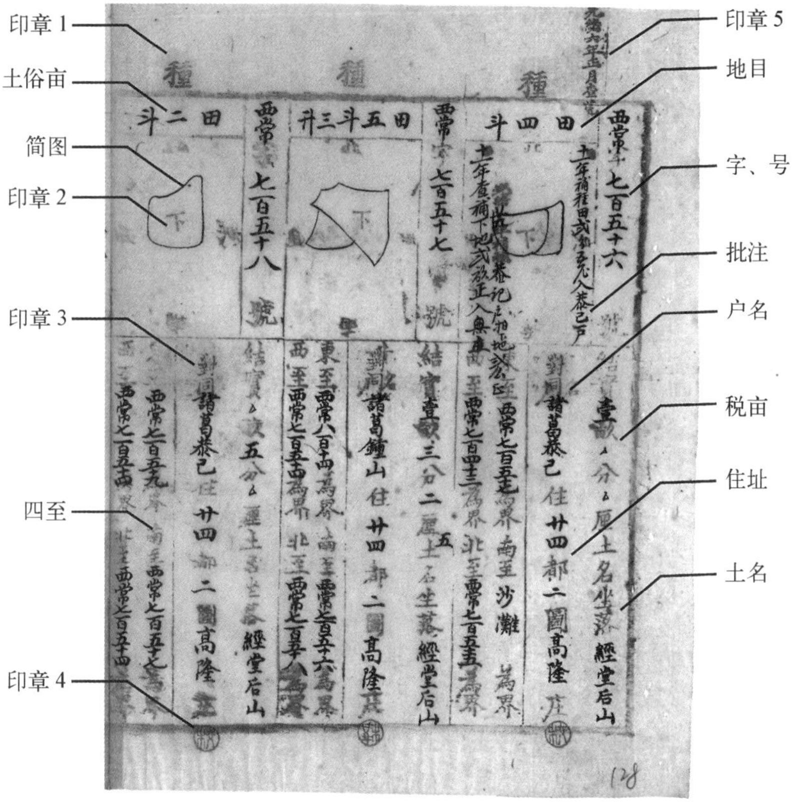

图 1　高隆庄鱼鳞图册文本结构示意图

---

① 参见李义敏、胡铁球：《鱼鳞图册断代研究——以浙江鱼鳞图册为中心》，《浙江学刊》2019 年第 1 期，第 59 页。“清同治版兰溪鱼鳞册所用墨色为暗蓝，所用颜料一般为矿物原料，经久而不褪色；而民国版鱼鳞册呈现深蓝色，墨色较新，颜料可能加入了化学物质，受潮或遇水多散墨。”除版本外，笔迹亦为重要判断依据。通过将补编字号与其他民国时期补造页面进行笔迹比对，确认字迹系同一人所书，即民国时期掌册员郑霞仙补写。

信息严格对应每一号土地,形成标准化记录方式:字号、亩分、土名纵向排列在右侧;简图、户名、住址位于中间信息列;东南西北四至则以两列规整排布,整体布局犹如数据库的基础字段设置,具备极强的结构化特征。同时,图册对土地标注位置、字迹大小、线条粗细等要素进行统一规范,通过标准化设计,极大提升了土地信息的管理效率与查阅便利性,充分彰显了晚清地籍档案编制的系统性与科学性。

鉴于清同治高隆庄鱼鳞图册信息有显著的系统性与结构性特征,故将其归纳为三大信息,以便分类论述:字号、地目、等则、简图、四至、土名、税亩、土俗亩归为“地块信息”;业名、业户及住址归为“户名信息”;印章、批注、贴条归为“附属信息”。

二、高隆庄鱼鳞图册地块信息

(一) 字号

字号是鱼鳞图册中地块的土地编码。同治兰溪鱼鳞图册依据《千字文》次序,为各“图”(“坊”)分配相应的“字”,每字之下有若干流水号,“自一号至千百号挨次编查”[①]。高隆庄鱼鳞图册为“常”字,其下计 2 556 个流水号。鱼鳞图册的攒造人员“期事之速成”,便“一图分数班编查”[②],在“常”字前分别增注“东、西、南、中、北”,形成“东常”“西常”“南常”“中常”“北常”共五个分字号。

实际上,同一地域的鱼鳞图册土地字号并不是一成不变的。黄忠鑫研究明清徽州赋役文书与民间文献中土地字号的使用实态,发现“土地字号分配单位改变的时间节点通常是土地清丈和相应土地册籍的攒造”[③]。高隆庄鱼鳞图册中使用的“常”字,始于清同治五年(1866)至十一年(1872)间的册籍攒造,此前并未采用这一字号。现存《南阳明德堂记屋契田业总簿》,抄录了清咸丰四年(1854)至同治九年(1870)高隆庄明德堂记土地买

---

① (民国)《龙游县志》卷二十七《掌故二》,民国十四年铅印本。

② (民国)《龙游县志》卷二十七《掌故二》,民国十四年铅印本。

③ 黄忠鑫:《明清徽州土地字号的分配与使用实态》,《中国经济史研究》2020 年第 1 期,第 62 页。

卖的契约文书。其中10号土地使用的是同治鱼鳞图册攒造前的字号(见表1)①。

表1 《南阳明德堂记屋契田业总簿》土地字号表

文书编号	交易时间	土地字号	土　名
44	同治二年七月	盖字516号	十五塘下
56	同治三年二月	盖字1899号 盖字1831号	平坂塘下
61	同治三年二月	盖字2203号 盖字2204号	北漏塘下路沿东首
		盖字1189号	祠堂下大路沿
		盖字2291号 盖字2292号	北漏塘下北首风车页
		盖字1987号	平坂堂(塘)下
80	同治四年五月	盖字2289号	北漏塘下长罗星边大路沿

又根据民国《诸葛氏宗谱》卷十九《邱墓图》记载:"右地在廿四都三图,土名寺山叶,距家里许。坐盖字二百八号,计上地七分一厘四毫,计正粮二分。……此山于同治五年清赋丈粮,改西常字第五百十号,拍下地一亩正。土名寺山叶古住基。"②由上可知,该地块原属二十四都三图,使用的是《千字文》"盖"字,后划拨二十四都二图高隆庄,清同治重编鱼鳞图册时改为"常"字。

(二)四至与简图

四至是对某号地块四周边界的方位描述,反映了土地的起止及毗邻关系。同治高隆庄鱼鳞图册四至表达形式为"东至某为界,西至某为界,南至某为界,北至某为界"。其确定四至的方式主要有三种:一是

① 吴一鸣:《晚清江南农村产权民间交易研究》,浙江农林大学2017年硕士论文,附录第82、90、94、107页。

② (民国)《诸葛氏宗谱》卷十九,民国三十六年木活字本。

直接记录相邻地块的字号。所谓“以东核西，以南核北，如一号东至百号，百号必西至一号，南北仿此。至尖长横斜丘亩，一号连三、四号者，如一号东至百号，又东至二、三号，百号及一、二、三号，必均西至一号，遥遥相对”①。二是以土名坐落、自然标识（山、溪、路等）为参照对象。如东常 291 号“东至虎头山梓树底”、东常 358 号“东至路”、北常 559 号“西至石八塘五〇五”②。三是借助相邻都图的字号来确定四至。如东常 59 号“北至双堨塘恭字界”，西常 211 号“北至赖字界”，南常 38 号“西至五字界、南至五字界”③。

无论采用何种方法勘定土地四至，界址都难以一劳永逸地固化，人为毁损或自然侵蚀均可能导致标志移位或消失，从而引发权属纷争④。四至信息描述的地块起止及毗邻非常简洁，难以展现地块的具体形状、内部附属物等细节，简图则在一定程度上弥补了这一不足。简图标注空间方位并直观呈现土地形状，绘出井、窑、坟茔、尿池等附属物为地标，力求与实地相符合，辅助厘清权属。值得注意的是，简图标注方向与实际方位有时存在偏差，以中常 309 号大公堂基为例，鱼鳞图册简图所绘堂基方位坐西朝东，实地考察却是坐北朝南。究其原因，高隆庄地形复杂、方向难辨，且在攒造中应不曾使用罗盘。但总体而言，简图在呈现土地形状、附属物标识上有重要作用。

（三）土名

鱼鳞图册中的“土名”是庄级以下地块的俗称，用以确定地块所处空间范围。按照编号依次提取高隆庄鱼鳞图册中的土名信息，不计重复出现，共计 589 个。李欢研究了高隆庄土名的结构、用字及命名依据，然而在探究各分字号空间区域上仍有待深入⑤。笔者综合考察各常边界地块的重复土名与四至信息，复原了高隆庄各常字的空间区域（见表 2）。

---

① （民国）《龙游县志》卷二十七《掌故二》，民国十四年铅印本。

② 胡铁球、李义敏、张涌泉：《兰溪鱼鳞图册合集》第 155 册，第 104、127、833 页。

③ 胡铁球、李义敏、张涌泉：《兰溪鱼鳞图册合集》第 155 册，第 23、208、451 页。

④ 任志强：《明清时期土地四至的确定及界址的纷争》，《求索》2009 年第 10 期，第 217 页。

⑤ 李欢：《浙江兰溪鱼鳞图册中诸葛村土名研究》，浙江师范大学 2023 年硕士论文，第 12 页。

表2 高隆庄各分字号的边界土名(群)

字 号	土名(群)
东常/西常	北漏塘、祠堂、祠堂屋、枫树坞、荷花塘、火烧坞、金交椅、聚禄塘、马坞口、梅花屋、前山头、上塘、松林山
东常/南常	(无)
东常/中常	祠堂、大菜园、大园山岗、虎头山、聚禄塘、龙头山、上磡头、上塘、王坞山、相公园
东常/北常	大公塘坞、风车页、鼓山脚、火烧坞、擂鼓山、龙头山、樫坞山岗、水碓山、水碓坞口、张坞山、樟坞园、竹园塘岗、祝家门前山
西常/南常	新塘
西常/中常	八斗地、笔云轩、祠堂、高隆中市、花园基、积庆塘、聚禄塘、龙头山、牌楼脚、蒲桃山、上店塘、上方庵、上塘、尚礼堂、神仙献掌形、寺坂、寺坂山、松林山、王志塘、维新塘、下塘、下王志塘、新导院、新塘
西常/北常	八斗地、东蒙桥、高隆殿、古老吼、火烧坞、九斗塘、力塘、青鱼堰、石塔塘、树坞口、姚染坞
南常/中常	(无)
南常/北常	(无)
中常/北常	八斗地、大墙园、果盒山、荷郎塘(何郎塘)、龙头山、马头胫、牌楼屋、前仓园、西斗塘、行堂厅、雍睦堂、园塘(元塘)、张坞岗、振猷塘、洙泗坞、祝家门前山、祝家塘

考察高隆庄空间区域特征,中常是核心居住区,以屋基为主,内有钟池、上塘、下塘、聚禄塘等18号水塘,钟池是高隆庄海拔最低处,从钟池向四周延伸巷道,形成独特的空间格局。上塘和下塘周围的街巷向东南顺延至山脚。丞相祠堂位于聚禄塘西南侧,是连接东常、西常、中常的分界点,仲分雍睦堂和季分尚礼堂成为中常与北常、中常与西常分界上的结点。东、西、南、北四常位于边缘位置,以田、地为主,其间错落分布的水塘在发挥灌溉作用的同时,与山脉共同形成天然分界线,东常、北常以擂鼓山、龙头山、张坞山等为分野,西常、北常以九斗塘、力塘、石塔塘等为分界,整体

上构成高隆庄错落有致的空间格局。

(四) 地目、土俗亩及税亩

高隆庄鱼鳞图册中的地目(即土地类型)为田、地、山、塘四种。其中,田类土地最多,计 1245 号,占总字号的 48.7%。高隆庄鱼鳞图册所记田亩并非实际测量的结果,而是由兰溪地区"斗石计亩"(土俗亩)折算而来。光绪《兰溪县志》记载:"土称二亩五分为一石,二分五厘为一斗。"但田之斗石亦有差异:"内有二亩六七分为一石者,有二亩八九分为一石者,又有全三亩者。"①考察高隆庄 1245 号田的税亩与土俗亩比率,发现并非随意,而是共同指向了田的等则体系。清同治时期,兰溪县将田的等则从高到低依次分为上上、上、中、次、下五等,对应不同赋税。高隆庄无"上上"等,其上、中、次、下四等依次采取"二分八厘为一斗","二分七厘为一斗","二分六厘为一斗","二分五厘为一斗"的折算方法,田按等则分类,土俗亩按等则对应的比率折算为税亩。胡铁球、杨贤毅就兰溪鱼鳞图册田的增亩现象提出"藏等亩"②,即将增亩藏于用印章标示的等则中。实际上"藏等亩"在兰溪全县范围内并不具有普适性。高隆庄鱼鳞图册中的田亩折算方式,显示土地等则与税亩折算的内在关联,表明地方实践中田类既存在按等级增亩,也存在基于田的等则形成的分级折算机制,这丰富了学界对土俗亩折算方式的认知。

表 3　高隆庄不同等则田的土俗亩折算比率

等　则	地块数(号)	税亩(亩)	土俗亩(斗)	税亩/土俗亩
上	7	15.54	55.5	0.28
中	129	192.375	712.5	0.27
次	375	514.306	1 978.1	0.26
下	734	602.3	2 409.2	0.25

① (清) 光绪《兰溪县志》卷二《志田赋》,清光绪十四年刻本。

② 胡铁球、杨贤毅:《晚清浙江清赋中的土俗亩、藏等亩与土地面积落实——以〈同治兰溪鱼鳞图册〉为中心》,《中国经济史研究》2022 年第 2 期,第 20 页。

高隆庄鱼鳞图册中地类总计660.289亩,分为上、中、下三等。据《兰溪市土地志》记载,清代地类的划分依据是“上地为宅基,中地为园圃,下地为一般杂地”①。其中,宅基是屋基、堂基、厅基、住基等的统称②,高隆庄鱼鳞图册的屋基在地类中占28.6%。屋基的税亩采用“计间数”的办法折算,通常屋基每间为0.1亩。在晚清兰溪县“清赋改减”的政策背景下,作为屋基的上等地,税亩要在原基础上减少40%,非屋基的上地及中、下等地的税亩并不折减。

在鱼鳞图册中,高隆庄有山488.52亩,塘88.935亩,实际上山塘的亩分并非像田地那样经过折算,而是通过估算得出的。《浙江省农村调查》指出,山的亩分“多为‘喝山亩’,正确亩数很难确定”,一般情况是“好山亩较小,坏山亩较大,高山亩较大,低山亩较小”③。塘一般“约略指报”得出大致亩分,但值得注意的是,当田与塘合编一号且未将其中的民塘亩分单独注明时,如东常字210号、西常字593号、北常字554号等④,塘在事实上仍是按照田的相同标准被折算为税亩。这表明在清同治时期的兰溪乡区,塘与田可以采取相同的“税亩—土俗亩”比率折算,这为研究塘亩呈报方式提供了有价值的材料。

三、高隆庄鱼鳞图册户名信息

(一) 户名

高隆庄鱼鳞图册的户名由业户和业名组成。“业户”表示该字号的名义承粮者,“业名”则表示税粮的实际承担者⑤。户名主要包括人户、会户、祀户、族户四类,其中人户以人的名、字、号等作为户名,占总户名的近八成,登记形式有三种。一是“姓+名”。如东常125号土地的户名“诸葛垷”,

---

① 兰溪市建设与土地管理局:《兰溪市地志》,中国大地出版社,1997年,第39页。

② 清同治兰溪鱼鳞图册中屋基的判定标准有四:地目或核算处盖“屋”字红印;税亩处批注“屋”或间数;土名含“堂基”“厅基”“住基”等语;简图标“门”“堂”等文字。

③ 华东军政委员会土地改革委员会编:《浙江省农村调查:华东农村经济资料(第2分册)》,内部资料,1952年,第244、253页。

④ 胡铁球、李义敏、张涌泉:《兰溪鱼鳞图册合集》第155册,第73、335、831页。

⑤《从“产权单位”到“纳税单位”:〈同治兰溪鱼鳞图册〉所载户名考释》,《浙江社会科学》2024年第2期,第143页。

中常 197 号户名“诸葛琠”。二是“姓+字”。如中常 289 号户名诸葛沁芳,即光绪《兰溪县志》所载太学生诸葛醃。《诸葛村志》第十八章《人物》记载:“诸葛醃(1808—1862),行德一千二百七五,字沁芳,号馥堂。”①又中常 296 号户名“诸葛凤鸣”,即清末金华中药界领袖人物诸葛锵。《诸葛村志》载:“诸葛锵(1844—1900),行明五百八三,原名堂增,字凤鸣,号棠斋。”②三是“姓+号”。如西常 781 号户名诸葛功琴。民国《诸葛氏宗谱》卷十四:“诸葛杶,原名高富,号功琴,行明一百七八……道光壬午年(1822)八月廿七日亥时生,光绪辛卯年(1891)九月三十日子时终。”③值得注意的是,鱼鳞图册中登记的一些人户,很多是“户头”,未必是当时在世的自然人。如上文提到的诸葛醃(沁芳),“由郡廪膳生中道光丙午(1846)科举人,1856 年礼部会试,榜后拣选知县。同治壬戌年(1862)正月廿七日死太平天国战难”④。同治五年(1866)高隆庄攒造鱼鳞图册时,此人已去世,但土地仍登记在其名下。

会户是指以会社组织为单位的户名。在高隆庄鱼鳞图册中有会户 90 个,拥有土地计 192 号。高隆庄的会户按功能可分为祭祀类会户、教育类会户、娱乐类会户等。祭祀类会户包括神会和祭会。神会是民众为供奉祭祀民间诸神而组建的,例如诸葛观音会、诸葛关帝会、诸葛信徐王会、诸葛地藏王琉璃会等。祭会则是族内基于时令习俗举行祭祀而组建的,这类户名有诸葛孟冬会、诸葛尚礼冬孤会、诸葛地房清明会等。教育类会户包括以弘扬儒学为宗旨、以培训科举人才为目的而建立的文会,如诸葛文会。娱乐类会户以各种灯会、戏会为主,如诸葛尚礼桥灯会、诸葛六脚桥灯会、诸葛信戏会、诸葛仲戏会等。鱼鳞图册中的会户一般拥有土地作为会产,会产用于维系会社组织的日常运转。以诸葛登瀛文会为例,高隆庄鱼鳞图册中“诸葛文会”名下会产共 31 号,其中田 33.06 亩、地 3 亩、山 1 亩、塘 1.5 亩⑤,为文

---

① 诸葛议、诸葛坤亨:《诸葛村志》,西泠印社出版社,2013 年,第 485 页。

② 诸葛议、诸葛坤亨:《诸葛村志》,第 486 页。

③ (民国)《诸葛氏宗谱》卷十四,民国三十六年木活字本。

④ 诸葛议、诸葛坤亨:《诸葛村志》,第 485 页。

⑤ 清同治高隆庄鱼鳞图册所载“诸葛文会”即为登瀛文会,理由有二:其一,与会产、族产相似的是,“诸葛文会”名下田产规模较大,且田地质量显著优于一般户主;其二,据民国《诸葛氏宗谱》记载,登瀛文会肇始于清乾隆时,延续至民国三十七年(1948)以后,表现出存续时间长、累积会产丰厚、社会影响深远的特点,高隆庄鱼鳞图册中应有记载,而册内除“诸葛文会”外无其他文会组织,由此推断“诸葛文会”与登瀛文会当为同一组织。

会提供稳定收入。

此外还有祀户和族户。祀户指在人的姓名或祠堂名等后缀“祀”字作为户名，例如诸葛大有祀、诸葛贵八祀、诸葛富十祀等。册内有祀户 88 个，拥有土地计 340 号。族户以祠名、堂名为户名。“祠名”是指高隆庄总祠诸葛宗祠，而堂名则代表各房派的私已厅，如诸葛滋树堂、诸葛尚礼堂等。册内有族户 38 个，拥有土地计 103 号。

（二）住址

高隆庄鱼鳞图册的住址记录业主的居所信息，一般登记都、图、庄三级。通过住址信息可知，册内多为本庄业主，拥有地块计 2295 号，总计税亩 2315.93 亩，占总税亩 90.4%；外庄业主拥有地块计 261 号，税亩 246.175 亩，占比 9.6%，详见表 4。册内并未发现城区或外县业主占地的情况。外庄包括王坞、长乐、下宅、泉井、水碓等 24 庄，分属二十一、二十四、二十五三个都。其中与高隆庄同属二十四都二图的有下宅庄、王坞庄、王溪滩庄 3 庄，属二十四都其他图的有前宅庄、南塘庄等 12 庄，属于外都的有长乐庄、泉井庄等 9 庄。外庄中占地较多的是二十一都四图横桥庄（44.18 亩）、二十四都二图王坞庄（32.815 亩）、二十一都二图长乐庄（31.865 亩）。考察地理位置，高隆庄位于二十四都二图，北与二十一都二图相邻，东接王坞庄，北临长乐庄、横桥庄，外庄的土地占有规模与本庄的空间距离存在显著关联。

表 4 高隆庄田地山塘税亩统计表（单位：亩）

<table>
<tr><th colspan="2" rowspan="2">土地类型 / 庄名</th><th colspan="2">田</th><th colspan="2">地</th><th colspan="2">山</th><th colspan="2">塘</th></tr>
<tr><th>亩数</th><th>%</th><th>亩数</th><th>%</th><th>亩数</th><th>%</th><th>亩数</th><th>%</th></tr>
<tr><td colspan="2">高隆庄</td><td>1 208.546</td><td>91.2%</td><td>607.789</td><td>92.0%</td><td>412.82</td><td>84.5%</td><td>86.935</td><td>97.8%</td></tr>
<tr><td rowspan="5">二十一都二图</td><td>长乐庄</td><td>21.335</td><td rowspan="5">8.8%</td><td>10.33</td><td rowspan="5">8.0%</td><td>0</td><td rowspan="5">15.5%</td><td>0.2</td><td rowspan="5">2.2%</td></tr>
<tr><td>瑞堰庄</td><td>1.69</td><td>0.4</td><td>0</td><td>0</td></tr>
<tr><td>大公塘庄</td><td>2.125</td><td>3.75</td><td>5</td><td>0</td></tr>
<tr><td>泉井庄</td><td>18.82</td><td>1.04</td><td>0</td><td>0</td></tr>
<tr><td>万田庄</td><td>0.3</td><td>0.6</td><td>0</td><td>0</td></tr>
</table>

续　表

庄名 \ 土地类型		田 亩数	田 %	地 亩数	地 %	山 亩数	山 %	塘 亩数	塘 %
二十一都三图	上徐庄	0.75	8.8%	3.2	8.0%	2.4	15.5%	0	2.2%
	上水碓庄	1.625		0.4		2		0.05	
二十一都四图	横桥庄	0		0.18		44		0	
二十四都一图	水碓庄	7.75		0.8		0		0.2	
	陈家庄	0.76		0.5		0		0.1	
	林家庄	0		0		0.4		0	
	南塘庄	2.6		0.14		0.2		0	
	下徐庄	2.6		0		0		0	
二十四都二图	下宅庄	16.155		4.67		4.4		1.3	
	王坞庄	7.405		19.46		5.8		0.15	
	王溪滩庄	3.75		0		0		0	
二十四都三图	前宅庄	13.66		0		0.2		0	
	新桥庄	2.86		1.12		0		0	
	何家庄	8.62		0		0		0	
	石范庄	1.17		0		0		0	
	杨冈庄	2		5.2		0		0	
二十四都四图	里叶庄	0		0		11.3		0	
二十四都七图	张家庄	0		0.21		0		0	
二十五都一图	厚伦方庄	0		0.5		0		0	
总计	2 562.265	1324.361	100%	660.289	100%	488.52	100%	88.935	100%

四、高隆庄鱼鳞图册附属信息

附注信息主要包括印章与批注两类。印章用以确认土地基础信息及权属关系，批注则是鱼鳞图册攒造及使用过程的动态记录，对信息加以修正、补充与阐释。二者形成互补，最终构建起兼具权威性与动态性的信息管理体系。

（一）印章信息

根据高隆庄鱼鳞图册钤盖的印文，不计重复使用，可知有32枚。按作用可以分为核对印、等则印、产权确认印、荒熟管理印四类。

1. 核对印包括“校”“对同”“覆对”“○”“□”“●”等，主要用于信息核对。“校”印用于核对户名信息，无误则钤盖于地脚，户名变更时加盖于修改处以示认可。“对同”印主要用于核对户名，有时也核对亩分信息，“覆对”印除核对户名外，还用于无主荒产核查后的确认。“○”“□”红印用于一号土地由多户业主分拍时，对每户亩分进行核对。“●”红印盖于“十一年查补”或“十一年查实”批注上方。

2. 等则印包括“上”“中”“次”“下”四类，用于标识田类的等则。该类印章主要于同治时期加盖，其初始设计田按“上上、上、中、次、下”五等征税。高隆庄无“上上”等田印。上等田按“二分八厘为一斗”折算，中等田“二分七厘为一斗”，次等田“二分六厘为一斗”，下等田“二分五厘为一斗”。在核算田的赋税时，需依据等则将斗石亩按上述比率折算为税亩。

3. 产权确认印包括“对契过戳”与“给印单”。同治清赋中，清赋总局核对业主地契等凭证无误后，加盖“对契过戳”印以确认产权。“给印单”用于业主持凭条换领印单执照后，标志地权确认流程完成。印单执照名义上是官方地权凭证，但高隆庄距县城清赋总局路途较远，实际上持凭条换领的执照数量有限，故高隆庄鱼鳞图册中“给印单”印仅140处，占全庄总字号的5.5%。

4. 荒熟管理印包括“荒”“种”“补种”“承垦”等印。同治元年（1862）至同治二年（1863）清军与太平军多次在高隆庄一带交战，战后叠加瘟疫，造成上千人口死亡[①],大量土地因户主死亡、外逃而荒芜。战后官府编造鱼鳞图册时,将土地分为有主、无主两类,钤盖"荒""种"文字印区分土地荒熟状态,规定荒产免征赋税。此举避免征税弊端,助力战后经济恢复。对于荒产,官府允许民众垦种,在鱼鳞图册上加盖"补种""承垦"等印,及时反映土地产权的动态更新。"补种"印对应的是有主荒产,土地被业主复垦后,在鱼鳞图册对应字号上钤盖"某年补种"印。"承垦"主要对应的是无主荒产,由官府主导实施招垦事宜,将认垦业主的姓名登记在鱼鳞图册相应的字号下,并在户名上加盖"某年承垦"。既保障有主荒产的复垦权益,也规范无主荒产的招垦管理。

(二)批注信息

高隆庄鱼鳞图册中的批注信息可归纳为五类核心内容:亩分变更记录、地目属性更改、荒熟田地管理、字号分拍补充以及水注信息。各类批注通过对土地要素的动态标注,构建起古代地籍管理的精细化信息更新体系。

1. 亩分变更记录。主要包括屋基折实与山塘加亩两类。其中,屋基折实源于当时兰溪县推行的"清赋改减"政策,依据规定,屋基按原税亩的60%折实纳税。以中常字511号鱼鳞图册批注为例,其清晰记载:"此号清赋时册开五分,已发印单,因局议兰邑屋基上地统作六折,故改为三分。(同治)十三年经册书查明此基实有八间,故仍补二分。"[②]该批注补充了折实纳税的政策依据,又展现出土地赋税管理中对政策规定与实际状况的动态调适。

山、塘的亩分很难准确计算,针对山和塘的加亩成为恢复赋税的有效手段之一。高隆庄鱼鳞图册塘的增亩批注共4条,西常字185号过路塘、西常字236号水阁塘、西常字462号毛公塘、北常字76号社塘下分别有"总加五分,各一户下各加一分正","加三分","总加四分,各一户下各加一分","总加一亩五分,各户每分加一分五厘"等语[③]。各塘亩增加率分别是167%、60%、25%、150%。而山的增亩形式是在分拍业户下备注加亩,或者

---

① 诸葛议、诸葛坤亨:《诸葛村志》,第403页。
② 胡铁球、李义敏、张涌泉:《兰溪鱼鳞图册合集》第155册,第625页。
③ 胡铁球、李义敏、张涌泉:《兰溪鱼鳞图册合集》第155册,第199、216、292、672页。

直接修改亩分数据。如西常字 516 号寺山，在户名“诸葛大有祀”“诸葛崇信堂”下分别备注“加四亩”①，总税亩由 8 亩增至 16 亩；又如西常字 210 号石阜岩的税亩由 6 亩修改为 15 亩②。

2. 地目属性更改。在查补中将某地块从类型甲更改为类型乙，其内容一般为“某年查实除甲改种乙”“某年查内除甲改种乙”“某年查除甲若干亩(分)改种乙若干亩(分)”，高隆庄鱼鳞图册中有“地改田”“山改地”两种。田、地、山、塘的征税额存在较大差距③，土地类型更改批注，修正地类登记错误，同时合理调整税亩。

3. 荒熟田地管理。针对战后荒产，官府以“补种”“承垦”等措施复垦，相关批注多与印章配合使用。统计高隆庄鱼鳞图册中同治时期钤“荒”印的字号，有田 105.635 亩、地 11.65 亩、山 6 亩、塘 2.1 亩，合计 125.385 亩。官府又在光绪元年(1875)和光绪六年(1880)正月进行了大规模查荒，前者主要针对田，后者则将范围扩大至荒地。光绪六年(1880)的查荒结果为：田 48.37 亩、地 9.74 亩、山 13.6 亩、塘 0.2 亩，合计 71.91 亩，较同治时期下降了 42.6%，可见高隆庄生产恢复已卓有成效。

4. 字号分拍补充。在编定土地字号时，若遇土地面积大、地目类型多且为多户共有的情况，需在“业户名”栏注明各户占有的地目、等级、亩分等信息，称为“分拍”。以西常字 221 号为例，该号将“山四亩”与“下地一亩”合编一号，通过分拍批注细化权益：“诸葛懿和祀拍地五分”“诸葛发启拍地一分”“诸葛魁星会拍地四分、山四亩”④，从而明确各业主的具体亩分，避免地类、亩分混乱，保障多主体共有土地的登记规范性与权益明晰性。

5. 水注信息。传统乡村社会的水权分配管理备受重视，高隆庄鱼鳞图册对田专属的灌溉权益以水注形式登记。若塘灌溉某田，则于土名右侧或下方写明“本塘注”“本塘荫注”“某某塘注”等水注信息，建立水塘与所注田的对应关系。如西常字 659 号至 684 号 23 号田(总计 25.25 亩)全部受毛公塘灌溉，其水注形式为土名下标注“毛公塘注”“本塘注”，展现出鱼鳞图册水注信息在记录土地灌溉权益、维护水权秩序方面的重要价值。

---

① 胡铁球、李义敏、张涌泉：《兰溪鱼鳞图册合集》第 155 册，第 310 页。

② 胡铁球、李义敏、张涌泉：《兰溪鱼鳞图册合集》第 155 册，第 208 页。

③ 光绪《兰溪县志》记载，同治时期田、上地、中地、下地、山、塘的每亩税额分别为 0.105、0.028、0.023、0.018、0.007、0.005 两。

④ 胡铁球、李义敏、张涌泉：《兰溪鱼鳞图册合集》第 155 册，第 211 页。

结　语

清同治高隆庄鱼鳞图册完整记录了该庄土地的字号、亩分、形状、四至、业主等详细内容,为研究晚清江南地区土地制度、赋税体系、农村经济及基层社会治理,提供系统性的第一手史料。通过对高隆庄鱼鳞图册文本内容进行系统性研究,考察高隆庄各分字号的区域空间,揭示不同等则田的土俗亩折算方式,阐明印章与批注对土地权属确认与动态管理的功用,提供兼具文本解读与量化分析的研究案例,为深入研究鱼鳞图册制度及基层治理提供参考。

(作者单位:浙江师范大学人文学院)

江南城市与社会

“唐代明州移治说”辨略

方　宁

内容提要　唐代长庆元年明州移治，宁波各个时期的地方志书都有所记载。由于前期志书对明州建置时治所地望记载语焉不详，再经后期志书不断演绎、附会，关于州治地望便形成了两种说法：一是州治在三江口，一是州治在小溪。进而衍生出对“明州移治”内涵的不同诠释。通过各期志书的考证和逻辑推理，可以推断出，明州治所一直在三江口，长庆元年只是移治，而未移城。

关键词　明州　移治　三江口　小溪

“明州移治说”在宁波历代志书记载中一直以来莫衷一是，各执一词，未有定论。根据宋代宝庆《四明志》（以下简称《宝庆志》）罗城图显示，整个罗城位于三江口①，明州州治位于罗城北面居中的位置（今宁波市海曙区鼓楼、中山公园一带），北临慈溪江（现为姚江），而鄞县（唐时为鄮县）治位于州治偏东南方向，罗城的东侧（今宁波市海曙区区政府一带）。这也是自唐代至清末州（府）县治所在地。那么，历史上明州是否移治？如确有移治，又是从何处移至现鼓楼、中山公园一带（即后来州治所在地）呢？通过梳理各时期宁波地方志书所记载的建置沿革等方面的内容，可以大致厘清唐代明州治所变迁这一问题②。

---

① 即今姚江、奉化江汇合为甬江之处。

② 在论述此问题时，笔者是从行政区域的视野，而非单纯地从行政建置的角度来限定“州”的概念。如果从行政建置的角度来定义“州”的话，应该从开元二十六年明州建立始；但从行政区域的角度来定义“州”的话，则应从隋开皇九年建立的句章始，因为其包含句章、余姚、鄞、鄮等地，涵盖今宁波大部分地区。

“明州移治说”的由来

对于“明州移治说”,宁波现存最早志书宋代乾道《四明图经》(以下简称《乾道志》)中即有记载。其《总叙》中载:“穆宗长庆元年(821),浙东观察使薛戎上书,明州北临鄞江,地形卑隘,请移郡于鄮县置,其元郡城近南高处却安县。从之。而移否莫得而知。”①根据记载,长庆元年,浙东观察使薛戎因为地形的原因,向朝廷建议将明州州治移至鄮县县治处,朝廷同意了这一建议。其后的《宝庆志》同样载有此条,但内容稍有不同。其《沿革论》中载:“长庆元年,刺史韩察欲移州城,以白浙东观察使薛戎,戎上言,明州北临鄞江,地形卑隘,请移明州于鄮县置,而以州旧城近南高处置县,从之。”②根据记载,长庆元年,明州刺史韩察向浙东观察使薛戎上报移城的提议,然后由薛戎上奏朝廷,朝廷采纳了提议,并注明是引自《唐会要》及《移城记》,而且还删掉了“而移否莫得而知”这句③。宋代以后的志书对这条内容的记载与《乾道志》和《宝庆志》基本一致④,只是内容上稍有增减而已,且断定长庆元年确有“移治”。而嘉靖《宁波府志》(以下简称《嘉靖志》)、康熙《宁波府志》(以下简称《康熙志》)和雍正《宁波府志》(以下简称《雍正志》)在此条后又增“而郡之治始定,鄮之附郭亦始此”,不仅认为“移治”确有其事,而且从此结束了州县分城的局面。总之,除了《乾道志》,其他志书均断定长庆元年州治确实发生过迁移⑤,只是从何处移至后来的州治所在地(即今鼓楼、中山公园一带),因为经过历代志书的演绎附会,这个问题引起了不少争议,至今未有定论。

---

① (宋)张津等撰:乾道《四明图经》卷一《总叙》,《宋元四明六志》(一),宁波出版社,2011年,烟屿楼校本影印,第35—36页。

② (宋)罗濬等撰:宝庆《四明志》卷一《叙郡上·沿革论》,《宋元四明六志》(二),咸丰甲寅年(1854)烟屿楼刊本影印,第34页。

③ 光绪《鄞县志》则认为“《乾道图经》云移否莫得而知,本是臆说”,否定了《乾道志》的说法,断定“移治”确有其事。

④ 开庆《四明续志》与至正《四明续志》未载此条。

⑤ 乾隆《鄞县志》等志书在长庆元年移治的正文后注有:“案新旧唐志俱不载移治事,惟旧本纪书‘长庆元年三月丁酉朔,浙东奏移明州于鄮县’。”只是认为证据不充分,但对此次移治未予以否定。

另外,《乾道志》还明确记载了大历六年(771)鄮县的移治。据《乾道志》所载:“代宗大历六年三月,海寇袁晁作乱于翁山,而鄮久不能复,乃移治鄞[①]。”[②]根据记载,大历六年,鄮县治从旧治移至三江口。但这一次移治,受到《宝庆志》、成化《宁波郡志》(以下简称《成化志》)等志书的质疑。据《宝庆志》所载:“州治鄮县,(笔者注:应加“原”字)在阿育王山之西,鄮山之东,自鄞州废为鄮县,乃在今州治(即宋代宝庆年间的府治,即三江口),非古鄮治矣。”其后又援引《唐书·地理志》“鄮县”注,认为“盖自析句章为鄞州时已治此矣,后乃废州为鄮县,旧志(笔者注:即指《乾道志》)谓大历六年州始移治于此,未之考也”[③]。既然武德八年(625)废鄞州为鄮县时,县治已在三江口,那么在大历六年时不可能再将县治移至三江口。元代袁桷编纂的延祐《四明志》(以下简称《延祐志》)与王元恭编纂的至正《四明续志》(以下简称《至正志》)中均未提到大历六年的这次移治。又据明代杨寔编纂的《成化志》卷一《沿革考》所载:“自鄞废为鄮县,在今府治(即明代成化年间的府治,即三江口),非古鄮治矣。”[④]该志也认为武德八年鄞州废为鄮县时,鄮县治已在三江口,同样对大历六年这次移治提出质疑。清代乾隆《鄞县志》、咸丰《鄞县志》和光绪《鄞县志》虽然认可大历六年的移治,但对为何移治持有不同见解。据乾隆《鄞县志》卷一《建置沿革》所载:“是年移鄮治于三江口。”其正文后注援引《资治通鉴》所言:“代宗宝应元年(762)十月,袁晁陷明州;广德元年(763)四月,李广弼奏擒袁晁,浙东皆平;又阅四年,始改元大历。”“大历六年距晁就擒已逾十载矣,鄮为附郭之县,岂有久未能复之理”,据此可知“《图经》所言殆非其实矣”。而认为“当时县治之移,实以三江口据江海之冲,为善后之备,非因故城未复而别立治也”[⑤]。认为此次移城并不是因久不能复而别立治,而是为善后之备

① 即武德四年所设鄞州。

② (宋)张津等撰:乾道《四明图经》卷一《总叙》,《宋元四明六志》(一),烟屿楼校本影印,第35页。

③ (宋)罗濬等撰:宝庆《四明志》卷一《叙郡上·沿革论》,《宋元四明六志》(二),咸丰甲寅年(1854)烟屿楼刊本影印,第33—34页。

④ 成化《宁波郡志》卷一《沿革考》载:“大历六年,海寇袁晁反,据翁山、鄮二县,久不克复,虽移治鄞。”正文后注有:“即武德四年所置鄞州,今宁波府是也。鄮县旧治,在阿育王山西,鄮山之东,城郭遗址犹存。鄞东取鄮才三十里,自鄞州废为鄮县,在今府治,非古鄮治。”

⑤ (清)钱大昕纂:乾隆《鄞县志》卷一《建置沿革》,《续修四库全书》,上海古籍出版社,乾隆戊申年刊本影印,第25页。

而移治。

当然,要厘清“明州移治说”这个问题,我们还要进一步明确当时州治的地理位置。依据志书所载,长庆元年移治后,州治位于三江口(即今鼓楼、中山公园一带),并且一直延续至清末。可是在长庆元年之前、开元二十六年(738)设明州之时的州治又在何处呢?由于《乾道志》与《宝庆志》对开元二十六年设州时州治的记载语焉不详,两者均没有交待清楚治所的地理位置,而经后世志书的一番附会传说,故引起诸多争论。不同时期的志书对此持有不同的看法,归类起来,主要持有两种说法:一是州治三江口说,一是州治小溪说。

州治三江口说

虽然,宋元时期的志书未明确记载明州州治的地望所在,故而造成后世的诸多疑问与争论。但是通过追溯长庆元年之前宁波地区的建置沿革以及检视志书中的山川、建筑、古迹等内容,或能够找到些许端倪。据《乾道志》所载:“隋平陈,废鄞以地隶吴州总管府。高祖武德四年(621),始析句章为鄞州;八年,废鄞州为鄮县,隶越州。明皇开元二十六年,采访使齐澣始复奏请为州,以境内有四明山,故号州为明,而郡名奉化,属浙东观察使,首命秦昌舜为刺史。天宝元年(742),改为余姚郡。肃宗乾元元年(758)秋七月①,复为明州,仍兼浙东观察使。旧治鄮县,今阿育王山之西,鄮山之东,城郭遗址犹存。代宗大历六年三月,海寇袁晁作乱于翁山,而鄮久不能复,乃移治鄞②,鄞东取鄮城才三十里,领县五,曰鄞③,曰奉化,曰慈溪,曰象山,曰翁山。”④根据记载,现今宁波境域,长期以来一直隶属于越州(历史上有不同称呼,或会稽,或吴州,即今绍兴一带),直到唐代开元二十六年,在宁波境域内(包括现舟山市,不含现余姚市、宁海县)设明州,始独

① 据《宝庆志》为肃宗至德二载(757)。

② 即武德四年所设鄞州,治在三江口。

③ 此处应为鄮县,据《宝庆志》所载,直到五代之后,鄮才改为鄞。又据至正《四明续志》所载,五代朱梁避祖茂讳,始改鄮为鄞。

④ (宋)张津等撰:乾道《四明图经》卷一《总叙》,《宋元四明六志》(一),烟屿楼校本影印,第34—35页。

立建置。隋唐时期建置历程大致为：句章—鄞州—鄮县—明州—余姚郡—明州[1]。据此，我们能推断出：鄞州（含鄞、句章、鄮三地）曾设治于三江口；鄮县（含鄮、句章、鄞三地）最初的治所位于阿育王山之西，鄮山之东，即古鄮城，直到大历六年，鄮县（设州后的鄮县，仅为一县之地）才迁至三江口。而句章（含句章、余姚、鄞、鄮四地）、明州治所的地理位置则无法得知。

即便如此，我们还是可以依据宋代志书所记载的城池、古迹、山川等方面内容来推断出明州州治位于何处。笔者认为，主要依据以下几点：一是依据古代建城条件。古代建城具有一定的军事、政治或经济意图。州、郡城或建于地形险要之处，如此便易守难攻，利于防御；或建于交通便利之地，如此便四通八达，利于漕运。三江口完全符合这些条件。据《乾道志》卷一《城池》所载：“明之罗城，旧云闽越无诸所筑，夏侯曾先谓刘牢之筑以塞三江之口，西城外有城基，上生竹篠，俗曰‘篠墙’，即故基也。”[2]早在东晋时期，刘牢之便在三江口建城，并在之后战争中发挥了重要作用，晋末孙恩攻打会稽时，避开明州，而由上虞进入，也是因为这里据“三江之险”，易守难攻。三江口具备较佳的地理位置和地形条件，应是州治的首选之地。依据常理，隋时设立的句章、武德四年的鄞州、武德八年的鄮县[3]、开元二十六年的明州很有可能先后设治于此。

二是依据志书所记载的现存建筑、古迹的地理位置。《乾道志》和《宝庆志》载有许多唐代开元二十六年设州后、长庆元年移治以前在三江口一带建立的寺、庙等建筑。如报恩光孝观，子城东南八十步，本唐开元二十六年所置；开元寺，鄞县（宋宝庆年间的鄞县治）南二里，唐开元二十八年（740）建；太平兴国寺，鄞县（宋宝庆年间的鄞县治）西南一里半，在唐为太平兴庆寺，开元二十八年建；至圣文宣庙，在县（宋代乾道年间的鄞县治）东半里，唐元和九年（814）建。又据《乾道志》卷一《古迹》所载：“郡之子城内

---

① 此句章含句章、余姚、鄞、鄮四地，此鄞州含句章、鄞、鄮三地，此鄮县含鄮、句章、鄞三地，可称为大句章、大鄞州和大鄮县。

② （宋）张津等撰：乾道《四明图经》卷一《城池》，《宋元四明六志》（一），烟屿楼校本影印，第39页。

③《宝庆志》援引《唐书·地理志》“鄮县”条，其后注有“小江湖在南二里，广德湖在西十二里，仲夏堰在西南四十里”，“所谓小江湖即今日湖，又曰细湖，其地实为小江里”，以此证明“盖自析句章为鄞州时已治于此，后乃废州为鄮县”。又引“县南有鲍郎庙，记云‘唐圣历二年，县令柳惠古徙祠于县’”，认为“初置鄞州已治此，继废鄮县，不复在鄮县之东也”。以此断定，早在武德八年废鄞州为鄮县时，治所已在三江口。

亭宇中,旧有唐刺史王密德政碑,李舟文,颜真卿书,李阳冰玉箸篆额。”[①]王密于大历十四年(779)任刺史,应该在其离任后不久即于子城内立有此碑。据此可以推断出:在开元二十六年以后、长庆元年之前,三江口一带就已成为当时宁波地区的政治、经济和文化中心,很有可能已是明州州治所在,而非长庆元年才迁至。

三是依据志书所记载的山川的地理位置。如《宝庆志》根据小江湖、广德湖、仲夏堰的地理位置推断出其时鄮县治所在。《乾道志》《宝庆志》在长庆元年移治的内容中提到“明州北临鄞江”。依据不同时期志书所记载,“鄞江”在不同时期的指向有所不同。《乾道志》卷二《鄞县》“桥梁”条所载:“鄞江跨江浮桥,在县东南二里,旧曰灵现桥,亦曰灵建桥,唐长庆三年(823)刺史应彪建,太(笔者注:应是“大”)和三年(829)刺史李文孺重建,初建桥于东渡门三江口,江阔水驶,不克成,乃徙今建桥之地。”[②]另外,明州罗城东南面设有鄞江门,据此可以推断出:唐宋时期的“鄞江”应指的是其与奉化江汇合后的一段江域。《宝庆志》卷四《叙水》设有“慈溪江”“奉化江”条,而《成化志》卷二《山川考》除设有“慈溪江”“奉化江”条外,还设有“鄞江”条,其后注有:“南接奉化江,西接慈溪江,三江之流同会于定海之大浃江,东入于海。”[③]《宁波府简要志》设有“甬江”条,其后注有:“源自四明山,江与海潮相接,咸不可食,田不可浇,唐令王元暐垒石于它山堰。山水涨时,七分归江,三分入河;旱时七分入上河,三分归江。其流至谢家巉,与奉化江合至府城三江口,会姚江入海。秦鄞县改名鄞江。”[④]甬江即鄞江。《嘉靖志》卷五《山川》,设“鄞江”条,其后注有:“在现东北二里,即甬江也,南接奉化江,西接慈溪江。三江同会定海之大浃江,东入于海。”[⑤]明确指出“鄞江”即甬江。明清时期,“鄞江”指的是“甬江”。现今的“鄞江”,一名

---

① (宋)张津等撰:乾道《四明图经》卷一《古迹》,《宋元四明六志》(一),烟屿楼校本影印,第48页。

② (宋)张津等撰:乾道《四明图经》卷二《鄞县》,《宋元四明六志》(一),烟屿楼校本影印,第64页。

③ (明)杨寔纂修:成化《宁波郡志》卷二《山川考》,《中国方志丛书》,成文出版社有限公司,1983年,明成化四年刊本,第64页。

④ (明)黄润玉撰:《宁波府简要志》卷一《山川志》,《明代宁波府志》(八),宁波出版社,2013年,四明张氏约园刊本影印,第78页。

⑤ (明)张时彻纂修:嘉靖《宁波府志》卷五《山川》,《明代宁波府志》(一),日本藏本影印,第530页。

"鄞水",因横贯鄞县(今涉宁波市鄞州区和海曙区部分地区)境域而得名,大皎、小皎两溪汇合成。……经鄞江镇(即小溪),越它山堰后称鄞江(旧称兰江)……与剡江、东江合流注入奉化江[①]。依据各时期志书所载,"鄞江"以其与奉化江汇合处为分界点,大致分为两段:一段为与奉化江汇合前,后世仍称"鄞江"[②];一段为与奉化江汇合后,又称"甬江"。"明州北临鄞江"中的"鄞江"应指的是"甬江"。据此推断,明州州治在长庆元年之前已位于三江口。

综上所述,宋元时期志书大致持"州治三江口说",即认为:唐代开元二十六年明州设州之时,州治便已在三江口,而非长庆元年迁至;鄞州(含句章、鄞、鄮三地)亦设治三江口。而鄮县(含鄮、句章、鄞三地)是否设治三江口,《乾道志》与《宝庆志》说法不一。

州治小溪说

正由于宋元时期志书对明州州治的记载语焉不详,又经后世志书的不断传抄、演绎及附会,故衍生出"唐代明州曾设治小溪,直至长庆元年才移治三江口"的看法。虽然"州治小溪说"最早出现在明代志书中,但却源于《乾道志》。据《乾道志》卷二《鄞县·古迹》所载:"古句章城,在县(宋乾道年间鄞县)南六十里……今句章乡即其地也,隋开皇九年平陈,县废。"[③]后世志书以此推断句章曾设治小溪(今宁波市海曙区鄞江镇)。又据《延祐志》卷一《沿革考·辨证》所载:"句章,《九域志》因山为名,《战国策》有句章昧,盖以邑为氏。汉伐东粤,遣横海将军韩说出句章,浮海从东方往。《史记正义》'句章故城在鄮县西一百里',此张守杰以开元之鄮言之。《元和郡县志》'句章故城在今州西一里',此李吉甫之明州。《后汉注》与《史记正义》同《图经》,'古句章城在鄞县南六十里',此今之地理也。《虞翻传》注'句章董黯',则慈溪乃汉句章之地。晋刘牢之东屯上虞,使刘裕戍句

① 俞福海主编:《宁波市志》(上),中华书局,1995年,第194页。

② "明州北临鄞江"是"明州曾设治小溪"的重要依据,"鄞江"被误认为是流经小溪(今宁波市海曙区鄞江镇)与奉化江汇合之前的一段江域。

③ (宋)张津等撰:乾道《四明图经》卷二《鄞县》,《宋元四明六志》(一),烟屿楼校本影印,第101页。

章，今鄞县有句章乡，盖自此乡及慈溪皆句章境，古句章城在小溪镇。”①王应麟援引《九域志》《战国策》《元和郡县志》《史记正义》等资料，考镜源流，引古辨今，明确指出“古句章城在小溪镇”②。其后《至正志》和《成化志》后皆记载了王应麟“辨句章”的内容。

受《乾道志》和王应麟“辨句章”的影响，明代中后期编纂的志书开始出现“州治小溪说”。据《嘉靖志》卷一《沿革》载，“隋平陈……则取余姚益句章，而郡兼余姚，并鄞、鄮为越州之句章地”，其后注“治在句章乡之小溪镇，后鄞州、鄮治同”，明确指出句章（含句章、余姚、鄞、鄮四地）、鄞州（含鄞、句章、鄮三地）和鄮县（含鄮、句章、鄞三地）都设治小溪。不过，其后又载“大历六年，鄮、翁山有袁晁之乱，不能讨复，遂废翁山不治”，“而鄮治（其后注：原在鄮山）因移今之郡治（其后注：今府城地，县先立）”，大历六年鄮县治从鄮山移至三江口，与之前鄮县设治小溪自相矛盾③。开元二十六年，“改鄮县为明州”，“而州治始立”④，但未记载州治在何处。其后长庆元年以鄮县治为明州治，也未说明明州治从何处迁至三江口。《嘉靖志》认定句章、鄞州、鄮县设治小溪，却未指出明州是否设治小溪。但从行文逻辑推断，该志应该认为“明州州治在小溪”。又据《敬止录》卷一《沿革考》载，“开皇九年所设句章，立治小溪（其后注：今高尚宅）”，甚至明确治所的具体位置。

---

① （元）袁桷等撰：延祐《四明志》卷一《沿革考 · 辨证》，《宋元四明六志》（五），烟屿楼校本影印，第 119—120 页。

② 据宝庆《四明志》卷第十七《慈溪县志》卷第二《叙遗 · 存古》所载：“古句章县，在今县（宋宝庆年间慈溪县）南十五里，面江为邑，城基尚存。故老相传曰‘城山旁有城山渡，西去二十五里有句余山，又有句余村’。郭璞谓‘句余山在余姚北，句章南，二县因以为名’。其实，山在余姚东，句章西。《旧经》（指乾道《四明图经》）‘古句章城，在鄞县南六十里’，今鄞县之西有句章乡。然按《汉书 · 地理志》‘句章渠水东入海’，则所谓城山渡即其渠也。晋刘裕东讨孙恩，实戍句章，每战陷阵，贼乃退，还浃口。是时孙恩泛海出没，御之当据要冲，而今句章乡乃在山间，非戍守之地。乡名句章，特以其地素隶句章县，故尔句章旧读为句，今读为章句之句。”该志认为古句章城应在城山渡（今宁波市江北区慈城镇王家坝村），而非句章乡（小溪）。而城山渡为古句章城已经现代考古发掘证实。

③ 据高宇泰《敬止录》卷一《沿革考》所载：“代宗大历六年，海寇袁晁乱翁山及鄮，遂废翁山不治，而徙鄮于三江之口，即今府城也。”其后注有：“予沿革考颇悉，止有未详者一，在武德八年废鄞州仍名鄮县之时，还治贸山乎？抑仍勾章故治乎？在大历六年徙鄮县三江口之时，自贸山徙乎？自小溪徙乎？此难臆定矣。”对这种自相矛盾的说法表示疑惑。如果武德八年鄮县设治小溪，那么就不可能发生大历六年县治从贸山徙至三江口。如果大历六年鄮县治从贸山徙往三江口，那么武德八年县治应迁还贸山，而非在小溪。

④ （明）张时彻纂修：嘉靖《宁波府志》卷一《沿革》，《明代宁波府志》（一），日本藏本影印，第 93—94 页。

"武德四年改句章为鄞州","八年废鄞州仍名鄮县,治小溪如故"[①]。也认为句章、鄞州、鄮县设治小溪。正文后又注有:"《乾道图经》云'于县置明州',《至正续志》'开元中为明州,而鄮为附郭',皆主治小溪。"[②]主观臆断地认为,《乾道志》《延祐志》主张"明州治在小溪"。

清代前期志书部分地延续了《嘉靖志》和《敬止录》的看法。据康熙《宁波府志》(以下简称《康熙志》)卷一《沿革总论》载,"隋文帝开皇九年平陈,并鄞、鄮及余姚三县地入于句章,合为一县",其后注"治仍小溪"[③],开皇九年句章设治小溪。"唐高祖武德初,以旧句章、鄞、鄮三县之地置为鄞州,不设县,其治在今郡城"[④],武德四年鄞州设治三江口。"八年复废鄞州,以其地为鄮县,徙治育王山故鄮城"[⑤],武德八年鄮县还治鄮城。"明皇开元二十六年,从采访使齐澣奏,析鄮县之地为鄮、慈溪、奉化、翁山四县,别置明州,治故句章小溪镇",开元二十六年明州设治小溪。大历六年,鄮县县治又从鄮山移至三江口。长庆元年,明州州治从小溪移至三江口[⑥]。至此,明州、鄮县同城,鄮县始为附郭。据以上所载,隋开皇九年至唐长庆元年,宁波地区的建置历程及其治所变迁大致为:句章(小溪)—鄞州(三江口)—鄮县(鄮山,大历六年移至三江口)—明州(小溪,长庆元年移至三江口)。与《嘉靖志》相比,这是一种较为折中的说法。由于其明确指出明州设治小溪,也是"州治小溪说"的滥觞。

清代中后期志书基本继承了《康熙志》"州治小溪说"的观点,但对"武德四年鄞州(含鄞、句章、鄮三地)治所地望"和"武德八年鄮县(含鄮、句

① 正文后注有:"或言废鄞州仍名鄮县时,还治贸山故治。若仍在小溪,何不因旧名勾章?向所取于鄮而改名鄮乎?且后即置明州,而袁晁之乱,县若在小溪为附郭,则何不并徙州治,岂附郭之县被乱而州不被乱乎?则此时鄮县仍反治贸山之下明矣。此一说也。"对"废鄞州为鄮县时仍治小溪"持不同意见,认为其时县治迁还鄮山。

② (清)高宇泰:《敬止录》卷一《沿革考》,《敬止录》(一),宁波出版社,2015年,烟屿楼校本影印,第14—15页。

③《康熙志》卷一《沿革总论》载:"至(晋)安帝时,孙恩乱海上,句章为其残破,由是改筑小溪镇。"其后注有:"今小溪乡名句章因此。"所以此处为"治仍小溪"。

④ 其后注有:"即刘牢之三江口所筑处,宝庆、成化、简要诸志皆云然,惟《嘉靖志》谓在小溪镇。"指明鄞州设治三江口。

⑤《雍正志》记载内容与此一致,只是正文后注有:"旧志或云即在三江口,误。观后袁晁乱时移治可见。"该志认为,如果此时设治三江口,就与大历六年县治由鄮城迁至三江口的内容自相矛盾。

⑥ (清)李廷机纂修:康熙《宁波府志》卷一《沿革总论》,《清代宁波府志》(一),宁波出版社,2014年,国家图书馆藏本影印,第120—122页。

章、鄞三地)还治鄮城"持有异议。据乾隆《鄞县志》卷一《建置沿革》所载:"唐武德四年析故句章县置鄞州,八年州废更置鄮县,隶越州。"其后注有:"又案唐初鄞州,新旧史及《寰宇记》皆不言其治所,《嘉靖志》谓在小溪,李、曹二志谓在三江口,即今府城外地,晋刘牢之所筑,未审谁是。至武德八年,废州为鄮县,县治仍当在小溪。考《元和郡县志》云'鄮县,隋省入句章,武德八年再置,仍移理句章城',句章城即小溪城也,然则唐初之鄮县与汉之鄮县名同而实异。李志云'徙治育王山故鄮城',特以意度之,不若《元和志》之可据。"[①]虽然,该志对武德四年鄞州设治三江口还是小溪持疑不定,但对武德八年鄮县还治鄮城的观点则坚决予以驳斥,断定其治仍在小溪。并援引《元和郡县志》言"明州管县四而鄮为郭下县",又云"句章故城在今州西一里",进而断言(开元二十六年)州县治皆在小溪。光绪《鄞县志》则确定武德四年鄞州设治三江口[②],与《康熙志》和《雍正志》观点一致,摒弃乾隆《鄞县志》模棱两可的骑墙之态。该志在乾隆《鄞县志》的基础上,进一步论证武德八年鄮县设治小溪,而否认《宝庆志》"治在三江口"和《康熙志》等"还治鄮山"的看法[③]。

民国时期编纂的《鄞县通志》说法与光绪《鄞县志》基本一致,也是旧志

---

① (清)钱大昕纂:乾隆《鄞县志》卷一《建置沿革》,《续修四库全书》,乾隆戊申年刊本影印,第 25 页。

② 据光绪《鄞县志》卷一《建置表·附考》载:"案曰鄞州之治当在三江口,《新唐书·地理志》'析故句章县置鄞州',言析者未必置于故治也,又云'鄞州废,更置鄮县',言更置者未必仍州治也。《元和志》云'鄮县,隋省入句章,武德八年再置,仍移理句章城',是由三江移小溪也。果如《嘉靖志》之言,鄞州本治小溪,何所谓移理乎?《乾道图经》'代宗大历六年鄮移治鄞,鄞东取鄮城财三十里',其所谓鄞者,武德之鄞州也(其后注:《成化志》亦云'鄮移治鄞,即武德四年所置鄞州,今宁波府是')。鄮城即汉县,在阿育王山西、鄮山东者,今府治去彼亦三十里。《宝庆志》'鄞州治今府治',不误;而谓'武德之鄮即治鄞州',反以大历移治一事疑旧志失考,则谬矣。"援引《新唐书》《乾道图经》《成化志》等,认为鄞州治在三江口,而非《嘉靖志》所言的小溪。

③ 据光绪《鄞县志》卷一《建置表·附考》载:"案曰《新书·地理志》'鄮县南二里有小江湖',《宝庆志》谓即日湖,遂以唐初鄮治属诸今城。王厚斋据《九域志》辨小江湖为它山堰,斥旧志之牵合,而《成化志》犹袭《宝庆》之误。果如所言,鄮治原在江口,何至大历而始移也。李志以为唐初鄮县还治鄮山(其后注:朱志亦云复鄮山治),乃云小溪为句章旧城,县即治此,何不称句章而称鄮?则汉初会稽实治吴门,何不称吴郡而称会稽?此等建置,古人一时之权宜,岂能考其意旨?李志之言亦迂而不达矣。《敬止录》引或说谓袁晁之乱县,即附郭,何不并徙州治,岂附郭之县被乱而州不被乱乎?亦疑县治当在鄮山,至是始移江口。但以《唐书》考之,大历辛亥袁晁之平已久,此时移城始仿晋季筑城之故智,控扼冲要,多为之备,故州县分建两城以壮形势,何必并州而移之。其后长庆移州于县,县即移治于州,犹此意也。旧志承讹袭谬,皆谓鄮尚未复,绝非事实,当以钱志为据。若《嘉靖志》既云句章治小溪,鄮治同,及移治之时又云原在鄮山,是尤骑墙之说矣。"该志通过引经据典,细致考证,认定武德四年鄮县治在小溪。

中"州治小溪说"的集大成者,它系统梳理了隋代至唐末州治及鄮县治的变迁。据民国《鄞县通县》第一册《舆地志·历代建置沿革考》所载:"隋省鄞鄮入句章,仍治小溪,故今小溪镇有句章乡名也。唐初之鄞州治三江口,为今城建州时。旋改鄮县,还治小溪。开元建明州于小溪,析置奉化、慈溪、翁山三县并鄮为四,而鄮为附郭。大历移鄮治三江口,州县分二城。长庆移州于鄮治,鄮却还小溪。其后复为附郭,当在五代时州县合治而鄮亦改鄞。"①隋时句章(含句章、余姚、鄞、鄮四地)治小溪,武德四年鄞州(含鄞、句章、鄮三地)治三江口,武德八年鄮县(含鄮、句章、鄞三地)还治小溪,开元时明州设治小溪,与鄮县同郭。大历时鄮县移治三江口,明州仍治小溪。长庆初明州移治三江口,鄮还治小溪。唐末五代时,鄮治迁回三江口,州县同城,鄮县复为附郭。乾隆《鄞县志》、咸丰《鄞县志》、光绪《鄞县志》和民国《鄞县通志》均持"州治小溪说",而对相关内容进一步"辨讹纠谬",考证愈加繁复细密。"州治小溪说"对后世影响深远,直至现代编纂的志书仍认为,开元二十六年于越州鄮县别置明州,明州、鄮县同治于小溪②。

其实,持"州治小溪说"的志书自身对此看法也存有疑问。按《嘉靖志》等志书的说法,如果州治在小溪,长庆元年州治与县治互置,那么州治移至三江口,而县治移至小溪,州、县分城,鄮县仍不为附郭,与"而郡之治始定,鄮之附郭亦始此"自相矛盾。高宇泰的《敬止录》对此便提出疑问。据《敬止录》所载:"《唐会要》及《移城记》云'以州旧城近南高处置县',《乾道图经》云'请移郡于鄮县置,其元郡城近南高处却安县,从之'。岂将州治别立县,后不果耶?"③如果州治从小溪移至三江口,在旧城近南高处置县,就是在小溪另立县治,那么与后来鄮县(后改鄞县)为附郭,州、县同城的历史事实不符。按照高的说法,长庆元年明州由小溪移治三江口,而鄮县可能并未移治小溪,仍在三江口。又据清代乾隆《鄞县志》所载:"又案长庆初移明州于鄮县,以州旧城近南置县,则州与县各治一城矣,此云州理鄞县,则宋初鄞已为倚郭,未详何时移,并前志亦未之及,大约唐季所移也。"④也提出

---

① 陈训正总纂:民国《鄞县通志》第一册《舆地志》甲编《建置沿革·附历代建置沿革考》,第10页。

② 俞福海主编:《宁波市志》(上),中华书局,1995年,第4—5页。

③ (清)高宇泰:《敬止录》卷一《沿革考》,《敬止录》(一),烟屿楼校本影印,第16页。

④ (清)钱大昕纂:乾隆《鄞县志》卷一《建置沿革》,《续修四库全书》,乾隆戊申年刊本影印,第26页。

类似疑问,因为明、鄮互置,州与县各治一城,明显与之后的历史事实不符,所以该志又自圆其说,认为长庆元年,确实发生州、县互置,只不过大约在唐末鄮县治又从小溪重新迁回三江口①。总之,“州治小溪说”前后自相矛盾,是明清时期志书编者传抄附会、妄加臆断的结果,且被现代考古发掘所否定②。现代考古发掘发现,小溪(即今鄞江镇)不仅没有任何城址迹象发现,甚至连宋元时期的文化堆积都十分罕见,而且也缺乏单纯的唐代及其以前的文化堆积,基本排除历史上这里曾经建有县级以上治所的可能。

结　语

综上所述,各时期志书由“州治地望所在”这一命题而引起的争论主要有以下几点:1. 句章故城是在城山渡还是在小溪;2. 武德四年鄞州(含鄞、句章、鄮三地)是设治三江口还是小溪;3. 武德八年鄮县(含鄮、句章、鄞三地)是设治三江口,还是小溪,或是还治鄮山;4. 开元二十六年明州是设治三江口,还是小溪;5. 大历六年鄮县县治是从鄮山迁往三江口,还是从小溪迁往三江口,或是本来就在三江口;6. 长庆元年明州是从小溪迁往三江口,还是本来就在三江口。对于这些问题,虽然各时期志书看法不一,但归类

① 咸丰《鄞县志》《凡例》载:“汉时鄮城在今县东三十里,所谓鄮山城也。(鄮县)废于隋而复立于唐,其治在小溪,李志谓徙治故鄮城者,误也。大历中移县于三江口,而郡与县分,长庆初移州治于县治,于是郡治始定,鄮永为附郭矣。曹志不误,钱志谓鄮县之附郭在唐季,则臆揣也,兹特考正之。”否定了唐末鄮县始为附郭的观点。而据光绪《鄞县志》卷一《建置表・附考》载:“案曰长庆移州始为今府治之始,然于县置州,即于州置县,州、县分两城也。《乾道图经》云‘移否莫得而知’,本是臆说。《宝庆》《延祐志》并不言鄮在此时为明附郭。《至正志》则鄮为附郭在开元中,而长庆之分合绝无一语,皆以《唐会要》为可据也。《嘉靖志》乃谓鄮之附郭始于此时,朱志、闻志、李志、曹志并从之。虽《敬止录》亦袭其说,而疑当时移县之不果。夫一代之制,在朝廷则见诸会要,在本郡亦明有《移城记》而从,易世之后,悬断其未移,岂可征信?钱志不从近志之说,实为有见,而周志务反之,可谓固矣!”则又倾向于乾隆《鄞县志》的说法。民国《鄞县通志》也持唐末五代鄮复为附郭的看法。

② 据《南方文物》2015 年第 4 期《浙江省宁波鄞江考古的主要收获与初步认识》一文载:2011—2015 年间,宁波市的考古人员对鄞江镇一带实施长达四年的考古调查、勘探、(试)发掘和航空遥感、地球物理探测工作,合计调查勘探面积达 1 360 万平方米、(试)发掘面积达 1 120 平方米,基本覆盖了鄞江镇区及其周边区域。调查与勘探情况显示,鄞江镇周边山地虽有唐代以前的墓葬发现,但数量并不丰富,规格也相对较低。试掘与发掘情况显示,在高尚宅、悬磁村地块及相关遗迹,缺乏单纯的唐代及其以前的文化堆积。这一考古结果,基本排除了历史上这里曾经建有县级以上治所的可能。

起来主要分两种,即州治三江口说和州治小溪说,而这两种说法又衍生出“明州是否移治”“鄮县何时为附郭”①等问题。

依据志书内容和其他资料的证明及逻辑推理,笔者认为,隋时设立的句章(含句章、余姚、鄞、鄮四地)、武德四年设立的鄞州、武德八年设立的鄮县和开元二十六年设的明州治所均位于现今的三江口。鄮县原设治鄮城,在废鄞州为鄮时,县治便移至三江口。开元二十六年,明州设立后,鄮县与明州同城,鄮为附郭,而非长庆元年始为附郭。所以在唐代明州从未发生过迁城,只是在长庆元年将州治与县治互置。而这一观点也得到现代考古发掘的证实。宁波考古学者王结华认为,东晋末年迁移后的句章治(包括隋代开皇九年即589年并句章、鄞、鄮、余姚四县为一县的句章县治)和唐代武德四年设立的鄞州治、武德八年设立的鄮县治、开元二十六年设立的明州治,都在今天的宁波城区三江口一带②。其实,在《宝庆志》中完整地记录了在三江口设州、县治的历程,据该志卷十二《叙县·沿革论》所载:“隋开皇九年,并鄞、鄮入句章县;唐武德四年,废句章县析置鄞州;八年,废鄞州为鄮县,隶越州……当时县治乃今州治(即三江口),非古鄮治矣;开元二十六年,即鄮县置明州,鄮为附郭县;长庆元年,刺史韩察请于朝,以县治为州治,而于旧州城近南高处置县。”③

(作者单位:宁波市史志研究中心)

① 据各时期志书的记载,有开元二十六年即为附郭、长庆元年始为附郭、唐末始为附郭三种结论。
② 王结华:《关于宁波古代城市发展中的“小溪”问题》,载《东南文化》2021年第4期,第99页。
③ (宋)罗濬等撰:宝庆《四明志》卷十二《叙县·沿革论》,《宋元四明六志》(三),咸丰甲寅年(1854)烟屿楼刊本影印,第610页。

晚清时期“闭关锁国论”的维新话语建构及其影响*

杨长红　王兴锋

内容提要　明清时期实行闭关锁国的说法（简称“闭关锁国论”）源自16—17世纪的西方在华传教士和商人群体。晚清时期，王韬最早接受了这一说法，将其作为变法的理论依据，旨在说明中国不能再以闭关自守的态度应对千年未有之大变局，亟须早日学习西方变法图强。其他维新派代表人物亦基本沿袭了王韬对“闭关锁国论”的运用模式，充分彰显着宣传维新思想的政治内涵。作为西方列强侵华舆论先锋的“闭关锁国论”，在鸦片战争后成为维新派阐述变法思想的重要话语依据，一定程度上推动了维新思想的传播和戊戌变法的出台，深化了晚清中国知识分子的近代化意识。随着时代的发展，“闭关锁国论”严重束缚近现代中国人历史记忆的消极影响逐渐凸显，体现了西方话语在近现代中国思想观念层面的殖民性质。

关键词　闭关锁国　维新派　王韬　变法自强

人们用以表达“闭关锁国论”的词汇较多，如“闭关自守”“闭关主义”“闭关政策”“锁国主义”等，因“闭关锁国”一词最具代表性，故笔者以“闭关锁国论”形容之。目前所见“闭关锁国”一词最早出现于19世纪末20世

* 本文系贵州省2024年研究生教育教学改革项目“硕士研究生科研能力提升与《论文写作》课程建设研究”（项目编号：2024YJSJGXM037）阶段性成果。

纪初[①],在此之前,“明清中国排斥或限制外来宗教、对外贸易和对外交往”的说法早已存在,因此我们追溯“闭关锁国论”这一观念的渊源时不应被“闭关锁国”一词本身所局限。根据这一方法,笔者认为“闭关锁国论”最早源自16—17世纪的欧洲在华传教士和商人群体,鸦片战争后开始被近代中国人认知和接受[②]。

学界关于近代中国人认知和接受“闭关锁国论”方面的研究成果较少,且主要运用概念史的方法,以“闭关锁国”一词的出现作为近代中国人认知和接受“闭关锁国论”的依据[③]。从观念史视角来看,在19世纪末20世纪初以前,近代中国人便已接触到西方世界的“闭关锁国论”观念,并借用古代中国文献中的词汇对其进行概括和表述。因此,关于近代中国人认知和接受“闭关锁国论”的研究同样不能局限于“闭关锁国”词汇本身,而应以观念史的方法进行观念溯源,故该课题有进一步研究的必要性。本文旨在考证晚清知识分子接受和宣传“闭关锁国论”的基本情况,并分析这一宣传活动背后的政治动因及影响。

一、王韬对“闭关锁国论”的最早接受与运用

19世纪60年代,在洋务运动的影响下,各界人士纷纷通过多种途径获取西方信息。信息获取者往往选择有利于其价值思维的内容,致使信息在传输过程中发生一定程度的变化,进而被信息接收者所认知,达到宣扬价值思维的目的。维新派对“闭关锁国论”的认知与利用,即体现了这种西方信息传输方式的特征。

目前所见最早接受“闭关锁国论”的是早期维新派人士王韬。同治三年(1864),黄胜面对江苏巡抚李鸿章赴沪任职的邀请,请王韬作《代上苏抚

① “闭关锁国”一词是近代中日词汇嫁接的产物,由古代中国“闭关”一词和日本“锁国”一词相结合而成。1896—1902年,严复翻译的亚当·斯密《原富》一书最早出现了“闭关锁国”一词。

② 王兴锋、杨长红:《“明清闭关锁国”说渊源问题新探——基于晚明在华传教士中国封闭形象的历史考察》,《中华文化论坛》2024年第5期。

③ 相关研究成果参阅中国历史研究院课题组:《明清时期“闭关锁国”问题新探》,《历史研究》2022年第3期;周文、冯文韬:《贸易顺差、闭关锁国与西方话语批判——基于鸦片战争的经济学再审视》,《上海经济研究》2023年第2期。

李宫保书》以婉拒。此书虽为代笔,但体现了王韬的政治思想。他在分析时局时指出,面对西方列强的侵略,清朝不能再以闭关自守应付,"虞西人之为害,而遽作深闭固拒之计"是为见噎废食之举。惟有群起学习和效仿西方国家的"智力才能"和"奇技良法",方能实现中国自强之目标①。因此,王韬认为中国自强的障碍不在于欧洲列强的入侵,而在于中国自身的闭关自守,呼吁放弃闭关自守的对外姿态,努力学习西方的先进技术以实现救亡图强的目的。

"深闭固拒"又作"深闭固距",出自《汉书 · 楚元王传》:"今则不然,深闭固距,而不肯试,猥以不诵绝之,欲以杜塞余道,绝灭微学。"②其意指学问上闭目塞听,拒绝接受他人意见。王韬借用该词延伸至国家外交层面,意为中国以自我封闭的方式,抵制与西方列强的接触,这与明清之际西方在华传教士和商人群体的"闭关锁国论"内涵是一致的,即同样认为中国是一个自我封闭和抵制对外交往的国家。此后文献中的"深闭固拒"一词沿袭了这一内涵,如王韬在《睦邻》中指出:"时至今日,泰西通商中土之局,将与地球相始终矣。至此时而尤作深闭固拒之计,是直妄人也而已,误天下苍生者必若辈。"③声明面对中西相通的新时代,坚持闭关自守是一种误国误民的外交态度。同样是早期维新派代表人物的薛福成亦曾以"深闭固拒"一词形容"闭关锁国论"。光绪元年(1875),他在代李鸿章致郜荻舟的信中也提到,"泰西诸多航海东来,实为数千年未有之创局,其势断不能深闭固拒",呼吁"中外上下,勠力同心"④,破除深闭固拒的旧习,大力学习西方的先进知识。综观王韬和薛福成运用"深闭固拒"一词的语境,可知晚清知识分子最初是以"深闭固拒"一词形容"闭关锁国论"的,至民国时期仍有不少知识分子以该词形容明清时期中国的对外态度。

晚清知识分子形容"闭关锁国论"的词汇不止"深闭固拒"。19 世纪 70 年代后,古代文献中"闭关"和"闭关自守"等逐渐成为形容"闭关锁国论"的主要词汇,这一开创之功亦属王韬。

---

① (清)王韬:《代上苏抚李宫保书》,《弢园尺牍》,中华书局,1959 年,第 80 页。
② (东汉)班固:《汉书》卷三六《楚元王传》,中华书局,1962 年,第 1970—1971 页。
③ (清)王韬:《睦邻》,《弢园文录外编》,上海书店,2002 年,第 23 页。
④ (清)薛福成:《代李伯相复郜荻舟观察书》,丁凤麟、王欣之编:《薛福成选集》,上海人民出版社,1987 年,第 88 页。

“闭关”一词出自《周易·复》:“先王以至日闭关,商旅不行,后不省方。”[①]指关闭塞门,不与交通。纵观古代文献中“闭关”“闭关自守”等词的内涵,均不具备现代意义上“闭关锁国”的含义[②]。同治十三年(1874),王韬、黄胜和伍廷芳等人在香港创办《循环日报》,鼓吹变法自强。次年,王韬在该报发表《变法自强》三篇,援引“闭关锁国论”作为变法主张的理论依据。他在上篇指出,“当今之时,处今之势,固非闭关自大时也”,面对西方列强的压迫,变法自强已成为时事所需,拘守成法、因循苟且、不知变迁,“则中国当自承其弊”。推行政治改革是当务之急,是“强中以驭外之法也”。王韬进而提出自己的改革主张,认为今日之当变者有四:取士、练兵、学校、律例[③]。王韬下篇同样指出,“我中朝素严海禁,闭关自守,不勤远略”,自鸦片战争以来,时异势殊,今昔不同,“固不可不思变通之道”,并大力批判守旧派抵制学习西方的观点[④]。王韬将“闭关”“闭关自守”等词汇应用于国家外交层面,形容古代中国自我封闭、隔绝对外交往的外交态度,这与近代西方“闭关锁国论”的核心内涵是一致的。由于“闭关”“闭关自守”等词在古代文献中出现次数频繁,且作为国家外交概念的历史由来已久[⑤],为近代中国知识分子所青睐,遂逐渐取代“深闭固拒”成为后世阐述“闭关锁国论”的常用词汇。

需要说明的是,王韬的“闭关锁国论”与鸦片战争前夕西方在华商人群体的“闭关锁国论”存在根本上的区别。后者的“闭关锁国论”在本质上是一种鼓吹武力侵华的舆论[⑥]。王韬在接受这一观念后,将其改造为指责传统中国因循守旧、呼吁清政府推行改革的舆论工具。自此,“闭关锁国论”摆脱了西方武力侵华舆论宣传工具的符号象征,转变为王韬维新思想的理论依据。

---

① (魏)王弼撰,楼宇烈校:《周易注校释》,中华书局,2012年,第92页。

② 中国历史研究院课题组:《明清时期“闭关锁国”问题新探》,《历史研究》2022年03期,第10页。

③ (清)王韬:《变法自强上》,《弢园文录外编》,第29页。

④ (清)王韬:《变法自强下》,《弢园文录外编》,第32—34页。

⑤ 古代史籍中“闭关”一词在外交上的运用主要指中原王朝对边疆民族政权或国外政权实行闭关绝市、不与通商的经济政策。表面上看,与“闭关锁国论”较为相似,但实际上二者存在巨大差异:古代语境下的“闭关绝市”是一项临时对外措施,具有短暂性、非系统性和非排外性,体现了朝贡体系下古代中原政权的对外关系;现代语境下的“闭关锁国”是一项国家对外政策,具有稳定性、系统性和排外性,体现了国际法体系下的国家外交关系。

⑥ 严中平:《科学研究方法十讲》,人民出版社,1986年,第173—175页。

王韬的“闭关锁国论”疑是受欧洲之影响,这与甲午战前传入中国的新思想主要源自欧洲的时代背景有关。“闭关锁国论”最早源自晚明时期的欧洲在华传教士和商人群体,约 17 世纪传入欧洲,19 世纪在欧洲广泛传播①。王氏早年时曾受到麦都思(Walter Henry Medhurst)、慕威廉(William)和艾约瑟(Joseph Edkins)等传教士的影响,后来逃难香港时结交英国汉学家理雅各(James Legge)。同治六年(1867),王韬赴欧洲游历,拜访儒莲(Stanislas Aignan Julien)等欧洲学者。广泛的传教士朋友圈和丰富的旅欧经历使王韬深受西方思想文化的影响,彼时流行于欧洲的“闭关锁国论”为王韬所认知并接受。正如后来王韬在《传教上》所说:“近来中廷一切措置,时为西人所借口,谓中国惟欲闭关自守,不喜与诸国通往来。”②日本亦是近代西方思想传入中国的重要途径。受欧人影响,明治维新后的日本也认为中国是一个闭关自守的国家。王韬首次赴日是在光绪五年(1879),其最早阐述“闭关锁国论”的时间则是同治三年(1864),此时王氏思想中并无日本因素。因此,王韬的“闭关锁国论”非承自日本,而是欧洲。

外来思想的认知与接受是一个双向的过程,与欧洲社会的广泛接触是王韬认知“闭关锁国论”的前提条件,根植于王氏内心深处的爱国思想则是他接受“闭关锁国论”的根本。早年的王韬曾立下壮志:“他日当为天下画奇计,成不世功。”③历经两次鸦片战争的清王朝内忧外患,以魏源和林则徐为代表的开明之士主张取法西方以图自强。在此时代思潮的引领下,素怀“立不世功勋”之志的王韬对于观察西方不再满足于浅层次的感官刺激,而是深入考察西方国家飞速发展的原因,寻求医治中国的良药。旅欧期间,王韬注意到世界已经步入万国通商的时代,中国仍相对保持着自我孤立的姿态,以天朝上国自居,骄傲自大,于外界变迁大势懵然无知,遂逐渐落后于世界发展潮流。基于此,流传于欧洲的“闭关锁国论”开始被王韬所接受并重塑,作为其变法思想的理论依据,旨在说明传统中国因循守旧、封闭隔绝的弊政是造成今日落后挨打局面的重要原因,面临千年未有之大变局,中国要积极主动学习西方先进的科学技术,以作自强之道。

---

① 王兴锋、杨长红:《“明清闭关锁国”说渊源问题新探——基于晚明在华传教士中国封闭形象的历史考察》,《中华文化论坛》2024 年第 5 期。

② (清)王韬:《传教上》,《弢园文录外编》,第 53 页。

③ (清)王韬:《天南遁叟》卷一《遁窟谰言》,上海申报馆,1875 年,第 1 页。

二、“闭关锁国论”与早期维新思想的初步结合

“闭关锁国论”经王韬传入中国后，为部分晚清知识分子所接受。同治十二年（1873），周馥在考察鲁豫河务后，上呈《代李文忠拟筹议黄运两河折》，指出“当今沿海数千里洋舶骈集，为千古以来创局，已不能闭关自治”，提出重视海防的主张[①]；光绪五年（1879），李鸿章与朝鲜相国李裕元谈话时指出，面对当下变局，不能再以“闭关自守”的传统政策应对[②]。可见，部分晚清知识分子对“闭关锁国论”的运用基本承袭了王韬的模式。这一特征在早期维新派群体中表现得更为明显，其中又以薛福成和郑观应最具代表性。

光绪元年（1875），薛福成入李鸿章幕府，成为洋务运动的得力助手。当时，淮军将领鲍超致信李鸿章，表达学习西方工商业的想法。薛福成代李鸿章回信，肯定鲍超学习西方的主张，认为中西“终古不相交涉，势恐万万不能”，“刻下中外情形，殆已不胜闭关独治”之时。因此，薛福成主张大力学习西方的工业技术，制造轮船、火器等，“今诚中外上下，勠力同心，于储才、裕饷、选将、练兵、制器、造船之道，一一讲求”[③]。他坚信凭借中国广大的人力物力，只要认真学习西方的先进科技，便可实现“甲于地球诸国”的梦想。

光绪四年（1878），薛福成通过对洋务运动的全面考察，撰成《筹洋刍议》十四篇，全面阐述筹办洋务的主张。薛氏认为，闭关自守并非传统中国所特有，而是各国在发展之初必须经历的阶段：“夫商务未兴之时，各国闭关而治，享其地利而有余。”但如今欧洲诸国竞相以通商强国，中国亦当放弃闭关时代的态度，致力于商务竞争，从而摆脱受制局面[④]。除发展商务外，尚需要学习西方的“器数之学”，今日泰西诸国“勃兴海外”的重要原因

① （清）周馥：《代李文忠拟筹议黄运两河折》，吴汝纶编：《李文忠奏稿》卷二十二，光绪三十一至三十四年刻本。

② （清）李鸿章：《三答朝鲜相国李裕元书》，《李文忠遗集》卷五，光绪三十年刻合肥李氏三世遗集本。

③ （清）薛福成：《代李伯相复鲍爵军门书》，《薛福成选集》，第 87 页。

④ （清）薛福成：《筹洋刍议》，《薛福成选集》，第 541—543 页。

之一在于重视“器数之学”。面对时势的变化,治国之道亦应当有所变革,积极学习西方先进文化,“世变无穷,则圣人御变之道,亦与之无穷”,虽尧舜在世,“终不能闭关独治”,必取西人器数之学,以卫尧舜之道。变革未必就是违背祖宗之法,更有可能是遵循祖宗的意愿①。薛福成通过援引尧舜之道,猛烈地批判了守旧派关于闭关自守的主张。

光绪十五年(1889),薛福成出任驻英、法、意、比四国公使。在欧期间,薛福成细致考察了西方工业社会的成功经验,提出一系列针对中国发展资本主义工商业的措施。次年,薛福成发表《英吉利用商务辟荒地说》,认为闭关自守已经不适应今日万国相通之世,西人“恃商为创国、造家、开物、成务之命脉”,圣人先贤若复生其时,必置商务为急图②。同年,薛福成在《出使日记》中同样表达此观点③,再次强调发展商业对于救亡图强的重要性,呼吁与欧洲诸国展开商战,在商业领域先发制人。

光绪十八年(1892),薛福成在《用机器殖财养民说》中指出机器工业的优势,西洋各国“工艺日精,制造日宏,其术在使人获质良价廉之益,而自享货流财聚之效”,此乃西方国家“恃机器为之用”的缘故。但中国仍固守闭关时代的成见,轻用机器,“自是中国之货,非但不能售于各国,并不能售于本国;自是中国之民,非但不能成货以与西人争利,且争购彼货以自供其用,而厚殖西人之利”,最终造成商务日衰、民生日困、国势日蹙的状况④。对此,薛福成呼吁学习西方制造机器之法,作为中国救亡自强之用。

薛福成的“闭关锁国论”有一个明显的变化过程。光绪十五年(1889)出任驻欧公使前,受洋务运动思潮的影响,薛福成借助“闭关锁国论”表达“数千年未有之创局,其势断不能闭关自守”的政治主张,呼吁早日实行变法,这与王韬的“闭关锁国论”内涵是一致的;光绪十五年,薛福成出任驻欧公使,在详细考察西方工业社会的基础上提出“商战”思想,“闭关锁国论”也成为这一思想的理论依据之一。他多次指明商业发展与国家兴衰之间的密切关系,闭关自守的中国因商务衰败而国势颓废,重视商业的西方因商务发达而国势渐强。因此,中国欲实现救亡图强必先学习西方发展商业。

---

①(清)薛福成:《筹洋刍议》,《薛福成选集》,第556—557页。

②(清)薛福成:《英吉利用商务辟荒地说》,《薛福成选集》,第297页。

③(清)薛福成:《出使日记》,《薛福成选集》,第630—631页。

④(清)薛福成:《用机器殖财养民说》,《薛福成选集》,第420—421页。

光绪二十年(1894),郑观应出版《盛世危言》,以作警示世人、呼吁变法之用。全书以“富强救国”为主题,提出一系列关于政治、经济、文化、教育、军事和外交等方面的改革方案。其中,郑观应多次引用“闭关锁国论”作为改革思想的理论依据。

与薛福成一样,郑观应也认为闭关自守并非传统中国所特有,而是世界各国发展进程中的初始阶段:“上古风气未开,各国闭关自守。”如罗马“每见外来之人视若眼中之刺,以为外邦之人非窥伺国家,即来牟利,于是多方嫉妒,必下逐客之令而后快”,英国亦“仇视外人,不令留踪境内”。但随着时代的发展,各国逐渐摆脱闭关自守的状态①。然我国自秦代以来,始终保持着闭关自守的状态,“与欧洲昔日情形无异”②。因此,郑观应呼吁,面对当今局势的变迁,中国“不能闭关自守”③,“当穷极思变,仿欧洲诸国,顺民情、设议院、除旧弊、行新政,转弱为强”④。他进而提出“计惟重爵禄以抑贪婪,减额兵以练陆勇,备铁舰以壮水军,建铁路以维商务,开矿务以裕财源”的改革主张⑤,认为清朝在这些方面悉心学习西方并认真实施,便能转弱为强,转败为胜,与欧洲诸国并驾齐驱。

郑观应认为欧洲诸国崛起的重要原因在于重视商业,如英国勃兴乃“极力讲求商政故也”⑥。因此他主张学习西方大力发展商务,“欲制西人以自强,莫如振兴商务”⑦。郑观应在《圜法》中从货币角度阐述“商务强国”的重要性:中国专以银为币,欧洲则以金为币,“银与金较,则银贱而金贵,银轻而金重”,“夫贱不可以敌贵,轻不可以敌重,人贵我贱,人重我轻,则我为人制”。这种情况在闭关时代尚无大碍,然今日“海禁大开,中、西共此利权”,中国在与欧洲的贸易过程中吃亏极大,“以银为市”的中国必然受到“以金为市”的欧洲之制约。因此,中国应及时放弃闭关时代的货币政策,仿照各国行用金镑。否则一旦发生经济危机,其所带来的灾难较兵戎

---

① (清)郑观应:《入籍》,夏东元编:《郑观应全集》(上册),上海人民出版社,1988 年,第 440—441 页。

② (清)郑观应:《国会说呈咨议局长邓小赤宫保》,夏东元编:《郑观应集》(下册),第 289 页。

③ (清)郑观应:《边防八》,《郑观应集》(上册),第 822 页。

④ (清)郑观应:《国会说呈咨议局长邓小赤宫保》,《郑观应集》(下册),第 289 页。

⑤ (清)郑观应:《边防八》,《郑观应集》(上册),第 819—820 页。

⑥ (清)郑观应:《商务二》,《郑观应集》(上册),第 608 页。

⑦ (清)郑观应:《商务三》,《郑观应集》(上册),第 614 页。

之祸有过之而无不及[①]。发展商业在郑观应思想中的重要性可见一斑。

郑观应"闭关锁国论"的来源是多方面的,最主要是受王韬和薛福成的影响。郑观应与王韬的交谊频繁,《救时揭要》《易言》在成书过程中多受王韬的审阅,尤其是《弢园文录外编》为郑观应接受王韬变法自强思想提供了重要的参考价值,在《盛世危言》的内容方面多有体现[②]。其中,《弢园文录外编》中的《变法自强》三篇、《西人重日轻华》《睦邻》《传道》等,均是王韬阐述"闭关锁国论"的重要文献,无疑对郑观应产生一定的影响;郑观应"闭关锁国论"受薛福成的影响更为直接。从文献方面来看,薛福成的《筹洋刍议》为郑观应写作《盛世危言》提供了重要参考价值,后者多次引用前者作为自身观点的例证[③]。郑观应的"闭关锁国论"最早见载于《盛世危言》,其中的《自强论》篇末则附录了薛福成的《筹洋刍议 · 变法》[④],该篇是薛氏阐述"闭关锁国论"的重要文献之一。从观念方面来看,二者的"闭关锁国论"内容存在诸多相似。如他们均认为世界各国在早期发展阶段都是闭关锁国状态,但随着社会的发展,欧洲各国率先走上商务强国的路径,而中国仍处于自我封闭的原始状态。

三、"闭关锁国论"与康梁变法思想的实践统一

甲午战后,中华民族面临严重的民族危机。早期维新派借助"闭关锁国论"宣扬自身改革思想的做法为康有为和梁启超等人所继承,后者亦频繁引用"闭关锁国论"作为其改革思想的理论依据。与早期维新派以著书形式宣传"闭关锁国论"不同的是,康梁主要借助上书和报刊等形式进行舆论宣传,较前者更加注重实践性。

光绪二十一年(1895)春,即将签订《马关条约》的消息传至北京,瞬时群情激奋,舆论沸腾。时在北京参加会试的康有为召集十八省举人会集,起草上皇帝书,即《上清帝第二书》。康有为在上书中呼吁以变法作为"立

① (清)郑观应:《圜法》,《郑观应集》(上册),第 698—699 页。

② 萧永宏:《王韬与郑观应交往论略——兼及王韬对郑观应思想之影响》,《江苏社会科学》2016 年第 5 期。

③ 丁凤麟:《论郑观应与薛福成思想的"相与呼应"》,《近代中国》2003 年第 0 期。

④ (清)薛福成:《变法论》,《郑观应集》(上册),第 432 页。

国自强之策”,“成天下之治”。其中,他首次引“闭关锁国论”作为理论依据,指出“今地球既辟,轮路四通,外侮交侵”,中国保守闭关已不可行,惟有变法是“立国自强之策”,进而提出制造机器、修筑铁路、发展工业、设立邮局、翻译西书、建立学堂等各项改革措施。康有为在阐述“教育强国”思想时指出,“才智之民多则国强,才智之士少则国弱”,“泰西之所富强,不在炮械军兵,而在穷理劝学”,传统中国百姓知识匮乏,由是国家颓废。因此,康氏指出,当今地球交通四通,中国不宜继续闭关自守,而应讲求“万国所学”,通过教育启发民智以富强中国①。《上清帝第二书》虽未上达皇帝,但产生了广泛的社会影响,康有为的“闭关锁国论”由此传开。同年 5 月 29 日,康有为呈《上清帝第三书》,再次以“闭关锁国论”作为例子重申“教育强国”的重要性,呼吁“求人才而慎左右,通下情而图自强,以雪国耻而保疆域”②。光绪皇帝将这次上书誊抄分送各省督抚,“闭关锁国论”在一定程度上增强了晚清官员的民族国家危机感,加速了维新思想的传播与实践。

光绪二十三年(1897),德国强占胶州湾,民族危机进一步加深。次年 1 月 29 日,康有为通过总理衙门代呈《上清帝第六书》③,呼吁变法强国的紧迫性。康氏指出,中国如今面临着亡国灭种的危机时刻,传统的闭关自守政策已不适用于如今的时势:“以吾闭关之俗,忽当竞长之时,绨绤宜于夏日,雨雪既至,不能不易重裘;车马宜于陆行,大河前横,不能不易舟楫。”强国之策惟有变法一途,“大地百年来守旧诸国,消灭殆尽”,“今思图存,舍变法外,更无它巧,此固万国谋自强者所殊途而一辙”。因此,康有为主张效法日本学习西方推行改革,大誓群臣以革旧维新,采天下之舆论,取万国之良法,征天下之通才④。《上清帝第六书》所述民族国家危机,更加坚定了光绪皇帝的变法决心,其中的变法主张实际上也成为后来戊戌变法的施政纲领,加速了戊戌维新的出台。

---

① (清) 康有为:《上清帝第二书》,姜义华、张荣华编:《康有为全集》(第 2 集),中国人民大学出版社,2007 年,第 41—42 页。

② (清) 康有为:《上清帝第三书》,《康有为全集》(第 2 集),第 74、68 页。

③ 关于《上清帝第六书》的版本存在多种,如《杰士上述汇录》之《外衅危迫分割洊至急宜及时发愤大誓臣工开制度新政局折》、《戊戌奏稿》之《应诏统筹全局折》、《知新报》之《康工部请及时变法折》和《戊戌政变记》之五月初八折。唯前者为真折,后者均为后世改动之文本。参阅李爱军:《“上清帝第六书”的各种版本及其比较》,《理论界》2012 年第 3 期。

④ (清) 康有为:《外衅危迫分割洊至急宜及时发愤大誓臣工开制度新政局折》,《康有为全集》(第 4 集),第 12—14 页。

光绪二十三年(1897),康有为多次上书请求变法图强,并频繁引用“闭关锁国论”作为例子。如四月二十九日,康有为呈《请废八股折帖楷法试士改用策论折》,指出以八股取士已经不适应时代发展的潮流,在“闭关之世,虽未尽足以育才兴学,犹幸以正世道人心焉”,但“今多难之秋,不必敝精于无用”。康氏严厉抨击八股取士在当下的弊端,“中国之割地败兵也,非他为之,而八股致之也”,进而提出废除八股制度的主张①。六月,康有为呈《谢赏编书银两乞预定开国会期并先选才议政许民上书事折》,批判古代中国“政繁事剧,精衰力颓”,对于世界“各国新政,翻译新书,皆未暇讲读,遂至曚然罔知”,此“闭关之旧法,投之今日,若以车度水而以扇御寒也”②。对此,康有为指出,“今我国处竞争之新世,而行闭关之旧法”③,其后果是闭关自守的中国必为欧洲诸国以武力所破④。这些上书进一步助推晚清政府实行政治改革的步伐。

康有为“闭关锁国论”的形成与郑观应存在密切关系。《盛世危言》问世后,诸多政治思想家受其影响,康有为的“商战”理论即是源自《盛世危言》⑤。同时,康有为《上清帝第二书》中有关外国农业的见闻记载亦是袭用自《盛世危言》中的《农功》篇⑥。这表明康有为在呈《上清帝第二书》之前就已读过《盛世危言》,而康氏首次阐述“闭关锁国论”的文献便是《上清帝第二书》。因此,笔者疑康有为“闭关锁国论”的形成是受郑观应影响。

维新派另一主将梁启超也多次公开发文批判中国闭关自守。光绪二十二年(1896),梁启超发表《论不变法之害》,申述闭关守旧的危害性,指明变法改革的重要性和必要性。梁氏指出,秦代以来,时局稳定,匪有大变,故能“闭关画界,永绝外敌,终古为独立之国”,世代仍之,遇有小变稍加整顿,亦足以治天下。但这种“闭关自守”所带来的是“积弱陵夷,日甚一日”,更不足以应付如今“大地既通,万国蒸蒸”的时代。梁启超进一步指出,“法

---

① (清)康有为:《请废八股折帖楷法试士改用策论折》,《戊戌奏稿》,广智书局,1911 年,第 7 页。

② (清)康有为:《谢赏编书银两乞预定开国会期并先选才议政许民上书事折》,《戊戌奏稿》,第 41 页。

③ (清)康有为:《请告天祖誓群臣以变法定国是折》,《戊戌奏稿》,第 1 页。

④ (清)康有为:《请广译日本书派游学折》,《戊戌奏稿》,第 15 页。

⑤ 葛群:《论康有为、孙中山、毛泽东与郑观应在经济思想方面的渊源关系》,《经济研究导刊》2011 年第 36 期。

⑥ 刘泊霖:《康有为〈上清帝第二书〉中对孙中山的一次袭用考证》,《吉林广播电视大学学报》,2020 年第 9 期。

者天下之公器也,变者天下之公理也",特别是当下"大势相迫,非可阏制",变法已成为势所必然。主动变法"可以保国,可以保种,可以保教",被迫变法只会陷入更加危难的时刻。假使康熙、雍正生于今日,其变法力度亦不在彼得大帝和睦仁天皇之下①。因此,梁启超提出以日本为榜样,积极引进西方先进科学技术,不能像埃及、印度和波兰等国家一样,以国家主权或亡国灭种作为变法的代价。

19世纪80年代,中国先进知识分子开始注重从古代中国经典著作中寻找西方思想的渊源,即所谓"凡兹西学,实本东来"。光绪二十三年(1897),梁启超发表《〈史记·货殖列传〉今义》,指出欧洲富强之法在于重视商业。然《管子·轻重篇》《史记·货殖传》早已阐明发展商业的重要性,所论与欧洲国家相符。可惜"后世公理不明,耻尚失所,于是倡为锁港闭关之说,以通商为大变,以开口岸为大蠹",乃以《老子》"至死不相往来"之论为务,涂民耳目。然"今之腐士,犹惴惴以通商开口岸为惧,冀绝外货之入,而止内泉之流,其犹受《老子》涂民耳目之余毒欤"②。因此,梁启超强调,发展商业是救治今日中国之良药。

光绪二十五年(1899),梁启超发表《论中国与欧洲国体异同》,提出一个意味深长的问题:"我国之进化,远在欧洲人二千年以前,而今日欧洲之文明与我相比,不啻霄壤,此其故何哉?"梁氏认为原因在于,欧洲人自近代以来,开始致力于维护自身权益的斗争,遂"有民选代议之政体"。而身处"一统闭关"之世的中国人民,"不知己之失权",伸权之说更无闻,故中国无"民选代议之政体"。梁启超指出,当下"我中国与天下万国为比邻",必须改变闭关时代民权不兴的窘境,以期"中国犹有突飞之日"③。正如他在《爱国论》中所说,"民权兴则国权立,民权灭则国权灭"④,主张通过振兴民权来实现国家的富强。

光绪二十八年(1902),根据"维新吾国,当先维新吾民"的思想,梁启超在日本横滨创办《新民丛报》,以医治中国"民智不开"的病症。同年2月8日,梁启超在该报发表《论国家思想》,引进近代西方民族国家思想,批判传

① (清)梁启超:《论不变法之害》,《时务报》1896年第2期。

② (清)梁启超:《〈史记·货殖列传〉今义》,《时务报》1897年第35期。白圭是战国时期魏国著名商人,计然是春秋时期宋国著名经济学家,梁启超借此二人比喻商业。

③ (清)任公:《论中国与欧洲国体异同》,《清议报》1899年第26期。

④ (清)哀时客:《爱国论一》,《清议报》1899年第6期。

统中国只知天下而不知有国家。梁氏认为这种错误认知是因封闭的地理环境因素而起,是“一时之谬见”。如今全球交通,“闭关一统之势”已破,“其谬亦可自去”①。同日,梁启超发表《近世文明初祖二大家之学说》,批判古代中国闭关锁国,“于世界推移之大势”不知甚解。今日中国已开始融入世界,必须改革闭关时代的弊端:“苟不自新,何以获存?”因此,梁启超主张引进以培根和笛卡尔为代表的近代西方学术“施之今日之中国”②。光绪二十九年(1903),梁启超发表《论尚武》,认为“夫一统之世,则养欲给求而无所与竞,闭关高枕而无所与争,向者之勇力武功,无所复用,其心渐弛,其气渐柔,其骨渐脆,其力渐弱”③,遂导致清朝的武功渐趋废弛,对外战争频频失败。

综上,康梁维新派继续沿袭早期维新派的做法,援引“闭关锁国论”作为自身阐述改革理论的思想依据,旨在说明当下面临千年未有之大变局,中国不能再以闭关时代的政策应对,必须早日学习西方变法自强。与早期维新派不同的是,康有为和梁启超更加注重实践性,通过上书和报刊等形式传播“闭关锁国论”,旨在批判闭关锁国政策的弊端,宣扬积极学习西方的政治主张,致力于推进戊戌变法的政治进程。

四、近代化与话语殖民:作为方法的“闭关锁国论”及其影响

1931 年,英国历史学家巴特菲尔德(Herbert Butterfield)提出“辉格式历史”的概念,即以现代立场研究历史,将历史简单划分为进步与落后的斗争史④。从本质上来说,近代欧洲的“闭关锁国论”是建立在西方中心主义基础上欧洲人对明清中国形象的错误认知,是一种“历史的辉格解释”。晚清知识分子接受“闭关锁国论”并非出于历史事实的判断,而是取决于社会发展的需要,是一种基于国家民族情怀的方法论。事实上,在清政府和部分晚清知识分子心中,“闭关锁国论”的说法是不成立的。

---

① (清)中国之新民:《论国家思想》,《新民丛报》1900 年第 1 期。
② (清)中国之新民:《近世文明初祖二大家之学说》,《新民丛报》1902 年第 1 期。
③ (清)中国之新民:《论尚武》,《新民丛报》1903 年第 29 期。
④ [英]巴特菲尔德著,张岳明、刘北成译:《历史的辉格解释》,商务印书馆,2012 年,第 6 页。

光绪十三年(1887)闰四月,总理衙门举行一场选拔游历使的考试,由曾纪泽拟题主考,主要考察官员关于中国外交和海防等方面的知识,其中的一个题目是“记明代以来与西洋各国交涉大略”,浙江德清人傅云龙①便以该题作文拔得头筹。文章列举了尧舜以来中国对外交往的大量史实,认为中国自古以来始终保持着与外界交流的关系,并非与世隔绝的国家。九月十二日,《申报》将这篇文章全文转载,在当时产生了不小的反响②。总理衙门的自命题和傅云龙的文章反映了清政府和晚清部分知识分子对“闭关锁国论”的否定态度③。

清政府和傅云龙对“闭关锁国论”的质疑与游历使选拔考试的背景和性质密切相关。选拔考试的《出洋游历人员章程》要求考生的文章“长于记载,叙事有条理”④。在此背景下,清政府出题的目的在于考察古代中国外交的客观历史,傅云龙撰文的目的亦在于阐述古代中国对外关系的客观性,其性质是学术的;维新派关于“闭关锁国论”的宣传则具有政治性,是晚清积贫积弱背景下的政治宣传口号,其目的在于推动清政府实行变法改革。因此,清政府和傅云龙的古代中国外交认知与“闭关锁国论”的差异在本质上是学术和政治的差异,表明维新派接受“闭关锁国论”是基于政治因素的考量,是他们对近代西方观念进行有机重塑的结果,接受一个过去的“闭关锁国”负面形象,作为当下国家发展的反面教材,以此催动清政府实行变法改革,换取未来的“洋务强国”新生。经过维新派政治洗礼的“闭关锁国论”,在晚清时期具有了一种方法论意义。不仅发挥了增强世人民族危机感的警示作用,扩散维新思想传播范围的宣传作用,也在一定程度上深化了晚清中国知识分子的近代化意识,推进晚清政治改革事业的总体进程。“闭关锁国论”的历史镜鉴意义不仅体现在晚清时期,民国时期乃至中

① 傅云龙(1840—1901),字懋元,号醒夫,浙江德清钟管镇人。同治七年(1868),任兵部郎中。光绪十三年(1887),奉派出洋考察日本、美国、加拿大、古巴和巴拿马等国,著有《游历日本图经》《游历美利加图经》《游历英属加拿大图经》《游历古巴图经》等。回国后任职北洋机器局、海军衙门和神机营机器局等。

② (清)傅云龙:《记中国自明代以来与西洋交涉大略》,《申报》(上海版)第5220号,1887年10月28日。

③ 1909年,汪荣宝《中国历史教科书》经清朝学部审定后出版,其中便提到传统中国是一个闭关自尊的国家,表明“闭关锁国论”已为清政府承认。然而,推动清政府承认“闭关锁国论”的因素更多在于政治层面,应放置于清政府推行改革以稳定统治的历史背景下进行考量,而非一种历史承认。

④ 傅祖熙、傅训成、傅训淳:《傅云龙传》,浙江古籍出版社,2003年,第101页。

华人民共和国成立以来,作为历史发展反面教材的“闭关锁国论”仍备受关注。

维新派对“闭关锁国论”的方法论改造也带来了消极影响。美国学者阿里夫·德里克(Arif Dirlik)的“自我东方化”理论认为,东方主义[①]的合法性有赖于东方人的参与,是东方人以东方主义视角看待和评价自身的结果[②]。鸦片战争促使晚清知识分子反思自我,以近代西方国家的标准来重新书写中国历史,认为古代中国是一个闭关自守的国家,这一过程在本质上是晚清知识分子“自我东方化”的体现。随着“闭关锁国论”这一西方话语的普及,乃至发展成为国民的历史常识时,真实的传统中国外交关系逐渐被主动忽视,“明清时期对外闭关锁国”成为我们认知明清外交状况的固定认知。因此,“闭关锁国论”不仅严重束缚了中国人对自身历史的认知,使中国历史丧失了表达自身的机会和能力,也进一步为西方话语殖民中国意识形态推波助澜,是西方话语殖民近现代中国的缩影。在全球化深入发展的今天,中国重新步入世界舞台中央,国际话语权逐渐提升,增强历史文化自信成为当下重要任务,破除以“闭关锁国论”为代表的西方殖民话语具有时代必然性。

结　　语

福柯(Michel Foucault)认为,人们普遍接受的知识和话语可能是后世建构的,话语的建构和发展过程始终受到各种权力关系的约束和影响[③]。“闭关锁国论”这一话语的演变背后便隐含着权力关系的影响,这种情况在晚清时期表现得更为明显。王韬在引进“闭关锁国论”这一西方话语的同时,赋予其浓厚的政治内涵,将之作为自己维新思想的理论依据。经王韬改造后的“闭关锁国论”实现了从“侵华舆论”向“自强舆论”的转变,完成

① 美国学者爱德华·萨义德(Edward Wadie Said)的“东方主义”理论认为,东方是被西方建构起来的地理空间和认知对象,是一种以东西方二元对立为前提的思维方式,更是一种西方的权力话语或文化霸权。

② Arif Dirlik. Chinese History and Questions of Orientalism, History and Theory: Studies in the Philosophy of History, vol.35, no.5 , December 1996, pp.99 - 101.

③ [法] 福柯著,董树宝译:《知识考古学》,生活·读书·新知三联书店,2020 年,第 30 页。

了自身本质内涵的重构。后来的维新思想家基本沿袭了王韬运用“闭关锁国论”的模式，将其作为自身政治思想的理论依据，充分彰显了话语与权力关系的交织。作为方法的“闭关锁国论”在一定程度上推动了维新思想的传播以及戊戌变法的出台，也深化了晚清知识分子的近代化意识。随着时代的发展，“闭关锁国论”逐渐束缚近现代中国人自身的历史记忆，本质上是西方话语对近现代中国意识形态的话语殖民。

（作者单位：贵州师范大学历史与政治学院）

江南形象与传播

江南诗路上的松陵和石湖述略

孙汉生

内容提要 江南人文始祖吴太伯三让国，公子季札又逃王位，开启了江南逊让、隐逸文化传统。春秋末期，吴越两国大战于笠泽（松陵），范蠡功成身退，石湖是其隐遁始发地。西晋吴江（松陵）张翰因莼羹鲈脍开启思乡隐逸的诗典，历代吟咏不绝。晚唐皮、陆酬唱而成《松陵集》，立起诗路里程碑。宋代吴江人奉范蠡、张翰、陆龟蒙为三高，立祠纪念。三高祠与松江上的垂虹桥、垂虹亭成为文人、官员的网红打卡点。与松陵相距十几里，有与越来溪相通的石湖，是范成大隐退之地，范成大经营石湖庄园，大植梅花，与文友、同僚诗词吟唱，又招文学青年姜夔留驻，石湖俨然成为文艺创作基地，又立诗路丰碑。三高祠、垂虹桥亭、石湖遗迹，皆堪称纪念碑，其历史精神内涵和审美意蕴，皆在历代诗词中，可供我们进行精神之旅，亦可作为我们进一步规划和营造胜景的文化资源。

关键词 松陵　三高　垂虹桥亭　石湖　范成大　姜夔

中国号称诗国，江南则堪称国中诸侯霸主。而在江南，人们无疑“最忆是杭州”，或者瞩目“春风十里扬州路”；当然，“其次忆吴宫”，少不了“夜半钟声到客船”，“吴王宫里醉西施”的苏州。而于苏州，人们最先想到的一定是“姑苏城外寒山寺”。本文要介绍的，是诗的国中国，苏州另一条诗路景观，此路以范蠡为远引，以张翰为开路先锋，以松陵、石湖为主战场，陆龟蒙、范成大为主帅，皮日休、苏舜钦、张先、苏轼、李纲、张元幹、陆游、杨万里、周必大、辛弃疾、袁说友、张镃为拱卫，姜夔为殿军，构成松陵、石湖诗词场域。其地在今苏州吴江和吴中区，方圆几十里，自上古至南宋中叶的诗路历程，三高祠、垂虹桥、垂虹亭、越来溪、石湖行春桥、范村梅园等景点则是诗路里程碑，足见江南诗路一段景观。笔者作一绝句总括此诗路风光：

太伯奔吴三励高，虹垂笠泽起长桥。石湖赓续松陵道，疏影暗香尘外标。

一、太伯奔吴三励高

江南诗路的历史源头，无疑要追溯到江南人文始祖吴太伯，他三让国而不受，孔子赞曰："泰伯，其可谓至德也已矣！三以天下让，民无得而称焉。"[①]太伯后世公子季札，又逃王位，且曰："洁身清行，仰高履尚，惟仁是处，富贵之于我，如秋风之过耳。"[②]太史公司马迁赞曰："延陵季子之仁心，慕义无穷，见微而知清浊。呜呼，又何其闳览博物君子也！"[③]季札又为江南逊让、隐逸之风，增添了浓墨重彩的一笔。

春秋末期，吴越两国大战于笠泽，吴国兵屯于松江北岸，越军屯于江南。越王追奔攻吴，兵入于江阳松陵。越国灭吴之后，范蠡乃乘扁舟，出三江，入五湖，人莫知其所适[④]。通过战争，吴越两国逐渐融合，范蠡曰："吴越二邦，同气共俗。"[⑤]笠泽古战场，松江两岸，成为后世吴越两地交通的重要驿站，更是江南诗路上的一颗明珠；而范蠡隐遁江湖，则成为最常用典故、绝佳诗料，历代诗人吟咏不绝。

七百多年后，笠泽古战场上又添诗料。吴人张翰仕宦于西晋国都洛阳，认为："天下纷纷，祸难未已。""因见秋风起，乃思吴中菰菜、莼羹、鲈鱼脍，曰：'人生贵适志，何能羁宦数千里，以邀名爵乎？'遂命驾而归。……翰任心自适，不求当世。或谓之曰：'卿乃可纵适一时，独不为身后名邪？'答

① （宋）邢昺疏：《论语注疏》卷八《泰伯》，见《十三经注疏》，中华书局，2009 年，第 54 页。
② 崔冶译注：《吴越春秋·吴王寿梦传》，中华书局，2019 年，第 23 页。
③ （汉）司马迁撰，韩兆琦评注：《史记·吴太伯世家》，岳麓书社，2016 年，第 469 页。
④ 崔冶译注：《吴越春秋·勾践伐吴外传》，中华书局，2019 年，第 270、279 页
⑤ 张仲清译注：《越绝书·越绝外传记范伯》，中华书局，2020 年，第 125 页。

曰:‘使我有身后名,不如即时一杯酒。’”[①]张翰作《思吴江歌》曰:

秋风起兮木叶飞,吴江水兮鲈正肥。三千里兮家未归,恨难禁兮仰天悲。

不仅张翰其人及其行为和精神意志,成为诗料,莼羹、鲈鱼这些食料,也被涂上了绚丽的色彩,色香味俱佳,也成为诗料,在江南诗路,备受青睐。李白《行路难(其三)》:“君不见吴中张翰称达士,秋风忽忆江东行。且乐生前一杯酒,何须身后千载名?”皮日休《西塞山泊渔家》:“雨来莼菜流船滑,春后鲈鱼坠钓肥。”陆龟蒙《润州送人往长洲》:“君住松江多少日,为尝鲈鲙与莼羹。”苏舜钦《望太湖》:“笠泽鲈肥人鲙玉。”陆游《和范待制月夜有感》:“醉思莼菜黏篙滑,馋忆鲈鱼坠钓肥。”辛弃疾《水龙吟·登建康赏心亭》:“休说鲈鱼堪鲙,尽西风,季鹰(张翰)归未?”不胜枚举。范成大《吴郡志》卷二九《土物》载:“鲈鱼生松江,尤宜鲙,洁白松软,又不腥,在诸鱼之上。江与太湖相接,湖中亦有鲈,俗传江鱼四鳃,湖鱼止二鳃,味辄不及。秋初,鱼生湖中,好事者竞买之,或有游松江就鲙之者。”好事者之竞买,不仅仅为鲈鱼之美味,亦为松江之诗味。李白大概也是嘴馋了,动了游吴吃鱼的念头,他说:“张翰黄华句,风流五百年。谁人今继作,夫子世称贤。再动游吴棹,还浮入海船。”[②]

五百多年后,流落江湖的著名诗人、进士皮日休来到苏州,任苏州刺史崔璞幕府从事,吴江甫里的诗人陆龟蒙挟诗来访。皮日休发现,陆龟蒙“其才之变,真天地之气也。……遂以词诱之,果复之不移刻。由是风雨晦冥,蓬蒿翳荟,未尝不以其应而为事,食则辍之而自饫,寝则闻之而必惊”。皮日休在苏州才一年时间,他们密切交往,频繁唱和,各作诗三百多首,接近日均一首,可谓高产。还有刺史崔璞、南阳进士张贲、陇西侍御李縠等八九人也经常宴集,诗文酬唱。陆龟蒙将这些诗编辑成书,请皮日休作序。皮日休将诗集命名为《松陵集》,因为“松江,吴之望也,别名曰松陵”[③]。于是范蠡作战的古战场、隐遁的江湖,张翰为莼羹鲈鲙而思恋归隐的吴江,又竖

① (唐) 房玄龄等撰:《晋书》卷九二《文苑·张翰传》,中华书局,2017年,第2384页。
② (唐) 李白:《金陵送张十一再游东吴》,见(清) 王琦注:《李太白全集》卷之十七,中华书局,1985年,第822页。
③ (唐) 皮日休、(唐) 陆龟蒙撰,王锡九校注:《松陵集校注》,中华书局,2018年,第4页。

起了一诗路里程碑。

其实隐逸并不是隐士们天然的情怀,他们人生之初,本都胸怀天下,力求建功立业。范蠡本不是越人,是为了有所作为,才从楚游吴,再到越国,遇到可以效力的君主;大功告成之后,感觉长颈鸟喙、鹰视狼步的越王勾践不可共安乐,为保全性命才抽身隐遁。张翰本是吴儿,却跑到洛阳做官;因预感八王之乱,才以思乡为借口逃离乱危之境。陆龟蒙深深懂得张翰,诗曰:

张翰深心怕祸机,不缘莼脆与鲈肥。如何徇世浮沉去,可要抛官独自归?风度野烟侵醉帽,雨来秋浪溅吟衣。无人好尚无人责,吟啸低头又掩扉。①

年轻的陆龟蒙也是"所志在功名"②,求仕进的,因科举失败,而拜访皮日休,也是意在求进,甚至编《松陵集》也是行卷的一种方式③。皮日休时将主试贡士,龟蒙寄诗给他,请求推荐自己为乡贡进士:

云似无心水似闲,忽思名在贡书间。烟霞鹿弁聊悬著,邻里渔舠暂解还。文草病来犹满箧,药苗衰后即离山。广寒宫树枝多少,风送高低便可攀。④

皮日休也是有意推荐,有诗《奉和次韵》和答:

十载江南尽是闲,客儿诗句满人间。郡侯闻誉亲邀得,乡老知名不放还。应带瓦花经汴水,更携云实出包山。太微宫里环冈树,无限瑶枝待尔攀。⑤

皮日休说陆龟蒙瑶宫折桂,不在话下,但不知为何,陆龟蒙终未成进

① (唐)陆龟蒙:《松江秋书》,见何锡光校注:《陆龟蒙集》,凤凰出版社,2020年,第856页。
② (唐)陆龟蒙:《别离》,见何锡光校注:《陆龟蒙集》,第298页。
③ 孙桂平:《〈松陵集〉系为行卷而编》,《集美大学学报》2005年第12期,第77页。
④ (唐)陆龟蒙:《秋赋有期因寄袭美》,《松陵集校注》卷八,第1714页。
⑤ (唐)皮日休、(唐)陆龟蒙等撰,王锡九校注:《松陵集校注》卷八,第1714页。

士,也许是因为皮日休官不大,权力不够?也有学者说陆龟蒙因病未能参加乡贡考试①。

尽管陆龟蒙未中进士,但并不妨碍他们宴集、唱和。他们一起垂钓,一起游太湖:"帆楫衣裳尽钓徒,往来踪迹遍三吴。"②江南核心地带太湖流域、三吴大地成为崔璞幕府官吏、文士及外围隐士们共同诗意栖居的天地,江南风物、渔农生活、江湖情怀、仕隐风雅,尽收笔底。

陆龟蒙诗曰:

菰烟芦雪是侬乡,钓线随身好坐忘。徒爱右军遗点画,闲披左氏得膏肓。无因月殿闻移屧,只有风汀去采香。莫问江边渔艇子,玉皇看赐羽衣裳。③

外乡人皮日休爱上了云水江南,更是馋上了鲈鱼,打算在此终老:

古来伧父爱吴乡,一上胥台不可忘。爱酒有情如手足,除诗无计似膏肓。宴时不辍琅书味,斋日难判玉鲙香。为说松江堪老处,满船烟月湿莎裳。④

他们不仅以诗酬唱,还分享垂钓所得大鱼。皮分大鱼给陆,陆以诗相酬,皮又以诗和答:

谁与春江上信鱼,可怜霜刃截来初。鳞欑似撒骚人屋,腹断疑伤远客书。避网几跳山影破,逆风曾蹙浪花虚。今朝最是家童喜,免泥荒畦掇野蔬。⑤

钓公来信自松江,三尺春鱼拨刺霜。腹内旧钩苔染涩,腮中新饵藻和香。冷鳞中断榆钱破,寒骨平分玉箸光。何事贶君偏得所,只缘

① 李福标著:《皮陆年谱》,中山大学出版社,2011年,第235页。
② (唐)陆龟蒙:《奉和新秋即事三首》,《松陵集校注》,第1742页。
③ (唐)陆龟蒙:《奉和袭美吴中言情见寄次韵》,《松陵集校注》,第1151页。
④ (唐)皮日休:《吴中言情寄鲁望》,《松陵集校注》,第1149页。
⑤ (唐)陆龟蒙:《袭美以巨鱼之半见分因以酬谢》,《松陵集校注》,第1320页。

同是越航郎。①

他们觉得松陵吴松江是天下最美的江,在此垂钓吃鱼,别无他事可恋:

松陵清净雪消初,见底新安恐未如。稳凭船舷无一事,分明数得鲙残鱼。②

柳下江餐待好风,暂时还得狎渔翁。一生无事烟波足,唯有沙边水勃公。③

当然,仅仅钓鱼吃鱼,他们成不了大诗人,得不到后人的景仰。《松陵集》共六百多首诗,内容十分广泛,有酒,有茶,有大量农事,还咏农具。《松陵集》外,皮日休还有《正乐府十首》,陆龟蒙还有《杂讽九首》这样的现实性很强的诗篇。《杂讽九首》抨击官员的贪婪腐败,将领无能祸民,讽刺小人当道君子沉沦。《伤越》忧战乱:"越溪自古好风烟,盗束兵缠已半年。访戴客愁随水远,浣纱人泣共埃捐。"④鲁迅说:"皮日休和陆龟蒙自以为隐士,别人也称之为隐士,而看他们在《皮子文薮》和《笠泽丛书》中的小品文,并没有忘记天下,正是一塌糊涂的泥塘里的光彩和锋镳。"⑤

功名无望,对现实又无能为力,陆龟蒙效法吴郡古贤张翰,从苏州城里临顿里隐遁至松陵江上甫里,自号甫里先生,"后以高士召,不至"⑥,过着江湖散人生活,他自述:"今来置家地,正枕吴江湄。"⑦"几年无事傍江湖,醉倒黄公旧酒垆。觉后不知明月上,满身花影倩人扶。"⑧陆龟蒙又自号江湖散人,作《江湖散人歌》:

江湖散人天骨奇……口诵太古沧浪词。词云太古万万古,民性甚

① (唐) 皮日休:《奉和鲁望谢惠巨鱼之半》,《松陵集校注》,第 1322 页。
② (唐) 皮日休:《松江早春》,《松陵集校注》,第 1376 页。
③ (唐) 陆龟蒙:《和袭美松江早春》,《松陵集校注》,第 1377 页。
④《唐甫里先生文集》卷之十,见何锡光校注《陆龟蒙集》,第 465 页。
⑤ 鲁迅:《南腔北调集 · 小品文的危机》,《鲁迅全集》第 4 卷,人民文学出版社,2005 年,第 592 页。
⑥ (宋) 朱长文:《吴郡图经续记》卷下《园第》。
⑦《袭美先辈以龟蒙所献五百言既蒙见和复示荣唱至于千字提奖之重蔑有称实再抒鄙怀用伸酬谢》,《松陵集校注》,第 93 页。
⑧《和袭美春夕酒醒》,《松陵集校注》,第 1393 页。

野无风期……人间所谓好男子，我见妇女留须眉。奴颜婢膝真乞丐，反以正直为狂痴。……江湖散人悲古道，悠悠幸寄羲皇傲。官家未议活苍生，拜赐江湖散人号。①

当然，其间他也外出游历、会友，但总是怀恋甫里隐居地，有诗云：

水国初冬和暖天，南荣方好背阳眠。题诗朝忆复暮忆，见月上弦还下弦。遥为晚花吟白菊，近炊香稻识红莲。何人授我黄金百，买取苏君负郭田。②

东去沧溟百里余，沿江潮信到吾庐。就中家在蓬山下，一日堪凭两寄书。③

皮日休也常来甫里探望和聚会，并留下诗作，描绘了陆龟蒙的隐居生活环境：

竹树冷濩落，入门神已清。寒蛩傍枕响，秋菜上墙生。黄犬病仍吠，白驴饥不鸣。唯将一杯酒，尽日慰刘桢。（其一）

冷卧空斋内，余酲夕未消。秋花如有恨，寒蝶似无憀。檐上落斗雀，篱根生晚潮。若轮羁旅事，犹自胜皋桥。（其二）④

陆龟蒙的文学成就和高怀逸情，令吴郡人民引以为豪，"一方之人至今想其高风，常夸示于四方，以为荣焉"⑤。

北宋人已经将陆龟蒙与范蠡、张翰并称，吴江人作三贤画像以祭拜。苏轼有诗《戏书吴江三贤画像三首》，赞范蠡："谁将射御教吴儿，长笑申公为夏姬。却遣姑苏有麋鹿，更怜夫子得西施。"赞张翰："浮世功劳食与眠，季鹰真得水中仙。不须更说知机早，直为鲈鱼也自贤。"赞陆龟蒙："千首文

① 何锡光校注：《陆龟蒙集》，第708页。
② 何锡光校注：《陆龟蒙集》，第345页。
③ （唐）陆龟蒙：《别墅怀归》，《陆龟蒙集》，第479页。
④ （唐）皮日休：《秋晚留题鲁望郊居二首》，《松陵集校注》，第1064、1066页。
⑤ （宋）龚明之著：《中吴纪闻》甫里条，《宋元笔记小说大观》，上海古籍出版社，2011年，第2870页。

章二顷田,囊中未有一钱看。却因养得能言鸭,惊破王孙金弹丸。”①苏轼还学陆龟蒙的《杞菊赋》作《后杞菊赋》:“天随生自言常食杞菊。及夏五月,枝叶老硬,气味苦涩,犹食不已。因作赋以自广。始余尝疑之,以为士不遇,穷约可也。……扪腹而笑。然后知天随生之言可信不谬。作《后杞菊赋》以自嘲,且解之云。”

两宋之交的李纲、张元幹诗词称“三贤”为“三高”。吴地梁溪人李纲追慕陆龟蒙,作《读陆龟蒙散人歌》,三复而悲之,赋诗以卒其志:

> 江湖散人气节奇……那能枉道窃爵禄……胸中岂无佐时略,却笑诸郎殊不知。当年富贵尽磨灭,惟有夫子传于斯。三高名配范与李,散人虽散元非痴。②

参赞李纲幕府的张元幹有词《水调歌头》(丁丑春与钟离少翁、张元鉴登垂虹)表达对三高的景仰:“拄策松江上,举酒酹三高。此生飘荡,往来身世两徒劳。长羡五湖烟艇,好是秋风鲈鲙,笠泽久蓬蒿。想像英灵在,千古傲云涛。”

成长于北宋的龚明之(约 1091—1182)在南宋时代作记曰:

> 越上将军范蠡、江东步兵张翰、赠右补阙陆龟蒙,各有画像在吴江鲈乡亭旁。东坡先生尝有《吴江三贤画像》诗。后易其名曰“三高”,且更为塑像。庵主人王文孺献其地雪滩,因迁之。今在长桥之北,与垂虹亭相望,石湖居士为之记。③

垂虹桥北有三高亭,垂虹桥南还有三高祠,范成大《吴郡志·祠庙下》载:

> 三高祠,在吴江县垂虹桥南,即王氏臞庵之雪滩也。昔堂在垂虹南,圮极偏仄。乾道三年(1167),县令赵伯虚徙之雪滩。三高者,范

① (清)王文诰辑注,孔凡礼点校:《苏轼诗集》卷十一,中华书局,2020 年,第 564—565 页。
② (宋)李纲著,王瑞明点校:《梁溪集》卷十三,《李纲全集》,岳麓书社,2004 年,第 149 页。
③ (宋)龚明之:《中吴纪闻》三高亭条,《宋元笔记小说大观》,第 2858 页。

蠡、张翰、陆龟蒙也。此祠人境俱胜，名闻天下。

范成大又作《三高祠记》：

乾道三年(1167)二月，吴江县新作三高祠成。……三君生不并世，而鸱夷子皮又尝一用人之国，功大名显而去之；季鹰、鲁望，萧然臞儒，使有为于当年，其所成就，固不可揣度，要皆以得道见微，脱屣天刑，清风峻节，相望于松江太湖之上，故天下同高之，而吴江之人独私得奉烝尝以夸于四方。……后之人高三君之风，而迹其所以去。……况如三君蝉蜕溷浊，得全于天者。尝试倚楹而望，水光浮天，云日上下，风帆烟篷，飘忽晦明，意必往来其间，成大亦何足以见之……战争蜗角兮昨梦一笑，水云得意兮垂虹可以舣棹，仙之人兮寿无期，乐哉垂虹兮去复来。①

世人为何视范蠡、张翰、陆龟蒙为“高”？范成大此记作了解说：“得道见微，脱屣天刑，清风峻节。”人们崇尚此“高”，实际上是出于对黑恶政治的恐惧、不信任和厌弃，是对贪恋权位、知进不知退的政治品行的鄙视，是对见微知著准确判断形势的智慧和急流勇退的勇气的欣赏。江湖，是安全和自由的极乐世界，当然，那是渔樵的江湖，而不是名利的江湖，虽是虚幻的，但却是艺术的，甚至是文人的宗教。

楼钥(1137—1213)与范成大同时代，而年轻11岁，非常理解范成大的丘壑情怀，推崇为陶朱(范蠡)再世，张翰、陆龟蒙传人，俨然为三高之后的第四高。由此我们可以看到三高在江南诗路上的标杆性意义。楼钥《读范吏部(成大)三高祠堂记》诗曰：

三高之风天与高，三高之灵或可招。小山以后无此作，具区笠泽空寥寥。几从垂虹荡双桨，寓目沧浪独怊怅。笔端不倒三峡流，欲遽招之恐长往。前身陶朱今董狐，襟抱磊落吞江湖。瑰词三章妙天下，大书深刻江之隅。我来诵诗凛生气，若有人兮在江水。扁舟独钓脍鲈鱼，茶灶笔床归甫里。先生同是丘壑人，只今方迫功与名。谢公捉鼻

---

① (宋) 范成大撰，吴企明校笺：《范成大集校笺》，上海古籍出版社，2022年，第2006页。

恐未免,便看林薮生风云。他年事业满彝鼎,乞身归来坐佳境。不嫌俗士三斗尘,容我渔蓑理烟艇。①

杨万里有诗《题吴江三高堂》,赞范蠡“霸越亡吴未害仁,不妨报国并酬身”;赞张翰“二晋兴亡几春草,三吴人物尚渔矶”;赞陆龟蒙“读尽诗书不要官……羡渠赤脚弄明月,蹈破五湖光底天”②。杨万里《读笠泽丛书三首》赞“笠泽诗名千载香,一回一读断人肠”,读陆龟蒙诗喜不自胜,废晚餐,直到灯青火冷,双眸如割脚如冰,成为诗癫③。

陆游一生认吴郡甫里是他的郡望,甫里先生陆龟蒙是其祖先,直把甫里当作故乡:“笠泽鱼肥梦故乡。”④所以陆游对陆龟蒙怀有一种更为特别的亲近和崇拜。陆游《读苏叔党汝州北山杂诗次其韵》:“吾宗甫里公,奇辞赋渔具。”《督下麦雨中夜归》:“谁怜甫里翁,白首学耕稼。”《幽居》:“松陵甫里旧家风,晚节何妨号放翁。”《深居》:“自怜甫里家风在,小摘残蔬绕废畦。”《自嘲》:“野老家风子未知,天教甫里出孙枝。”《书怀》:“甫里松陵在何许,古人投劾为莼鲈。”陆游作《书巢记》,直接落款“甫里陆某务观记”⑤,《跋李深之论事集》落款“笠泽陆某识”,《跋李庄简公家书》落款“笠泽陆某书”⑥。陆游还自号笠泽渔隐、笠泽渔翁。陆游行为的思想根源,一方面出于宗法意识和祖先崇拜,另一方面,“通常因为在现实世界中找不到渴望的地方和幻想之地,作家们才不得不发明了想象中的地理学,将世界变得更加适宜居住:重写空间,或者换一种表达,重新组合空间,可以让主体找到一个新的、非同凡响的绚烂的地方”,“通过意念转换来相信自己好像处身熟悉的家乡”⑦。

---

① 《攻媿集》卷一,转引自湛之编:《杨万里范成大资料汇编》,中华书局,1985 年,第 132 页。

② (宋)杨万里著,吕东超校点:《诚斋集》卷第二十九《朝天续集》,北京大学出版社,2024 年,第 448 页。

③ (宋)杨万里著,吕东超校点:《诚斋集》卷第二十七《朝天续集》,第 415 页。

④ (宋)陆游著,钱仲联校注:《剑南诗稿校注》卷三,上海古籍出版社,2022 年,第 1 册,第 242 页。

⑤ (宋)陆游注,马亚中、涂小马校注:《渭南文集》卷十八,浙江古籍出版社,2025 年,第 2 册,第 236 页。

⑥ (宋)陆游注,马亚中、涂小马校注:《渭南文集》卷二十七,第 3 册,第 190—191 页。

⑦ 法国文学地理学学者皮埃尔·巴亚尔(Pierre Bayard)的观点,转引自[法]米歇尔·柯罗著,袁莉译:《文学地理学》,福建教育出版社,2021 年,第 108—109 页。

以上叙述,大体可以看出太伯奔吴开启的吴文化中逊让、隐逸精神和洞见机微、急流勇退的智慧和勇气,激励、涵育出独具特色的诗性,在江南诗路上一路绽放。

二、虹垂笠泽起长桥

松陵位居吴越之间,是吴越争霸的古战场;吴越融合,则成为交通要道;因为江湖美景和丰富悠久的历史人文色彩,又成为古代网红打卡点。

皮日休、陆龟蒙等人在太湖、松陵、甫里游赏、垂钓、宴集,应该经常渡松江吧。皮日休在吴的那年秋天,曾陪送当地知名隐士、松陵唱和者之一毗陵(常州)处士魏不琢(魏朴)出行。据皮日休《五贶诗序》[①],魏君不琢,气真而志放,闭门穷学。江南秋风时,鲈肥而难钓,菰脆而易挽,皮日休送他到杭州、越州,从毗陵出发,乘短舯,载一甔酒,并赠送五种隐具,由五泻泾入震泽(太湖),穿松陵而过。

北宋庆历八年(1048),吴江人始在松江上建桥,初名利往桥,又称长桥,桥上或桥旁建有亭台。此桥是古代江南第一大桥,毗邻三高祠堂,共同构成三吴名胜。北宋朱长文《吴郡图经续记》卷中《桥梁》记载:"吴江利往桥,庆历八年县尉王廷坚所建也,东西千余尺,用木万计,萦以修阑,甃以静甓,前临具区(太湖),横截松陵,湖光海气,荡漾一色,乃三吴之绝景也。桥成,而舟楫免于风波,徒行者晨暮往归,皆为坦道矣。桥有亭曰垂虹,苏子美尝有诗云:长桥跨空古未有,大亭压浪势亦豪。"范成大《吴郡志·卷十八川》记载:"松江在郡南四十五里,禹贡三江之一也。……南与太湖接。垂虹跨其上,天下绝景也。"《吴郡志·卷十七桥梁》载:"利往桥即吴江长桥也。……有亭曰垂虹,而世并以名桥。"桥成之后,历代南来北往的官员、商贾、画家和文学家留下了大量的诗词、文章。

著名诗人苏舜钦监进奏院,因卖废纸宴集案,被贬为平民,谪居苏州,买地构筑沧浪亭,写下了很多隐逸抒怀的诗词。例如,《水调歌头·沧浪亭》抒写泛舟太湖,怀想范蠡、张翰的历史幽情:"潇洒太湖岸,淡伫洞庭山。

① (唐)皮日休、(唐)陆龟蒙等撰,王锡九校注:《松陵集校注》卷五,第976页。

鱼龙隐处烟雾,深锁渺㳽间。方念陶朱张翰,忽有扁舟急桨,撇浪载鲈还。”①《中秋夜吴江亭上对月,怀前宰张子野寄君谟蔡大》抒怀于吴江亭:

> 古今共传惜今夕,况在松江亭上头……长空无瑕露表里,拂拂渐上寒光流。江平万顷正碧色,上下清澈双璧浮。自视直欲见筋脉,无所逃避鱼龙忧。不疑身世在地上,只恐槎去触斗牛……②

垂虹桥亭刚刚建成,苏舜钦就有诗作《松江长桥未明观渔》,上海古籍出版社《苏舜钦集》出版说明赞其写景雄浑苍茫、清新而脱俗,体现了奔放豪健、超迈横绝的风格,而古人更欣赏《中秋松江新桥对月和柳令之作》:

> 月晃长江上下同,画桥横绝冷光中。云头滟滟开金饼,水面沉沉卧彩虹。佛氏解为银世界,仙家多住玉华宫。地雄景胜言难尽,但欲追随乘晓风。③

宋元之际方回《瀛奎律髓》评曰:“苏子美壮丽顿挫,有老杜遗味,然多哀怨之思。予少时初亦学此翁诗,惜乎子美早卒,使老寿,山谷当并立也。此篇古今绝唱,与吴江长桥、中秋月色成三绝。”④惜乎!苏舜钦就在垂虹桥建成当年英年早逝了,不然会留下更多佳作!

苏轼从杭州通判升迁为高密知州,上任途中经过松江,与杨元素、陈令举、张子野(张先)、李公择等于夜半月出时,置酒垂虹亭上。子野年八十五,作《定风波令》:“见说贤人聚吴分(吴江),试问,也应傍有老人星。”满座皆欢,还有醉倒者。苏轼七年后在黄州追思曩时,感觉真一梦耳,作文《记游松江》,感叹垂虹桥亭毁于水灾,而当时同饮者有的已经物故⑤。

十五年后苏轼仍不能忘怀,再赋《定风波》,感叹“六人吟笑水云乡”,“十五年间真梦里”。

---

① 沈文倬校点:《苏舜钦集》拾遗,上海古籍出版社,1981年,第220页。

② 沈文倬校点:《苏舜钦集》卷二,第17页。

③ 沈文倬校点:《苏舜钦集》卷七,第80页。

④ (元)方回选评,李庆甲集评校点:《瀛奎律髓》卷之二十二月类,上海古籍出版社,2023年,第980页。

⑤ 见(宋)苏轼:《东坡志林》卷一,中华书局,2017年,第3页。

张先曾做吴江县令，后多次重游松江，对松江桥亭念念不忘，多次作诗文吟咏："霓舟忽舣鲈鱼乡，槎阁却凌云汉域。但怪鲈乡一旦成，分却松江半秋色。"（《鲈香亭》残句）

因张翰莼羹鲈脍的典故，吴江之亭又称鲈香亭，或鲈乡亭，甚或吴江所有景物，皆染上了隐逸色彩。龚明之《中吴纪闻》卷第五《陈了翁鲈乡亭诗》条记载：陈文惠公留题松陵诗，其末有"秋风斜日鲈鱼乡"之句。屯田郎林肇神宗熙宁三年（1070）为吴江知县，作亭江上，因以"鲈乡"名之。了翁（陈文惠公）初主吴江簿，尝赋诗云："中郎亭榭据江乡，雅称诗翁赋卒章。莼菜鲈鱼好时节，秋风斜日旧烟光。一杯有味功名小，万事无心岁月长。安得便抛尘网去，钓舟闲傍画栏旁。"了翁筮仕之初，已无恋官职之意矣①。

张先有诗《吴江》（又题《游松江》）：

> 春后银鱼霜下鲈，远人曾到合思吴。欲图江色不上笔，静觅鸟声深在芦。落日未昏闻市散，青天都净见山孤。桥南水涨虹垂影，清夜澄光照太湖。

龚明之《中吴纪闻》卷第一《张子野吴江诗》称"为当时之绝唱"②。

北宋后期官员、著名词人叶梦得（1077—1148）是苏州人，晚年隐居湖州石林，邻近松陵，常在松江诗酒宴集，有名词写太湖和松江月色，抒发沧桑情怀。《念奴娇》（中秋宴客，有怀壬午岁吴江长桥）：

> 洞庭波冷，望冰轮初转，沧海沉沉。万顷孤光云阵卷，长笛吹破层阴。汹涌三江，银涛无际，遥带五湖深。酒阑歌罢，至今鼍怒龙吟。
> 回首江海平生，漂流容易散，佳会难寻。缥缈高城风露爽，独倚危槛重临。醉倒清樽，嫦娥应笑，犹有向来心。广寒宫殿，为余聊借琼林。

晚辈诗友、闽人张元幹步韵和词，亦能传神写照，传为名词："吴淞初冷，记垂虹南望，残日西沉。秋人青冥三万顷，蟾影吞尽湖阴。玉斧为谁，

① （宋）龚明之著：《中吴纪闻》，《宋元笔记小说大观》，第2891页。
② （宋）龚明之著：《中吴纪闻》，《宋元笔记小说大观》，第2838页。

冰轮如许,宫阙想寒深。人间奇观,古今豪士悲吟……”①

李纲(1083—1140)虽是闽籍,但在无锡梁溪生长,对江南情有独钟,有诗《江南六咏》,咏江南山,江南云,江南月,江南竹,江南梅,而咏“江南客”,才是自我刻画:“鬓发苍浪不堪摘。明时迁逐念前非,一夜愁吟霜月白。”②李纲宦游和回原籍福建,常经松陵,有诗《吴江五首》:

重过松江忆旧游,依然风景照行舟。危桥跨水虹垂影,高阁凭虚蜃吐楼。

渺渺冲烟归钓艇,轻轻点浪舞沙鸥。暮天横笛江村起,激烈能令逐客愁。

木落水寒天气清,江湖合处一桥横。波涛万顷琉璃滑,栏槛千寻䗖蝀明。

茶灶笔床随陆子,莼羹鲈鲙忆张生。他时若我归来后,定向江头事钓耕。③

李纲《过吴江阻风游宁境寺》:“扁舟渡松江,惨淡天色恶。……未应神龙怒,端有蛟鼍作。”《松江第四桥》:“松江第四桥,风雨不可过。下有百尺蛟,蜿蜒枕桥卧。窟宅据要津,口腹长饥饿。每凭波涛势,能作舟楫祸。安得佽飞手,坐使神奸破。往来永无虞,时鼓清江舵。”政治家的松江,是一个政治世界的隐喻,有窃据要津的恶势力,兴风作浪,为祸天下。李纲希望得到帮助,破奸斩鳄。他希望能够像吴地弄潮儿一样,纵横江湖,大展身手,但是非常悲观,深忧不测,所以告诉自己,戒慎恐惧。李纲作诗《操舟》表达此意:

吴儿便操舟,衣服皆楚制。出没波涛中,端如履平地。江湖渺千里,鼓柁等游戏。临深讵保身,涉险惟射利。天风难与期,飘骤出非意。倾覆瞬息间,永为鱼鳖饵。愿言戒畏途,巧手不可恃。④

① (宋) 张元幹:《念奴娇》(代洛滨次石林韵),见《芦川归来集》卷五,上海古籍出版社,1978 年,第 75 页。

② (宋) 李纲著,王瑞明点校:《李纲全集》,第 38 页。

③ (宋) 李纲著,王瑞明点校:《李纲全集》,第 27 页。

④ (宋) 李纲著,王瑞明点校:《李纲全集》,第 28 页。

李纲的福建同乡小迷弟、才士张元幹跟随李纲参赞政务，中年往来于汴京与闽地间，晚年又游走于吴越太湖流域，常过松江，留下很多诗词。有《登垂虹亭二首》：

一别三吴地，重来二十年。疮痍兵火后，花石稻粱先。山暗松江雨，波吞震泽天。扁舟莫浪发，蛟鳄正垂涎。（其一）

熠熠流萤火，垂垂饮倒虹。行云吞皎月，飞电扫长空。壮观江边雨，醒人水上风。须臾风雨过，万事笑谈中。（其二）①

张元幹有词《青玉案》，小序曰“余经行松江，何啻百回”，词曰：“平生百绕垂虹路。看万顷、翻云去。山澹夕晖帆影度。菱歌风断，袜罗尘散，总是关情处。”②《水调歌头》曰：“平日几经过，重到更留连。……吸湖光，吞蟾影，倚天圆。胸中万顷空旷，清夜炯无眠……”③《念奴娇》（己卯中秋和陈丈少卿韵）曰：“垂虹望极，扫太虚纤翳，明河翻雪。一碧天光波万顷，涌出广寒宫阙。……陶冶三高千古恨，赏我中秋清节……”④

词人乱世中泛太湖，游松陵，登垂虹，过松江，缅怀古代高士，顿生飞仙之感、隐逸之情。但是李纲、张元幹身历靖康之难，天翻地覆，人间板荡，他们笔下的太湖、松江有凶猛的蛟鳄、滔天的恶浪。

陆游平生似乎没有到过松陵，但因为陆氏是吴郡大族，更因为陆龟蒙的缘故，其经常神游吴地，宋淳熙六年（1179）游江西临川拟岘台，居然想到松陵的钓雪滩和垂虹亭，作《拟岘台观雪》诗，把垂虹亭“收入放翁诗卷中”：“垂虹亭上三更月，拟岘台前清晓雪。我行万里跨秦吴，此地固应名二绝。”

江西吉州人杨万里曾在常州为官，往返故乡吉州，经常流连于太湖沿岸松江、石湖之间，留下大量有关诗词。仅举几例：

松江未过不胜愁，过了垂虹百不忧。忽见石湖山上塔，定知塔背是苏州。⑤

---

①（宋）张元幹：《芦川归来集》卷二，第24页。
②（宋）张元幹：《芦川归来集》卷五，第105页。
③（宋）张元幹：《芦川归来集》卷五，第80页。
④（宋）张元幹：《芦川归来集》卷五，第76页。
⑤《风定过垂虹亭》，见（宋）杨万里著，吕东超校点：《诚斋集》卷三十一《江东集》，第479页。

吴中好处是苏州,却为王程得胜游。半世三江五湖棹,十年四泊百花洲。岸傍杨柳都相识,眼底云山苦见留。莫怨孤舟无定处,此身自是一孤舟。①

当然,鲈鱼是一定要品尝的,因为鱼汤里有历史味和诗味:

两年三度过垂虹,每过垂虹每雪中。要与鲈鱼偿旧债,不应张翰独秋风。买来一尾那嫌少,尚有杯羹慰老穷。只是莼丝无觅处,仰天大笑笑天公。②

鲈出鲈卿芦叶前,垂虹亭上不论钱。买来玉尺如何短,铸出银梭直是圆。白质黑章三四点,细鳞巨口一双鲜。秋风想见真风味,只是春风已迥然。③

辛弃疾南归后曾寓居吴江,后来闲居上饶,与他的朋友余叔良诗词唱和,有词《清平乐·谢叔良惠木犀》,忆吴江赏木樨:"少年痛饮,忆向吴江醒。明月团圆高树影。十里蔷薇水冷。"④辛弃疾更是流连于垂虹桥,难忘鲈鱼的美味,《水调歌头·和王正之右司吴江观雪见寄》词曰:

造物故豪纵,千里玉鸾飞。等闲更把,万斛琼粉盖颇黎。好卷垂虹千丈,只放冰壶一色,云海路应迷。老子旧游处,回首梦耶非。寄语烟波旧侣,闻道莼鲈正美。⑤

吴人范成大的石湖离松陵只有十来里的距离,有越来溪水路相通,一生往返无数次,早年有诗《过松江》:

长虹斗起蛟龙穴,朱碧栏干夜明灭。太湖三万六千顷,多少清风

① 《泊平江百花洲》,见(宋)杨万里著,吕东超校点:《诚斋集》卷二十九《朝天续集》,第450页。
② 《鲈鱼》,见(宋)杨万里著,吕东超校点:《诚斋集》卷三十一《江东集》,第479页。
③ 《松江鲈鱼》,见(宋)杨万里著,吕东超校点:《诚斋集》卷第二十九《朝天续集》,第449页。
④ (宋)辛弃疾著,邓广铭笺注:《稼轩词编年笺注》卷二,上海古籍出版社,1978年,第246页。
⑤ (宋)辛弃疾著,邓广铭笺注:《稼轩词编年笺注》卷一,第39页。

与明月……①

范成大另有诗《垂虹》:

浪拍楼阑家枕流,天将奇胜慰悲秋。飞来玉塔横江卧,散作金鳞卷地浮。何处风烟寻祖武,此生功业记今游。长年剩看垂虹月,肯向鸥前说滞留。②

范成大中年赴桂林任静江知府,从石湖出发,途经松江,登垂虹桥亭。《骖鸾录》中记道:

以乾道壬辰十二月七日,发吴郡,帅广西,泊船姑苏馆。十四日,出盘门,大风雨,不行,泊赤门湾。十五日,发赤门,早饭松江。送客入臞庵。夜登垂虹,霜月满江,船不忍发,送者亦忘归,遂泊桥下。十六日,发垂虹,宿震泽。③

三、石湖赓续松陵道

吴越军队在笠泽交战,越军胜利,渡过松江,继续向吴国都城挺进,据传是开掘水道以运兵,此水道即是越来溪。越来溪抵达上方山麓的石湖,越过石湖,继续掘道逼近吴都城。范成大正是出生成长于石湖之畔,深爱石湖山水。他进士及第,在朝为官十来年后,小有积蓄,回乡购地,构筑石湖别墅,以后渐次扩充,成为一个大庄园。以后的岁月,不管宦游多远,“千山万壑须寻遍”(《思佛亭晓望》),“走遍尘埃倦鸟还,故乡元在水云间”④,石湖总是他终极的身心诗意栖居地。

① (宋) 范成大撰,吴企明校笺:《石湖居士诗集》卷一,《范成大集校笺》,第 25 页。

② 石湖各集中未见此诗,只见录于苏州地方志编委会办公室官网 http://dfzb.suzhou.gov.cn/dfzb/szdq/202104/123252cdb39f46129d03f8896bfd50cb.shtml。

③ 孔凡礼点校:《范成大笔记六种》,中华书局,2012 年,第 41 页。

④《次韵蜀客西归者来过石湖并寄成都旧僚》,见(宋) 范成大撰,吴企明校笺:《石湖居士诗集》卷二十,《范成大集校笺》,第 1042 页。

在桂林作《思归再用枕上韵》:“何时去检校,一棹水云乡。”在四川成都作《有怀石湖旧隐》:“官中风月常虚度……鲈江一雨水应肥。”归途中,作《荆渚中流,回望巫山,无复一点,戏成短歌》:“归程万里今三千,几梦即到石湖边。”①从四川归来,近乡作《将至吴中,亲旧多来相迓,感怀有作》:“望见家山意欲飞……霜后鲈鱼也自肥。”②看他从远方归来的欢悦之情,《将至石湖,道中书事》:“水绿鸥边涨,天青雁外晴。柳堤随草远,麦陇带桑平。白道吴新郭,苍烟越故城。稍闻鸡犬闹,僮仆想来迎。”③在故乡作《十一月大雾中自胥口渡太湖》:“自有山川印此心。”④《初归石湖》:“信脚自能知旧路,惊心时复认邻翁。当时手种斜桥柳,无数鸣蜩翠扫空。”⑤看他晚年在自家庄园赏雪景,《范村雪后》:“忍寒贪看雪,讳老强寻梅。熨贴愁眉展,勾般笑口开。”⑥范村是范成大另一处别墅,但与石湖同情。

看范成大游与石湖相连的越来溪:

西风初入小溪帆,旋织波纹绉浅蓝。行入闹荷无水面,红莲沉醉白莲酣。

一川新涨熨秋光,挂起篷窗受晚凉。杨柳无穷蝉不断,好风将梦过横塘。

饭后茶前困思生,水宽风稳信篙撑。不知浪打船头响,听作凌波解佩声。⑦

看他在石湖体验农家忧乐,《四时田园杂兴六十首》我们耳熟能详,再读《检校石湖新田》:

今朝南野试开荒,分手耘锄草棘场。下地若干全种秫,高原无几谩栽桑。芦芽碧处重增岸,梅子黄时早浚塘。田里只知温饱事,从今拚却半年忙。

① (宋) 范成大撰,吴企明校笺:《石湖居士诗集》卷十九,《范成大集校笺》,第 1012 页。
② (宋) 范成大撰,吴企明校笺:《石湖居士诗集》卷一,《范成大集校笺》,第 1035 页。
③ (宋) 范成大撰,吴企明校笺:《石湖居士诗集》卷二十八,《范成大集校笺》,第 1399 页。
④ (宋) 范成大撰,吴企明校笺:《石湖居士诗集》卷二十,《范成大集校笺》,第 1043 页。
⑤ (宋) 范成大撰,吴企明校笺:《石湖居士诗集》卷二十,《范成大集校笺》,第 1038 页。
⑥ (宋) 范成大撰,吴企明校笺:《石湖居士诗集》卷三十二,《范成大集校笺》,第 1556 页。
⑦ (宋) 范成大撰,吴企明校笺:《石湖居士诗集》卷二十,《范成大集校笺》,第 1077 页。

石湖对于范成大，不仅仅是一位退休高官的颐养地，也不仅仅是大地主的田庄，更是追踪古代高贤的情怀寄托。“余家吴门，莽苍在望……私念诚得筑室苇间，卜邻三高，以朝夕于斯，吾乐可胜计耶！”

前文提及的《三高祠记》，重在范蠡。范成大自认是范蠡的后裔，他赠诗友人胡宗伟说：“太湖三万六千顷，上有垂虹跨南极。我家越相尚神游，试从烟浪访扁舟。”①诗中有自注“吴江长桥三高亭，鸱夷子在焉”。他的词《念奴娇》如此表达：“家世回首沧洲，烟波渔钓，有鸱夷仙迹。一笑闲身游物外，来访扁舟消息。”《满江红》吟曰：“算五湖、今夜只扁舟，追千古。”《惜分飞》表示：“谁唤行人去，石湖烟浪渔樵侣。……休梦江南路，路长梦短无寻处。”

范成大以石湖稍远，不能日涉，即于城居之南，别营一圃，阅杜光庭《神仙传》，记胡六子自昆山风海至范老村遇陶朱公事，大喜曰：“此吾里吾宗故事，不可失也！”题曰范村②。范成大作《范村记》对此有详明记述，并说：

> 惟吾家陶朱公，用人之国，勋业盖世，越之君臣，方将社而稷之，乃不俟终日，棹扁舟而去。迹其行事，天壤一人而已。世无神仙，可也，有之，非公谁宜仙者！……某奉祠还乡，家西河之上，距海财百里，追怀祖武，想象仙山月生潮来，悠然东望，烟云晻蔼，去人不远。会舍南小圃适成，辄以范村名之。③

石湖不仅是吴越古兵道，还是范蠡归隐江湖的始发地，作为范蠡后裔，范成大更为认同石湖蕴涵的吴越历史信息和范蠡的隐逸精神，更有一种效法和传承的文化自觉。他《次诸葛伯山赡军赠别韵》说：“我家鸱夷子，竹帛照吴越。云仍无肖似，颊首愧前哲。”④也许是祖先基因的自然传承，也许是受祖先传说的影响，范成大始终抱有一种隐逸情怀，“窈窕崎岖学种园，此生丘壑是前缘”⑤。

---

①（宋）范成大撰，吴企明校笺：《石湖居士诗集》卷六，《范成大集校笺》，第 269 页。

②（宋）周必大：《资政殿大学士赠银青光禄大夫范公成大神道碑》，转引自湛之编：《杨万里范成大资料汇编》，第 121 页。

③（宋）范成大撰，吴企明校笺：《范石湖集辑佚卷十》，《范成大集校笺》，第 1989 页。

④（宋）范成大撰，吴企明校笺：《范成大集校笺》卷八，第 348 页。

⑤《初约邻人至石湖》，（宋）范成大撰，吴企明校笺：《范成大集校笺》卷十一，第 520 页。

淳熙五年(1178)四月范成大五十三岁,拜参知政事,兼权修国史日历。六月,遭侍御史挟朋党之势劾参,范成大不作辩解,立即引咎辞职,皇帝挽留不住。所有史籍皆未载明何因何事,近世学者于北山分析:"石湖知朝政日非,本有退志,知非口舌所能争,亦非独力所能抗,故引咎逊避而去。"[①]其实,范成大何尝不是效范蠡、张翰见几微而远隐深遁?况且范成大有他心心念念的祖宗遗脉、心灵归宿。范成大同时人、南宋宰相周必大说:

吴郡范氏……盖鸱夷之苗裔也。……石湖在平江(今苏州)盘门西南十里,盖太湖之派,范蠡所从入五湖者。始吴夫差筑姑苏前后台,相距半里,为城三重,宴游忘归。其前有溪,今号越来溪,勾践由此攻吴,濒溪筑城,与吴人夹水相持,遗址俨然。公随高下为亭观,植花竹莲芰,湖山胜绝,绘图以传。[②]

紫微舍人(范成大)始创别墅,登临得要,甲于东南。岂鸱夷子成功于此,扁舟去之,天贻绝景,须苗裔之贤者然后享其乐耶?[③]

范成大的几篇短记也写出了石湖与笠泽古战场的地理、历史的一体连接性:

《中秋泛石湖记》:淳熙己亥(1179)中秋,至先、至能自越来溪下石湖,纵舟所如,忘路远近,约略在洞庭、垂虹之间。天容水镜,光烂一色,四维上下,与月无际。风露温美,如春始和,醉梦飘然,不知夜如何其。[④]

《重九泛石湖记》:淳熙己亥重九,与客自阊门泛舟,径横塘。……挂帆溯越来溪,潦收渊澄,如行玻璃地上。菱华虽瘦,尚可采。檥棹石湖,扣紫荆,坐千岩观下。……登姑苏后台,跻攀勇往谢去巾舆筇杖。石棱草滑,皆若飞步。山顶正平,有拗堂藓石,可列坐,相传为吴故宫

① 于北山著:《范成大年谱》,上海古籍出版社,2017年,第284页。

② (宋)周必大:《资政殿大学士赠银青光禄大夫范公成大神道碑》,转引自湛之编:《杨万里范成大资料汇编》,第112、120页。

③ (宋)周必大:《南归录》,转引自孔凡礼:《范成大年谱》,齐鲁书社,1985年,第219页。

④ (宋)范成大撰,吴企明校笺:《范石湖集辑佚卷十》,《范成大集校笺》,第2041页。

闲台别馆所在。其前湖光接松陵，独见孤塔之尖，尖少北、点墨一螺为昆山。①

《重修行春桥记》：太湖日应咸池，为东南水会，石湖其派也。吴台越垒，对立两涘，危峰高浪，襟带平楚，吾州胜地莫加焉。石梁卧波，空山映发，所谓行春桥者又据其会。胥门以西，横山以东，往来憧憧，如行图画间。凡游吴中而不至石湖、不登行春，则与未游无异。②

苏东坡认为“过姑苏不游虎丘，不谒闾丘，乃二欠事”③，而范成大则更偏重石湖、越来溪，认为不来此地不算游吴。

除了祖先崇拜以外，范成大对隐士陆龟蒙也非常崇敬，对其诗文和事迹极为熟悉，著《吴郡志》对陆诗文中所涉及的事物，采录、征引详备。例如，关于农具：“吴农器甚备，以其地平夷尽为田也。唐陆龟蒙有《耒耜经》，今具载之。”《甫里庙》条：“甫里在长洲县东南五十里，乡人祠陆龟蒙于此，至今不废。”范成大写作《四时田园杂兴六十首》，或许也曾受到陆龟蒙《樵人十咏》《茶具十咏》《鱼具十咏》《放牛歌》《刈获》等渔樵、农事诗及《耒耜经》的影响。

石湖不仅仅是范成大身心诗意栖居之地，还是一个诗人会所，是范成大与文朋诗友、同朝官僚集会酬唱基地。“（石湖）又有北山堂、千岩观、天镜阁、寿乐堂，他亭宇尤多。一时名人胜士，篇章赋咏，莫不极铺张之美。”④就像北宋司马光罢政时期在洛阳与故老定期聚会，称为“真率会”，范成大闲居石湖时，与地方乡老和文人骚客也有此活动，有诗为证，《壬辰七月十六日侵晨真率会，石湖路中书事》：“白葛乌纱称老农，溪南溪北水车风。稻头的皪粘朝露，步入明珠翠网中。”⑤

与范成大密切交往并常到石湖的人物，最为显赫的是周必大。周必大与范成大同岁，而中进士早三年，少年得意，平步青云，官至吏部尚书、枢密使、左丞相。周必大的岳父王葆是范成大少年时代的老师，范、周二人是贫

---

①（宋）范成大撰，吴企明校笺：《范石湖集辑佚卷十》，《范成大集校笺》，第2042页。

②（宋）范成大撰，吴企明校笺：《范石湖集辑佚卷十》，《范成大集校笺》，第2043页。

③（明）杨慎：《东坡咏吹笛》，《词品》卷三，唐圭璋编：《词话丛编》，中华书局，1986年，第469页。

④（宋）周密：《范公石湖》，《齐东野语》卷十，上海古籍出版社，2012年，第98页。

⑤（宋）范成大撰，吴企明校笺：《范成大集校笺》卷十一，第526页。

贱之交,有着悠久牢固的友谊基础,同朝为官,互相支持,并相约六十岁时一起隐退。二人诗集中有不少互相唱和的诗,记载着深厚友情。周必大于范成大去世后作《范成大神道碑》回顾他们之间的友谊:

某与公齐年,御史王公,予外舅(岳父)也,以是与公善。壬辰春,自春官去朝,过平江,游城西诸山。公访余灵岩,同宿石湖,望夜小舟共载湖心,风露浩然,尝有六十挂冠之约。其后或同朝,或相遇于外,每以未践言为恨。

此次"同宿石湖",时长一个月,同游者还有周必大之兄周必达、提刑王季海敷文、提举李次山奉议、太守向经甫徽猷、吴县尉徐君似道[①]。周必大题石湖别墅壁上曰"登临之胜,甲于东南"[②]。范成大有诗[③]记其情景,周必大有和诗《和范至能舍人农圃堂韵》。多年后,范成大又作诗《顷乾道辛卯岁三月望夜与周子充内翰泛舟石湖松江之间夜艾归宿农圃距今淳熙己亥九年矣余先得归田复以是夕泛湖有怀昔游赋诗纪事》忆念旧游(所忆时间稍有误差):

石湖花月浮春空,忆共仙人同短篷。三更半醉吹笛去,棹入湿银天镜中。鹤鸣唤归斗未没,却步扶疏花底月。不知行到碧桃边,但见天风吹积雪。月圆月缺今几回,依旧满湖金碧堆。仙人还上玉堂宿,合有片时清梦来。一笑流光飞电抹,嫦娥相对两愁绝。桂枝应亦老无花,蟾兔不须疑鹤发。

记忆总是如梦似幻,湖光花月宛如天宫,同游宾主皆成神仙,美好年华,深厚友情,尽在一湖和杯酒酬唱中。周必大也有和诗《次韵范至能忆同游石湖韵》,其中几句特别有意思,道出了范成大的隐逸心愿:"岂知石湖天五尺,不隔三万弱水中。主公心伴白鸥没,朝朝暮暮醉花月。"[④]杨万里也来

---

① (宋)周必大:《南归录》,转引自孔凡礼:《范成大年谱》,第 219 页。

② 孔凡礼点校:《范成大笔记六种》,第 51 页。

③《与周子充侍郎同宿石湖》,见(宋)范成大撰,吴企明校笺:《范成大集校笺》卷十一,第 521 页。

④ (宋)周必大:《周益国文忠公集·省斋文稿》卷七,转引自湛之编:《杨万里范成大资料汇编》,第 111 页。

凑热闹，作诗《和石湖居士至能与周子充（必大）夜游石湖松江诗韵》，参与唱和，有句曰："两仙一棹软琉璃，碎撼广寒桂花雪。……古人今人烟一抹，谁煎麟角续弦绝。"将石湖描绘成一个融会天地古今神人合一的境界。杨万里另有诗《圣笔石湖大字歌》，称"石湖仙人补天手"，"教人妒杀石湖仙，手揽星辰怀袖底"①。三家诗的共同特点，都是仙气弥漫，这正是江南诗路的一种风貌。

杨万里比范成大小一岁，但二人有同年之谊，交情深厚。杨万里宦游途中，常栖息于石湖，与范成大同游，诗词酬唱极为频繁。仅示几例：

杨万里有诗《从范至能参政游石湖精舍坐间走笔二首》：

孤塔鸥边迥，千岩镜里看。折花倩人插，摘叶护窗寒。不是无相识，相从却是难。归舟望精舍，已在白云端。（其一）

震泽分波入，垂虹隔水看。何须小风起，生怕牡丹寒。政坐诸峰好，端令落笔难。催人理归棹，落日许无端。（其二）②

范成大和了三首（选二）：

客舫中流下，人家夹岸看。洛花堆锦暖，吴藕镂冰寒。莫厌清欢暂，须知后会难。小诗烦本事，任秃彩毫端。（其一）

曲误不须顾，客狂当好看。日斜双桨急，风驶夹衣寒。剩说归田乐，休歌行路难。石湖三万顷，何处觅忧端。（其二）③

杨万里《寄题石湖先生范至能参政石湖精舍二首》：

万顷平湖石琢成，尚存越垒对吴城。如何豪杰干戈地，却入先生杖屦声。

古往今来真一梦，湖光月色自双清。东风不解谈兴废，只有年年春草生。④

---

① （宋）杨万里著，吕东超校点：《诚斋集》卷十八，第286页。

② （宋）杨万里著，吕东超校点：《诚斋集》卷十三，第201页。

③ （宋）范成大撰，吴企明校笺：《范成大集校笺》卷二十，第1071页。

④ （宋）杨万里著，吕东超校点：《诚斋集》卷十一，第179页。

范成大和诗《次韵同年杨廷秀使君寄题石湖》:

仪凰当瑞九韶成,何事栖鸾滞碧城。公退萧然真吏隐,文名藉甚更诗声。句从月胁天心得,笔与冰瓯雪碗清。书到石湖春亦到,平堤梅影縠纹生。①

杨诗简笔写景,重在石湖的历史内涵;范诗则称赞杨诗妙笔,令人感觉如春风拂面。两位大手笔的对话,心灵的交流,真如风行水上,平湖轻荡,梅影摇曳。

杨万里自编诗集《西征集》,其中第一首即是石湖之游作别时唱和诗。诗集寄给范成大,范作二绝句为谢:

柴门重客醉中归,尚忆挥毫索纸时。何物与侬供不朽,西征卷首石湖诗。(其一)

锦囊随上越王台,天海风涛亦壮哉。书到岭头梅恰动,一枝应伴一篇来。(其二)②

杨万里和诗《遣骑问讯范明州参政报章寄二绝句和韵谢之》曰:

南海人从东海归,新诗到日恰梅时。撚梅细比新诗看,未必梅花瘦似诗。(其一)

一别姑苏江上台,绿波碧草恨悠哉。忽然两袖珠玑满,割取三吴风月来。(其二)③

范成大欣喜于杨诗堪称不朽,而石湖亦随之得以传扬。杨万里欣赏范成大之诗,挟三吴风月,清俊若梅花。

范成大暮年自编诗文集,临终交代其子,请杨万里作序,曰:"今四海文字之友惟江西杨诚斋与吾好,且知我,微斯人,畴可以嘱斯事。"杨万里在序

---

① (宋) 范成大撰,吴企明校笺:《范成大集校笺》卷二十,第 1061 页。

② (宋) 范成大撰,吴企明校笺:《范成大集校笺》卷二十一,第 1125 页。

③ (宋) 杨万里著,吕东超校点:《诚斋集》卷十六,第 242 页。

文中说范成大虽为达官贵人,却像普通文士一样“刿心于山水风月之场,雕龙于言语文章之囿。……挟其所乐,足以敌王公大人之所乐。”诚为得石湖居士之心,不负所托。序中还称石湖“山水之胜,东南绝境也”①。

范成大晚年闲居石湖,与平江府知府袁说友往来密切,有诗十几首,收录于《石湖居士诗集》卷二十九、卷三十,例如《次韵袁起岩提刑游金焦二山二首》《次韵起岩喜雪》《枕上闻雪复作,方以为喜,起岩再示新诗,复次韵》等。晚辈地方官对于本地出身的阁老,应是主动交往。袁说友《跋范石湖草书诗帖》记:“绍熙癸丑(1193),某将指肃客事已,道由吴门,见公于寿栎堂,饮食教诲,载辱竟日。某因出道间诗编呈似,公不鄙焉而览之。既又伸楮和墨,取四绝作草圣,顷刻即就。……蛟龙骧腾,蜿蜒起伏,笔端变态,不可穷尽,视杜祁公、苏沧浪、黄太史之笔,诚兼有之。”②此段文字记录了袁说友拜访范成大的情景,是较早对范成大书法特征和成就的评论,足见袁说友对范成大的尊崇。袁说友诗《立春日雪》赠范成大,有祝寿之意:“寒窗我欲觞眉寿。”范成大回赠诗《起岩又送立春日再得雪诗,亦次韵》。袁说友寄诗《常熟敲冰行舟三首》(其三):“一枕更阑客梦回,冰声犹作浪声来。并刀曾剪松江水,更欲从渠为剪开。”范成大回复《次韵袁起岩常熟道中三绝句》(其三):“使君横槊赋诗回,断取天风海雨来。彩笔从今闲不得,雪花梅蕊一时开。”袁范二人以冰雪梅花精神,道尽江南冬日风情。

石湖还是范成大提携后辈诗人的诗歌园地。杨万里有诗赞扬两位青年诗人紧追“尤萧范陆四诗翁”之后,问“谁当第一功”,自答:“新拜南湖为上将,更差白石作先锋。”③拜上将的南湖是张镃,作先锋的白石是姜夔,两位都与石湖有着深刻的渊源。张镃诗《游石湖》记访范成大而受熏陶:

> 几年飞梦越来城,度叩柴荆恰快晴。松菊正酬闲客意,烟波真似主人清。黑头据要方行志,绿野当年浪得名。我亦邻乡植桑柘,访公非为忆莼羹。④

---

① 《石湖先生大资参政范公文集序》,见(宋)杨万里著,吕东超校点:《诚斋集》卷八十二,第1090页。
② (宋)袁说友著,陈平校注:《袁说友集》卷十九,福建教育出版社,2021年,第371页。
③ 《进退格寄张功父姜尧章》,见(宋)杨万里著,吕东超校点:《诚斋集》卷四十一,第653页。
④ 辛更儒点校:《范成大集》附录,中华书局,2020年,第1002页。

张镃另诗《有怀参政范公因书桂隐近事奉寄二首》称范成大为“石湖仙伯”,“事业文章两足尊”①。姜白石的诗词成就则更受益于石湖,他将范成大与松陵三高相提并论,其词《石湖仙·寿石湖居士》曰:“松江烟浦,是千古三高,游衍佳处。须信石湖仙,似鸱夷翩然引去。”②“石湖仙”是自度曲。在两位年青人眼里,范成大与他的祖先范蠡一样,也成仙了。

南宋晚期诗人叶茵的诗《石湖》对范成大及石湖的评赞可以说明江南诗路上石湖的地位和意义:“千古湖山人物,百年翰墨文章。寂寞梅花开处,一尊自酹寒香。”③考察姜夔的诗词成就与“范村花竹,石湖云烟”④的关系,可以说明叶茵所言不虚。

四、疏影暗香尘外标

奠定姜夔在中国文学史上一席之地的杰出作品,主要出自石湖。

白石词代表作《暗香》《疏影》都是范成大的命题作文。据《暗香》小序:“辛亥之冬,余载雪诣石湖。止既月,授简索句,且征新声,作此两曲,石湖把玩不已,使工妓肄习之,音节谐婉,乃名之曰《暗香》《疏影》。”⑤白石词《玉梅令》,虽不及《暗香》《疏影》格调之高,但也是咏梅精品。题下自注:“高平调。石湖家自制此声,未有语实之,命予作。石湖宅南,隔河有圃,曰范村,梅开雪落,竹院深静。而石湖畏寒不出,故戏及之。”⑥可知也是范成大命题作文。

范家有家庭乐队,乐曲应是范成大自己领衔谱写。范成大深通音律,与姜夔多有交流音乐。白石词《醉吟商小品》序云:“石湖老人谓予云:琵琶有四曲,今不传矣,曰濩索(一曰濩弦)梁州、转关绿腰、醉吟商湖渭州、历弦薄媚也。”⑦

① 《南湖集》六集,见湛之编:《杨万里范成大资料汇编》,第 105 页。
② (宋)姜夔著,陈书良笺注:《姜白石词笺注》卷二,中华书局,2013 年,第 40 页。
③ 湛之编:《杨万里范成大资料汇编》,第 140 页。
④ (宋)周必大:《祭范至能参政文》,见刘蔚著《江苏历代文化名人传·范成大》,江苏人民出版社,2022 年,第 313 页。
⑤ (宋)姜夔撰,陈书良笺注:《姜白石词笺注》卷三,第 89 页。
⑥ (宋)姜夔撰,陈书良笺注:《姜白石词笺注》卷三,第 87 页。
⑦ (宋)姜夔撰,陈书良笺注:《姜白石词笺注》卷三,第 73 页。

淳熙十三年(1186),三十二岁尚漂泊江湖的姜夔在长沙结识闽籍著名诗人千岩老人萧德藻,受到欣赏。萧德藻将侄女嫁给姜夔,姜夔就随隐居湖州的千岩老人定居湖州,生活于太湖之滨,往来于霅溪、松江两岸。千岩老人将姜夔介绍给杨万里,希望得到提携,杨万里十分欣赏姜夔的才华,还作诗向范成大引见姜夔:"吾友夷陵萧太守,逢人说君不离口。袖诗东来谒老夫,惭无高价当璠玙。翻然却买松江艇,径去苏州参石湖。"①范姜二人由此结为忘年交,诗词唱和颇多。姜夔作《雪中访石湖》,范成大有《次韵姜尧章雪中见赠》。姜夔几首有关石湖的诗颇为不俗:

《次石湖书扇韵》曲水通幽,清简空灵,以石湖莲藕暗喻石湖居士之高洁:

桥西一曲水通村,岸阁浮萍绿有痕。家住石湖人不到,藕花多处别开门。②

《雪中六解》之四,状石湖冬景,空阔清远,以表现石湖居士之怀抱:

曾泛扁舟访石湖,恍然坐我范宽图。天寒远挂一行雁,三十六峰生玉壶。③

姜夔《悼石湖三首》颇能写出石湖精神:

身退诗仍健,官高病已侵。江山平日眼,花鸟暮年心。九转终无助,三高竟欲寻。尚留巾垫角,胡虏有知音。(其一)

未定情钟痛,何堪更悼亡。遗书知伏枕,来吊只空堂。雪里评诗句,梅边按乐章。沉思酒杯落,天阔意茫茫。(其三)④

姜夔还有一首《雁图》诗,不一定作于石湖,但曲尽江南意蕴,值得欣赏:

---

①《送姜夔尧章谒石湖先生》,见(宋)杨万里著,吕东超校点:《诚斋集》卷二十二,第339页。

②(宋)姜夔撰,陈书良笺释:《姜白石诗集笺注》卷下,崇文书局,2024年,第218页。

③(宋)姜夔撰,陈书良笺释:《姜白石诗集笺注》卷下,第250页。

④(宋)姜夔撰,陈书良笺释:《姜白石诗集笺注》卷下,第150页。

万里晴沙夕照西,此心唯有断云知。年年数尽秋风字,想见江南摇落时。①

绍熙二年(1191)冬,姜夔在大雪中再次访问,并在石湖留住一个多月。这是中国文学史上重要的一个月,姜夔在石湖和归途中,及后来回顾,写出了一系列影响深远的优秀诗词。

石湖、范村两庄园不仅是文学基地,更是乐曲之府,又是花卉种植园、家庭农场、水上乐园。范成大经营的是一个文化综合体。这个综合体的精神核心是隐逸精神,以梅花为标志,以诗词、乐曲为表达。范成大着意经营,其《梅谱序》云:“余于石湖玉雪坡,既有梅数百本。比年又于舍南买王氏僦舍七十楹,尽拆除之,治为范村,以其地三分之一与梅。”②范成大着意植梅,作了很多咏梅诗词,例如,《与胡经仲、陈朋元游照山堂,梅数百株盛开》《案上梅花》《玉楼春 · 梅花》等。范诗《古梅二首》尤见精神:“孤标元不斗芳菲,雨瘦风皴老更奇。”“谁似西湖处士才,诗中篱落久尘埃。”以宋初西湖处士林和靖《山园小梅》为标志,梅就代表一种不与俗争的隐逸精神,与“三高”精神相通。范成大在《梅谱后序》中说:“梅以韵胜,以格高。”梅花“众芳摇落独暄妍”的境界,大约只有像范蠡、张翰那样睿智、淡定、果决,及时抽身隐退,才能避祸全身吧!范成大还有咏梅词《霜天晓角 · 梅》:

晚晴风歇。一夜春威折。脉脉花疏天淡,云来去、数枝雪。胜绝。愁亦绝。此情谁共说。唯有两行低雁,知人倚、画楼月。

本词步韵林和靖的同题同谱词《霜天晓角 · 题梅》,范成大步趋林和靖的意图非常明显,达官贵人也有寒士情怀。一个达官,一个寒士,身处共同的偏安江南的时代,有着共同的家国之恨和幽独情怀,寄托于“江国,正寂寂”的暗香疏影中。

寒士姜夔受到范成大的欣赏、接纳,在石湖做了一个多月的住园诗人,正是因为姜夔身上具备与“三高”近似的精神气质。范成大称姜夔“翰墨人

---

① (宋) 姜夔撰,陈书良笺释:《姜白石诗集笺注》卷下,第 201 页。
② (宋) 范成大《梅谱》,见孔凡礼点校:《范成大笔记六种》,第 253 页。

品，皆似晋宋之雅士"；杨万里则称范成大"萧然如晋宋间人物"①，称姜夔"甚似陆天随"②。姜夔自己多次表示效法陆龟蒙："三生定是陆天随，只向吴松作客归。"③"第四桥边，拟共天随住。"④另有两首《三高祠》诗表达，只羡陆龟蒙，因为三高中陆最高，大约是因为只有陆龟蒙与他一样是个散人。诗曰：

越国霸来头已折，洛京归后梦犹惊。沉思只羡天随子，蓑笠寒江过一生。⑤

不贪名爵伐功劳，勇退深虞后患遭。甫里闲居耕钓乐，范张高处陆尤高。⑥

姜夔在石湖、范村住了一个多月，要回湖州家中过年了，范成大将家中歌舞艺人小红赠送给姜夔。姜夔雪夜登舟，下石湖，泛越溪，入松江，过垂虹桥，诗兴大发，作《过垂虹》：

自作新词韵最娇，小红低唱我吹箫，曲终过尽松陵路，回首烟波十四桥。⑦

如果要破解一下姜夔的心灵密码，恐怕他吹箫时刻，内心深处已经幻化为范蠡携西施飘然出五湖吧！姜夔在同一行程中还有诗《除夜自石湖归苕溪十首》，其七曰：

笠泽茫茫雁影微，玉峰重叠护云衣。长桥寂寞春寒夜，只有诗人一舸归。⑧

---

①《石湖先生大资参政范公文集序》，见（宋）杨万里著，吕东超校点：《诚斋集》卷八十二，第1090页。

②（宋）周密：《齐东野语》卷十二，第119页。

③（宋）姜夔撰，陈书良笺释：《姜白石诗集笺注》卷下，第208页。

④（宋）姜夔撰，陈书良笺注：《姜白石词笺注》卷二，第43页。

⑤（宋）姜夔撰，陈书良笺释：《姜白石诗集笺注》卷下，第236页。

⑥（宋）姜夔撰，陈书良笺释：《姜白石诗集笺注》卷下，第302页。

⑦（宋）姜夔撰，陈书良笺释：《姜白石诗集笺注》卷下，第240页。

⑧（宋）姜夔撰，陈书良笺释：《姜白石诗集笺注》卷下，第210页。

有注家注“一舸归”,应不为强作解人:

> 杜牧《杜秋娘》诗:“西子下姑苏,一舸逐鸱夷。”白石此行载小红同归,故化杜牧诗句,隐然以鸱夷载西子自比。[①]

有言道,千古文人侠客梦。笔者认为,不如说千古文人范蠡江湖美人梦。

小　　结

张翰、陆龟蒙、范成大以隐逸为归宿,以预见几微的智慧、高洁远俗为基本怀抱,在松陵、石湖营造一个精神江湖,孤标尘外,以抗衡污浊的政治中心,正如杨万里为石湖集所作序中所言,徜徉于山水风月之场,游心于言语文章之艺;挟其所乐,足以敌王公大人之所乐。在某种深层心理上,陆龟蒙成名后拒绝征召,诗人政治家范成大出于对现实政治的不满和绝望,抽身而去,隐遁于自己营造的山水绝境,“正是为了反抗政治和文化上的中心主义”[②]。他们营造一个自我中心化的天地,本质上并非地理意义上的中心,其间每一片风景都被超越,走向一个生命的存在,走向风景中个体的真实,走向一种时间和空间的结构,赋予这片风景以意义和价值[③]。文化诞生于自然的延长线上,和大自然一起,构成了一种“生态—宇宙—诗学”的统一体[④]。

松陵、石湖诗路的大地上承载的江湖自然、战争遗址、村舍农田,蕴含着吴越融合、隐逸传统、农耕文明、渔业物产、园林园艺、水路交通等多种文明元素,共融于文学艺术之中,突出表现于诗词,形成一座座辉煌灿烂的诗路丰碑。

---

① (宋)姜夔撰,陈书良笺释:《姜白石诗集笺注》卷下,第 211 页。

② 法国文学地理学学者让·查理-布伦(Jean Charles-Brun)的观点,转引自[法]米歇尔·柯罗著,袁莉译:《文学地理学》,第 50 页。

③ 皮埃尔·查理德(Jean-Pierre Richard)的景观说,转引自[法]米歇尔·柯罗著,袁莉译:《文学地理学》,第 116、117 页。

④ 肯尼思·怀特(Kenneth White)的地理诗学,转引自[法]米歇尔·柯罗著,袁莉译:《文学地理学》,第 131 页。

法国新小说派重要代表作家米歇尔·布托(Michel Butor, 1926—2016)认为:地方的精髓,又称地方的灵魂,是此地与其他任何地方区分开来的关键,这就意味着这个地方对于其地人民有着特殊的精神影响,占据他们的心灵。地方的灵魂确立了空间和人类精神之间的密切关系。其间景观将转化为记忆之地、创造之地和铭刻之地。景观是一切艺术作品的起源甚至是归宿,成为一座纪念碑。人类建造的纪念碑大部分已经消失,在当时只是神圣性的表现,神圣失去了,审美留下来了①。三高祠、垂虹桥亭、石湖遗迹,皆堪称纪念碑,其历史精神内涵和审美意蕴,皆在历代诗词中,可供我们进行精神之旅,亦可作为我们进一步规划和营造胜景的文化资源。

(作者单位:福建教育出版社)

---

① [法] 米歇尔·柯罗著,袁莉译:《文学地理学》,第229—233页。

唐代四明山文学景观的生成与书写*

叶汝骏

内容提要　四明山浓郁的宗教氛围、浙东唐诗之路游线的形成、唐代明州的独立建制及其经济地位的抬升，以及李白等知名诗人作品的影响等，使得四明山在自然景观之外进一步生成了“文学景观”的全新特质。唐代四明山文学景观的书写涵括了山水清音与自然之乐、佛道体验与隐逸之怀、地方民情与风物之赏三大主题，分别呈现出作为自然世界、方外世界、世俗世界的四明山，具备较高的思想艺术水准。当四明山在唐代成为一种文学景观，其也在自然地理意义之外持续有机融入了浙东明州地方以至民族的人文历史记忆建构。

关键词　四明山　文学景观　唐代　文学地理学　浙东唐诗之路

一、引论：四明山作为一种“文学景观”

作为文学地理学领域的新兴关键词，“文学景观”系指“具有文学属性

* 本文为2024年度宁波市哲学社会科学规划课题“唐代四明山文学景观书写研究”（项目编号：G2024－1－76）成果。

和文学功能的自然或人文景观"[1]。从概念逻辑来看,"文学景观"属于"景观"的一种,具体而言与"文化景观"存在种属关系。"文化景观"作为反映地区文化体系与地理特征的复合体,是"彰显文化属性的实体景观"[2],所指颇为广泛。因此,"文学景观"概念的提出,有助于从纷繁芜杂的"文化景观"中进一步抽绎出具有文学属性和文学功能的景观,精细化挖掘景观的文学内蕴、文化影响与社会经济价值,推动中华优秀传统文化的创造性转化、创新性发展。

四明山是位于浙江省宁波市的著名山岳,黄宗羲《四明山志》载:"余姚南有山二百八十峰,西连上虞,东合慈溪,南接天台,北包翠碣,中峰最高,上有四穴,若开户牖以通日月之光。故号四明。"[3]四明山自然风光清绝,人文气息蓊郁,吸引历代文人慕名而至。西晋木华、东晋孙绰等人首开四明山文学书写之风。唐开元二十六年(738)明州建制,四明山成为"浙东唐诗之路"的重要节点,李白、刘长卿、孟郊、方干、李频、施肩吾等唐代著名诗人往来游历,吟咏唱和,留下四十余首书写四明山的诗歌作品,形成了独特有序的四明山文学书写传统,使得四明山在"自然景观"之外逐渐沉淀出了"文学景观"的全新特质。

就存在形态而言,四明山属于"文学景观"中的"实体性景观"(或曰"文学外部景观"),这类文学景观"以历史建筑和自然风景为基本载体,同时又被赋予了文学的内涵和审美的价值"[4]。"实体性文学景观是一种地理上的呈现,是在空间上展开的,最重要的特点就是它的确定性和不可移动性。"[5]当然,文学景观作为一种反映地理特征与文学表现的复合体,除了地理维度上的确定性和不可移动性,笔者认为更离不开文学维度上的审美性与历史积淀性。其中,审美性是指文学景观的文学表现需富于多元而独特的审美意蕴,吸引文人对实体景观进行艺术化的再现与表达;历史积淀性则是指文学景观的文学表现应具备超越历史局限的生命力,而非特定历史

① 曾大兴:《文学地理学概论》,商务印书馆,2017 年,第 233 页。

② 王金黄:《人文地理学的跨学科互动——"文化景观"与"文学景观"》,《南华大学学报(社会科学版)》2019 年第 1 期,第 27—33 页。

③ (清) 黄宗羲著,吴光主编:《四明山志》,载《黄宗羲全集》第 2 册,浙江古籍出版社,2012 年,第 257 页。

④ 曾大兴:《文学地理学概论》,第 237 页。

⑤ 高建新:《文学景观理论的建构及其意义》,《世界文学评论(高教版)》2017 年第 2 期,第 181 页。

时期内孤立、偶发的呈现,亦即某一具体的文学景观在历史积淀中逐渐生成自身稳定而独特的审美特质。

那么,四明山是否具备"文学景观"的特质? 曾大兴曾提出识别实体性文学景观的五个具体判准[①],这些判准实际上涵盖了上述地理和文学两大维度的若干特点。据此衡之四明山:一曰"是否有过著名文学家的品题赋咏",四明山自西晋木华、东晋孙绰等首开文学书写以来,唐、宋以降的历代诗人流连题咏,其中不乏李白、刘长卿、王阳明、黄宗羲等著名文学家。二曰"是否留下一件以上的脍炙人口的文学作品或至少一个流传久远的文学掌故",诸如李白《早望海霞边》、刘长卿《游四窗》、王阳明《杖锡道中》等皆为书写四明山的脍炙人口的诗歌作品,它如黄宗羲的《四明山志》亦可谓一部史料融入游记的典范之作。三曰"是否具有一定的文化价值",一方面,四明山留存有雪窦寺、御书亭、它山堰、摩崖石刻等大量文化遗迹,亦为道教的第九洞天,黄宗羲《四明山志》曾辟有"名胜""伽蓝""灵迹"等卷细述之;另一方面,四明山作为"浙东唐诗之路"的关键节点,是浙江诗路文化的重要载体。四曰"是否具有一定的观赏性或一定的审美价值",四明山清丽的自然风光与浓郁的人文气息吸引历代文人慕名而至,争相品题赋咏,其观赏性或审美价值不言而喻。五曰"是否在古今游人或读者中拥有比较广泛的影响",刘长卿《游四窗》曾言"四明山绝奇,自古说登陆"[②],从数据来看,唐代书写四明山的诗作有四十余首,宋代三百余首,辽金元一百余首,明代三百余首,清代二百余首。又如晚唐陆龟蒙著《四明山诗》九首,皮日休有和诗九首,后人追忆效仿,南宋史浩有《次韵郑郎中作四明谢遗尘九题》,明清之际黄宗羲游历四明山后写下《九题诗》,清人全祖望则留下《赋谢遗尘南雷九题》,可见四明山文学景观书写传统自唐代形成后绵延不息,赓续久远。

从上可见,四明山符合作为实体性文学景观的全部五个判准,是一座名副其实的"文学之山"。然而当前学界对于四明山的研究主要集中于自然地理、旅游开发等层面,对于四明山文学层面的研究则尚有空间。在已有研究中,陈尚铭指出李白至少有六题七首诗涉及或描写四明山,且皆与

---

① 曾大兴:《文学地理学研究》,商务印书馆,2012年,第121页。

②《游四窗》,载(唐)刘长卿著,褚仲君笺注:《刘长卿诗编年笺注》,中华书局,1999年,第525页。

四明山有关[①];林晓娜在探讨宋代四明文学景观中的“众乐”书写与南宋四明地区文士酬唱活动时,涉及部分宋代四明山诗的研究[②];杨亮在对宋末元初四明文士诗文的研究中谈及舒岳祥等人的四明山诗[③]。上述研究多为个案探讨,对于四明山“文学景观”的特质、内涵与意义则尚未见到学理层面的阐释,尤其对于四明山“文学景观”特质形成的关键时期唐代,尚未见到系统研究。职是之故,本文将通过唐代四明山文学景观书写的专题研究,探讨四明山文学景观的特质及其形成原因,发掘四明山文学遗产的现代价值。

二、四明山“文学景观”特质在唐代形成的原因

四明山的文学书写始于晋代,但此际的文学书写属于特定历史时期内孤立、偶发的呈现,并未引发稳定而独特的群体性书写。四明山作为“文学景观”的核心特质,实际形成于唐代,这是多方面因素共同形塑的结果。

(一)四明一地浓郁的仙佛宗教氛围

中国古代名山引起文人关注的首先是仙佛宗教文化。那么,在一众著名山岳中,四明山又因何种宗教文化上的独特性引起了文人骚客的持续关注?

先就佛教来看,佛教早在东汉传入中国,被誉为“东南佛国”的四明一地佛学渊源深厚,鄞州普济寺、慈溪五磊寺结庐于三国年间;阿育王寺、天童寺、龙泉寺、雪窦寺开山于西晋。其中,以阿育王寺为核心场域的舍利信仰可谓四明一地佛教氛围生成的主要推毂者,阿育王寺因供奉释迦牟尼真身舍利而成为江南名刹,史载佞佛的南朝梁武帝曾将阿育王寺的舍利迎请至都城供奉,时观者多达百余万人,后其又为寺院赐额、敕令扩建整修并免

---

① 陈尚铭:《四明山、道教与大诗人李白》,《宁波大学学报(人文科学版)》1989 年第 1 期,第 39—42 页。

② 林晓娜:《论宋代四明文学景观中的“众乐”书写》,《西南民族大学学报(人文社会科学版)》2021 年第 9 期,第 162—168 页;林晓娜:《南宋四明地区的文士酬唱活动研究》,《汕头大学学报(人文社会科学版)》2021 年第 2 期,第 5—10 页。

③ 杨亮:《宋末元初四明文士与诗文研究》,河南大学 2007 年博士论文。

其田赋,当时的道教领袖陶弘景亦前往礼诣,这使得四明一地渐成为南朝以来佛教的重要中心。舍利信仰在其后的隋唐时期愈演愈盛,吸引各地民众前往瞻仰,"自隋至唐,舍利信仰是以卷入了普通民众的形式而盛行的"①,唐代四明山的佛教氛围正是在这一历史文化背景下逐渐积淀成型。隋唐之际以释氏为显学,唐代高僧鉴真和尚曾住锡于阿育王寺,雪窦寺在唐会昌元年(841)移建今址;另如国宁寺(后易名天宁寺)创于大中五年(851);七塔禅寺建于大中十二年(858);天童寺在唐代成为禅宗十方丛林,被誉为"禅宗五山第二"。同时,明州作为唐代的重要港口,也成为中日、中朝佛教交流的中转地,由此进一步扩大了四明佛教在全国的影响力,吸引各方人士往来游历。

再就道教来看,浙东地区自晋室南渡后成为新的道教发展中心,而四明山在唐代更成了道教洞天福地之一。东晋丹鼎派道士葛洪曾仙游四明山一带炼丹,其在《抱朴子》中谈到浙东有"大小天台山、四望山(即四明山)、盖竹山、括苍山,此皆是正神在其山中,其中或有地仙之人。上皆生芝草,可以避大兵大难,不但于中以合药也。若有道者登之,则此山神必助之为福,药必成。若不得登此诸山者,海中大岛屿,亦可合药"②,可见其视四明山为炼丹福地。东晋上清派道士时荷则曾入四明山修行胎息众妙之术。随后的南朝时期,史载曾于四明山修道的著名道士就有魏道微、杜京产、孔祐、陶弘景、潘洪、孙韬等多人。可见,四明山乃是六朝各派道士心驰神往的仙家胜地。唐代四明道教继续蓬勃发展,明州城内外先后修建了紫极宫(后易名真圣观)、开元宫(后易名崇寿宫)、蓬莱观、兴唐观、虚白观、清道观、大宝观等道观,著名天师叶法善也曾于开元中讲经于兴唐观。唐代四明一地道教鼎盛发展的标志性事件是司马承祯作《天地宫府图》——将"四明山洞"确立为道教三十六洞天之第九洞天,名曰"丹山赤水洞天"。经由洞天福地文化想象的构建,慕名而来游历四明山的道士、信众、文人名流络绎不绝,嗣后才有后起的文学景观书写,如刘禹锡《吐绶鸟词》诗所云:"四明天姥神仙地,朱鸟星精钟异气。"③

---

① [日] 西胁常记:《舍利信仰和僧传——为了有助于理解〈禅林僧宝传〉》,载《中国禅学》第三卷,中华书局,2004 年,第 111 页。

② (晋) 葛洪著,王明校释:《抱朴子内篇校释》,中华书局,1985 年,第 85 页。

③《吐绶鸟词》,载(唐) 刘禹锡著,瞿蜕园笺证:《刘禹锡集笺证》,上海古籍出版社,1989 年,第 1407 页。

综言之,唐代四明山文学景观书写中出现了大量的寺院观堂景观,乃是四明一地浓郁的仙佛宗教氛围的反映;同时,诗僧、隐士等方外之人也成为了唐代四明山文学景观书写的重要作者群体。

(二) 唐代文人的漫游风气与"浙东唐诗之路"游线的形成

大一统的唐代社会(尤其是唐前期)疆域辽阔,社会政治安定,南北交通便利,文人群体盛行漫游之风。特别是大运河沟通了南北河道,使得文人进入浙东地区愈加便捷。浙东旖旎清奇的山水风光与浓郁的仙佛宗教氛围,吸引众多文人游赏栖迟,形成了著名的"浙东唐诗之路",如李白、杜甫即曾漫游浙东地区。"浙东唐诗之路"沟通了钱塘江、浙东运河、曹娥江、剡溪等水陆通道,逐渐形成了"一湖"(镜湖)、"两盆"(沃州盆地、剡中盆地)、"三山"(会稽山、四明山、天台山)等文学景观。

然而,论山水形胜,四明山在"浙东唐诗之路"沿线的一众景观中并无绝对优势,遑论与其他名山相较。那么,四明山又因何种原因能够获得文人的青睐?实际上,四明山之被关注更主要是出于人文而非自然因素,具言之乃与四明山独特的宗教地位与氛围有关。据前文所论,四明一地自六朝以来已积淀形成浓郁的仙佛宗教氛围,"东南佛国"的舍利信仰,以及"洞天福地"的神仙圣地,共同构建起独属于四明山的人文历史记忆,此即四明山能够吸引各方文人往来游历的最主要原因。在独特的仙佛宗教氛围的导引下,四明山成为了"浙东唐诗之路"的重要节点——唐人漫游浙东的必访之地。另值一提的是,六朝唐宋人往往将四明山与另一座足与五岳并提的名山——天台山视为联系紧密的整体,如东晋孙绰《游天台山赋·序》云:"涉海则有方丈、蓬莱,登陆则有四明、天台。"①唐人李白云:"天台连四明,日入向国清。"(《送王屋山人魏万还王屋》)②又云:"天台邻四明,华顶高百越。"(《天台晓望》)③南宋陆游亦说:"入东多名山,天台连四明。"(《杂感十首以野旷沙岸净天高秋月明为韵·其十》)④可见,四明山的自然

---

① (晋) 孙绰:《游天台山赋》,载(南朝梁) 萧统编选,(唐) 李善注:《文选》卷第十一,上海古籍出版社,1986 年,第 494 页。

② 《送王屋山人魏万还王屋》,载(唐) 李白著,安旗等笺注:《李白全集编年笺注》,中华书局,2015 年,第 1089 页。

③ 《天台晓望》,载(唐) 李白著,安旗等笺注:《李白全集编年笺注》,第 781 页。

④ 《杂感十首以野旷沙岸净天高秋月明为韵(其十)》,载(宋) 陆游著,钱仲联主编:《陆游全集校注》第 8 册,浙江古籍出版社,2016 年,第 19 页。

山水风光与人文宗教氛围,加之其与天台山的特殊关系,使其不断吸引文人骚客栖息赋咏,从而为四明山的文学书写提供稳定的作者群体。

质言之,“浙东唐诗之路”是四明山文学书写繁荣的直接原因,然“浙东唐诗之路”兴起的一大重要缘由在于浙东地区浓郁的宗教氛围,而四明山又因其在佛教、道教中的独特地位而成为“浙东唐诗之路”的关键节点。

(三)明州在唐代的独立建制及其经济地位的抬升

四明山地域在唐以前多属越州(今绍兴市)管辖,然而日本汉学家斯波义信谈到:“明州的实质性开发从秦汉到唐朝中期几乎没有多少进展。”①直到唐开元二十六年(738),采访使齐瀚以越州鄮县为丝织品和海味集散地为由,奏请分鄮县为鄮、慈溪、奉化与翁山四县,设明州以统之,以地属四明山区,故州以山为名。行政区划级别的抬升,使得明州地域的经济社会快速发展;同时,随着唐朝海路交通和对外贸易的发展,明州成为了沿海交通的中转港口及对高丽、日本贸易的国际港口。因此,“明州在唐代是浙东地区发展最为迅速的州”②。明州的独立建制及其经济地位的快速抬升,使之成为了唐代文人士大夫群体的往来之地,岑参、戴叔伦、武元衡、白居易、周贺等人的送别诗、寄赠酬答诗中也出现了大量有关明州标志性景观四明山的书写。

(四)知名诗人作品的影响与四明山文学共同体的形成

陈从周先生云“风景之美,有很大因素需要文人渲染出来”,“因为湖山洵美,本是客观存在,而只有通过文人,将它描绘出来,更加亲切有味,引人入胜”③。四明山文学景观特质的形成,有赖于唐代著名诗人的发现与引领。李白、刘长卿、张祜等唐代重要诗人先后游历四明山,留下《早望海霞边》《游四窗》《游雪窦寺》《四明山诗》等经典作品,吸引唐代及其后的大批诗人往来吟咏。这些作品表面上看是诗人游历见闻的记载与情感的抒发,然而这些作品俨然已构成了一种“文学共同体”:随着时间的推移,新、旧作品之间生成了强烈的互文性,共同建构出一个专属于四明山的“文学共

① [日] 斯波义信:《宋代江南经济史研究》,江苏人民出版社,2001 年,第 477 页。
② 李翔:《中晚唐浙东镇研究》,浙江大学出版社,2018 年,第 55 页。
③ 陈从周:《西湖古今谈》,载《书带集》,生活 · 读书 · 新知三联书店,2002 年,第 177 页。

同体”，层累地演绎出属于四明山的文学历史记忆，共同促成了四明山文学景观特质的形成、赓续与发展。譬如仙游隐逸传统是四明山文学景观书写的共同记忆，自四明山被确认为“洞天福地”以来，东晋孙绰言四明山为“玄圣之所游化，灵仙之所窟宅”①，初唐宋之问诗曰：“四明背群山，遗老莫辨处。”(《景龙四年春祠海》)②盛唐李白《早望海霞边》抒写了诗人的仙道遐想，孟浩然诗亦云：“高步凌四明，玄踪得三老。”(《宿天台桐柏观》)中唐张籍诗曰：“世业偏临七里濑，仙游多在四明山。”(《送施肩吾东归》)③晚唐黄滔亦云：“四明多隐客，闲约到岩扉。”(《赠明州霍员外》)④可见，仙游隐逸主题在四明山文学景观的书写中业已赓续并定格。

三、唐代四明山文学景观书写的三大主题

从思想内容特征来看，唐代四明山文学景观的书写主要涵括三大主题：一是山水清音与自然之乐，呈现的是作为自然世界的四明山；二是佛道体验与隐逸之怀，呈现的是作为方外世界的四明山；三是山中生活与风物之赏，呈现的是作为世俗世界的四明山。

（一）自然的四明山：山水清音与自然之乐

四明山作为山岳景观，自然风光是其入诗的主要对象，唐代四明山文学景观的书写也首先表现在此方面。其中，四窗岩是四明山标志性的自然景观，四明山之得名即渊源于此，陆龟蒙《四明山诗序》载：“有峰最高，四穴在峰上，每天地澄霁，望之如牖户，相传谓之石窗，即四明之目也。”⑤黄宗羲《四明山志》卷四《九题考》记载了四窗岩的来历：“一曰石窗。在大俞村，自麓至颠十里，削成石室，高五尺，深倍之，广如深而六之，中界三石，分一室而为四，谢康乐《山居赋》注云：‘方石四面开窗，不知其总在一面也。’其

① (晋) 孙绰：《游天台山赋》，载(南朝梁) 萧统编选，(唐) 李善注：《文选》，第 493 页。
② 《景龙四年春祠海》，载(唐) 宋之问著，陶敏校注：《沈佺期宋之问集校注》，中华书局，2001 年，第 517 页。
③ 《送施肩吾东归》，载(唐) 张籍著，李冬生注：《张籍集注》，黄山书社，1989 年，第 204 页。
④ (唐) 黄滔：《赠明州霍员外》，载(清) 彭定求等编：《全唐诗(增订本)》第 11 册，中华书局，1999 年，第 8178 页。
⑤ (唐) 陆龟蒙：《四明山诗》，载《全唐诗(增订本)》第 9 册，第 7202 页。

谓之窗者，凡石穴多在平地，故称之为洞、为室，此独悬空半出，有似乎窗也。”①被誉为“五言长城”的大历诗人刘长卿曾写有《游四窗》诗：“四明山绝奇，自古说登陆。苍崖倚天立，覆石如覆屋。玲珑开户牖，落落明四目。箕星分南野，有斗挂檐北。日月居东西，朝昏互出没。我来游其间，寄傲巾半幅。白云本无心，悠然伴幽独。对此脱尘鞅，顿忘荣与辱。长笑天地宽，仙风吹佩玉。”②刘长卿在上元二年（761）至宝应二年（763）间曾漫游江南，是诗即为其游历四明山四窗岩之见闻感受的记录。本诗分为三层：首二句总起，起笔以“绝奇”定调四明山景色，接着化用东晋孙绰“登陆则有四明、天台”之语，言其“绝奇”景观自古以来引人入胜。从“苍崖倚天立”到“朝昏互出没”八句，进入对四窗岩自然景观的描写，“苍崖”“倚天”“覆屋”“玲珑”“落落”等字眼处处照应首句“绝奇”二字，给人以自然造化的神秘之感；因四窗岩处于四明山最高处，故“箕星”四句转向仰望日月星辰的视角，透露诗人的宇宙意识。“我来游其间”一句开始从自然转向个体，以后八句为本诗第三部分，写诗人游历四窗岩的自我感受；刘长卿接着引用陶渊明“倚南窗以寄傲”的“寄傲”二字，抒发高蹈出尘、遗世独立的情怀，“巾半幅”则表达欲在此修道隐世之意；“白云”四句继续大面积化用陶诗“云无心以出岫”“悠然见南山”“千秋万岁后，谁知荣与辱”等句意，深化前文诗意；末二句描写得道后超然物外的心境。

四窗岩作为四明山必访之地，不断吸引唐人品题赋咏。与刘长卿亲身游历四窗岩不同，晚唐“皮陆”则以神游想象的方式描绘四窗岩景色。从陆龟蒙《四明山诗序》可知，其并未到过四明山，至于其写作这组赋咏四明山诗作的缘由，乃是身处苏州的作者根据四明山隐士谢遗尘所述后的神游遐想。陆龟蒙《四明山诗·石窗》曰：“石窗何处见，万仞倚晴虚。积霭迷青璅，残霞动绮疏。山应列圆峤，宫便接方诸。只有三奔客，时来教隐书。”③这首五律前四句通过“万仞”“积霭”“残霞”的词汇，书写四窗岩之“高”，后四句转入对四窗岩之“仙”的描写，认为四明山媲美海上仙山，是隐居修炼的绝佳之处。“皮陆”往来唱和，作有《奉和鲁望四明山九题》组诗，其中《四窗》诗曰：“窗开自真宰，四达见苍涯。苔染浑成绮，云漫便当纱。棂中

① （清）黄宗羲著，吴光主编：《四明山志》，载《黄宗羲全集》第 2 册，第 345—346 页。
② 《游四窗》，载（唐）刘长卿著，褚仲君笺注：《刘长卿诗编年笺注》，第 525 页。
③ （唐）陆龟蒙：《四明山诗》，载《全唐诗（增订本）》第 9 册，第 7202 页。

空吐月,扉际不扃霞。未会通何处,应怜玉女家。”①由于唱和诗的要领在于要与原作形成呼应联结,故此诗章法内容形同陆作,也表达了对四窗岩风光的憧憬,抒发一种超然世外之情。

除了山岳风光,四明山的水景亦是唐人歌咏的对象。白水冲瀑布又名潺湲洞,是四明山最著名的水景。陆龟蒙《四明山诗·潺湲洞》云:“石浅洞门深,潺潺万古音。似吹双羽管,如奏落霞琴。倒穴漂龙沫,穿松溅鹤襟。何人乘月弄,应作上清吟。”②首句写水洞的幽深形貌;二句由视觉转向听觉,“万古”二字从潺湲的水声中感受到了宇宙的亘古绵延;三、四句则近承二句中的水声,以譬喻手法对其展开描写,言其有管弦仙乐的动听之声;五、六句再次转向视觉,但这次聚焦的是水的形貌,“龙”“松”“鹤”等字既有摹写水相的意味,更烘托出此地奇异的仙道氛围;七、八句化用谢灵运“乘月弄潺湲”③(《入华子冈是麻源第三谷诗》)句意,抒发诗人流连清境的情思。

(二)方外的四明山:佛道体验与隐逸之怀

上引唐末诗人黄滔云:“四明多隐客。”(《赠明州霍员外》)四明山吸引唐人往来游历的重要缘由正是此地自古以来浓郁的宗教氛围。因此,佛道体验与隐逸之怀也成为唐代四明山文学景观书写的另一核心主题,具体表现为佛禅体验与仙游玄想两个子主题,二者共同将四明山塑造为超然尘俗的方外世界。

先看四明山文学景观书写中的佛教体验。中唐诗人邢允中的《洗钵潭》以资国禅寺中一潭用于洗钵的清水为发想,阐发清净纯澈的禅宗哲理:“潭水澄初地,长为洗钵供。已能降虎豹,不问搅鱼龙。溅沫溪莎碧,疏流石濑重。此中清净理,继迹有禅宗。”④另外更值得一提的是晚唐诗人方干的相关诗作,方干科场坎壈,十举进士不第,是故萧然于山水之间,以诗自放,其在游历明州期间留下了八首诗作,数量在唐人中称最。这些诗作中有七首与佛教有关,其中四首涉及四明山区域的寺庙,有三首则集中描写

---

① (唐)皮日休:《奉和鲁望四明山九题》,载《全唐诗(增订本)》第9册,第7107页。

② (唐)陆龟蒙:《四明山诗》,载《全唐诗(增订本)》第9册,第7202页。

③《入华子冈是麻源第三谷诗》,载(南朝宋)谢灵运著,顾绍柏校注:《谢灵运集校注》,中州古籍出版社,1987年,第196页。

④ (唐)邢允中:《洗钵潭》,载《全唐诗(增订本)》第14册,第11222页。

了雪窦寺。五律《登雪窦僧家》云:“登寺寻盘道,人烟远更微。石窗秋见海,山霭暮侵衣。众木随僧老,高泉尽日飞。谁能厌轩冕,来此便忘机。”①四明山脉的雪窦山在东晋即有梵刹建立,是四明山佛教文化的主要代表。方干的这首五律是一首题壁诗,书于雪窦寺窦云和尚的室壁上,首联使用“登”“寻”“盘”等字眼营造一种寺庙远离尘世的氛围感,二句烘托此地人烟罕至;颔联描写登寺途中所见四明山景色,“石窗”句即写四明山的标志性景观四窗岩,“暮”字道出登寺路途之久远;颈联描绘寺前景色,“老”字谓此地历史久远,“高泉”写及寺旁的千丈岩瀑布;尾联发出诗人欲在雪窦寺抛却尘俗、忘却机巧的愿想。如果说此诗写了登寺的情景,那么《游雪窦寺》则具体描写了游寺的所见所感:“绝顶空王宅,香风满薜萝。地高春色晚,天近日光多。流水随寒玉,遥峰拥翠波。前山有丹凤,云外一声过。”②另外,《题雪窦禅师壁》通过描绘一位禅师在深山中入定修行的景象,展现出超然尘外的高远境界:“飞泉溅禅石,瓶注亦生苔。海上山不浅,天边人自来。长年随桧柏,独夜任风雷。猎者闻疏磬,知师入定回。”③方干将雪窦寺的游观体验化而为诗,寄寓了仕途坎壈的内心所追慕的理想心境。晚于方干去世二十载的崔道融,也作有一首与方干诗作同调的五绝《雪窦禅师》:“雪窦峰前一派悬,雪窦五月无炎天。客尘半日洗欲尽,师到白头林下禅。”④除了方干、崔道融等世俗诗人,法常、契此、宗亮、延寿、无作等诗僧群体亦有相关诗作,如唐末五代诗僧无作的《谢武肃王》云:“云鹤性孤单,争堪名利关。衔恩虽入国,辞命却归山。”⑤此诗写无作谢绝吴越国王钱镠的征召,表达只愿归隐四明山避世修行的高洁情操。

次看仙游玄想。作为道教第九洞天的四明山,自古以来便被世人视为异气荟集的“神仙地”,唐代四明山文学景观的书写中也一再充满仙游玄想的气氛。其中最著名的当属李白的《早望海霞边》:“四明三千里,朝起赤城霞。日出红光散,分辉照雪崖。一餐咽琼液,五内发金沙。举手何所待,青龙白虎车。”⑥李白“一生好入名山游”,在三次游历浙东期间曾到访四明

① (唐) 方干:《登雪窦僧家》,载《全唐诗(增订本)》第 10 册,第 7503 页。
② (唐) 方干:《游雪窦寺》,载《全唐诗(增订本)》第 10 册,第 7498 页。
③ (唐) 方干:《题雪窦禅师壁》,载《全唐诗(增订本)》第 10 册,第 7506 页。
④ (唐) 崔道融:《雪窦禅师》,载《全唐诗(增订本)》第 11 册,第 8288 页。
⑤ (唐) 无作:《谢武肃王》,载《全唐诗(增订本)》第 12 册,第 9684 页。
⑥《早望海霞边》,载(唐) 李白著,安旗等笺注:《李白全集编年笺注》,第 782 页。

山。李白受道教思想影响尤深,因此四明山的"神仙地"特质是吸引李白前往游历的重要缘由。该诗前四句描写破晓时刻四明山壮阔绝美的山海景观,后四句则转向李白的仙游玄想,颈联写李白欲在此山餐霞饮露("一餐咽琼液")、服食修仙("五内发金沙"),以求得道长生;尾联引葛洪《神仙传》典故,幻想出在四明山修行得道后的场景——静待仙官驾驶青龙白虎之车接引其升天。如果说李白的这首诗充满了飞扬壮阔的个人玄想,那么同样对学道求仙有浓厚兴趣的孟郊的《送萧炼师入四明山》,则描写了其对一位真正的道教炼丹家的尊羡:"闲于独鹤心,大于高松年。迥出万物表,高栖四明巅。千寻直裂峰,百尺倒泻泉。绛雪为我饭,白云为我田。静言不语俗,灵踪时步天。"①首联总起概括萧炼师独立超群的特质,中二联想象其入四明山修炼的情景,末联更进一层,称颂萧炼师在精神上已超越尘俗,而与天地宇宙相往来。中唐诗人施肩吾(华阳真人)是吕洞宾的大弟子,早年曾隐居四明山学道,上引张籍《送施肩吾东归》诗言其"仙游多在四明山",施氏《同诸隐者夜登四明山》诗云:"半夜寻幽上四明,手攀松桂触云行。相呼已到无人境,何处玉箫吹一声。"②题云"诸隐者",谓四明山隐士云集,施肩吾这首诗寄寓了四明山的隐者们欲逃大造、出尘网,而最终抵达精神自由的"无人境"的殷切愿望;又如其七绝《忆四明山泉》云:"爱彼山中石泉水,幽深夜夜落空里。至今忆得卧云时,犹自涓涓在人耳。"③全诗表达了施肩吾对"涓涓在人耳"的四明山泉的爱恋,透露出施肩吾祈愿在四明仙山栖心养志的空灵玄想。最后值得一提的是,唐末五代诗僧贯休的《寄四明闾丘道士二首》是一组写给隐居于四明山的道士的诗歌,两人宗教信仰背景不同,但互相钦赏,展现出佛、道二教和谐共存的画面,也透露出二者"大道本无程""无名已是名"④的共同理想追求。

(三)世俗的四明山:地方民情与风物之赏

以上两大主题涵括了唐代四明山文学景观书写的绝大部分诗作,呈现出四明山文学景观的两大核心特质——自然山水之乐与方外隐逸之情。

---

①《送萧炼师入四明山》,载(唐)孟郊著,华忱之等校注:《孟郊诗集校注》,人民文学出版社,1995年,第355页。

②(唐)施肩吾:《同诸隐者夜登四明山》,载《全唐诗(增订本)》第8册,第5655页。

③(唐)施肩吾:《忆四明山泉》,载《全唐诗(增订本)》第8册,第5633页。

④(唐)贯休:《寄四明闾丘道士二首(其二)》,载《全唐诗(增订本)》第12册,第9471页。

在这两大主题之外，尚有几首唐诗描绘了四明山居民的世俗生活，具有别样的人文历史价值。

宗亮是晚唐明州诗僧，今存四首诗作，其中两首咏及四明山东麓的它山堰。它山堰为大和七年（833）鄮县县令王元玮主持修筑的水利工程，目的是为了阻咸引淡，调蓄洪水，是一项泽被千古、造福一方的利民工程。宗亮的《它山歌》记载并歌颂了王元玮修筑它山堰的光辉事迹，诗曰："它山堰，堰在四明之鄮县。一条水出四明山，昼夜长流如白练。连接大江通海水，咸潮直到深潭里。淡水虽多无计停，半邑人民田种费。大和中有王侯令，清优为官立民政。昨因祈祷入山行，识得水源知利病。棹舟直到溪岩畔，极目江山波澜漫。略呼父老问来由，便设机谋造其堰。叠石横铺两山嘴，截断咸潮积溪水。灌溉民田万顷余，此谓齐天功不毁。民间日用自不知，年年丰稔因阿谁。山边却立它神庙，不为长官兴一祠。本是长官治此水，却将饮食祭闲鬼。时人若解感此恩，年年祭拜王元玮。"①首二句言它山堰之方位；"一条水出四明山"以下六句，写源出四明山的鄮江的自然径流概况及其利弊；"大和中有王侯令"以下十句，述县令王元玮主持修筑它山堰的伟迹；"灌溉民田万顷余"至结尾十句，称颂王县令筑堰之举乃齐天之功。这首诗对于了解唐代四明山区域的水利状况，以及它山堰水利工程的修造缘由，具有补史之价值。与这首歌行体详实叙述它山堰修筑历程不同，宗亮另有一首五绝《它山堰》则以简约有力的诗句称颂这项利民工程："截断寒流叠石基，海潮从此作回期。行人自老青山路，涧急水声无绝时。"②二诗可互读互参，正如魏岘《四明它山水利备览》所言："歌以言其诗之未尽，诗以言其歌之所不欲文。不观其诗，无以见亮公之绝唱；不观其歌，无以见王侯之始谋。"③宗亮二诗嗣后，它山堰引来了历代诗人赋咏，使得它山堰也成为了一种"文学景观"。

晚唐诗人李频留下了一首描绘唐代四明山山民农家生活的诗作《游四明山刘樊二真人祠题山下孙氏居》："久在仙坛下，全家是地仙。池塘来乳洞，禾黍接芝田。起看青山足，还倾白酒眠。不知尘世事，双鬓逐流年。"④这首诗描绘了一户世代隐居四明山中的普通孙姓人家的田园牧歌生活，首

① （唐）宗亮：《它山歌》，载《全唐诗（增订本）》第 15 册，第 11372 页。

② （唐）宗亮：《它山堰》，载《全唐诗（增订本）》第 15 册，第 11372 页。

③ （宋）魏岘：《它山诗跋》，载《四明它山水利备览》卷下，文渊阁《四库全书》本。

④ （唐）李频：《游四明山刘樊二真人祠题山下孙氏居》，载《全唐诗（增订本）》第 9 册，第 6892 页。

联言四明山的仙道氛围,定下全诗的超然基调,李频十分向往、称羡四明山中的这种农家生活,故称其“全家是地仙”;中二联具象化地描写农家生活的自在闲适;尾联呼应首联,抒发遗世之意。

另外,陆龟蒙《四明山诗》九首中有一首咏物诗《青棂子》,专咏四明山的山果特产——青棂子:“山实号青棂,环冈次第生。外形坚绿壳,中味敌璚英。堕石樵儿拾,敲林宿鸟惊。亦应仙吏守,时取荐层城。”①陆龟蒙以其果肉胜过修道之人服食以求长生的璚英。皮日休亦作有和诗一首,诗曰:“山风熟异果,应是供真仙。味似云腴美,形如玉脑圆。衔来多野鹤,落处半灵泉。必共玄都柰,花开不记年。”②陆诗起于转述,皮诗亦为和陆之作,虽非亲见亲闻,然亦寓有地方风物之赏。上述作品共同反映出唐代四明山文学景观书写的丰富样态。

四、唐代四明山文学景观书写的艺术特征

首先,从体裁特征来看,唐人四明山文学景观书写以诗歌为主要的文体形态,涵盖五律、五古、五绝、七绝、七律、歌行等多种诗歌体裁,然其中也呈现出了四明山作者群体较为鲜明的择体意识。具言之,总体乃以五言律诗为主(占六成多),七言诗次之(以七绝为主,占二成),进一步细化来看,七言诗作又集中出现于中晚唐特别是晚唐时期。这种诗体分布状况实际与唐代诗体的发展总体状况相一致,即唐代仍属于五言诗特别是五言律诗的时代,七言诗从唐中叶开始兴起并在中晚唐尤其是唐末五代迅速崛起,这是时代诗体格局方面的原因。然更主要的原因还在于五言诗与七言诗表现原理的差异。刘熙载《艺概·诗概》云:“五言质,七言文;五言亲,七言尊……五言尚安恬,七言尚挥霍。”③笔者以为:“七言诗更适合于抒发激烈、饱满的情感,结构上也力求腾挪变化;而五言诗则适合抒发一种受到节制的情感,追求的是整体的浑成与停匀。”④明人顾璘即云:“五言律诗,贵乎沉

---

① (唐)陆龟蒙:《四明山诗》,载《全唐诗(增订本)》第9册,第7202页。

② (唐)皮日休:《奉和鲁望四明山九题》,载《全唐诗(增订本)》第9册,第7107页。

③ (清)刘熙载:《艺概》,上海古籍出版社,1978年,第69—70页。

④ 叶汝骏:《唐代五律艺术流变研究》,上海师范大学2015年博士论文,第391页。

实温丽、雅正清远、含蓄深厚,有言外之意。”[①]具体就书写四明山的诗歌来看,因其以自然山水为主要表现对象,主要抒发含蓄深远的情感、禅理等,故尤擅于写景、造境的五律一体便是最为适任之文体,譬如方干的四首四明山诗即皆采用五律之体结撰。至于中晚唐四明山诗中出现稍多的七绝,原理在于七绝一体适合于截取一个特定画面或表现刹那间的思想情感,如施肩吾的四首四明山诗皆为七绝,四诗的共同特点都是截取四明山夜晚的幽静画面,表达遗世独立的学道境界。

其次,从风格特征来看,唐人的四明山诗以静逸明秀为主导风格,总体属于唐诗中清澹一系的风格。究其原因,首先与四明山这一书写对象有关,唐人山水诗以王孟一派为正格,此派山水诗则以静逸明秀、清淡自然为主调。譬如著有四首四明山诗的方干,其诗学渊源近承贾岛,贾岛以刻写山水景物为主,风调清真奇僻。贾岛诗歌的清真风调实际上是盛唐“王孟”正宗家数的传衍——中经大历诸子相承而衍为贾岛一体。方干属于贾岛一体的追随者,其四首四明山诗以静逸明秀为主调,但较“王孟”多了一些锻炼,此亦中晚唐律诗的普遍状况,它如李频、邢允中、施肩吾、陆龟蒙、皮日休等中晚唐诗人的四明山诗,风格皆如是情形。此外,亦有部分诗作突破了主导风格,如李白的《早望海霞边》在清新之中彰显劲拔之力,在唐代四明山诗诸作中笔力尤显雄健;又如宗亮的《它山歌》质朴自然,近于民歌风格;贯休的诗作则浅切流易,甚或流露出粗俗率意的倾向。

复次,从艺术技巧来看,唐代四明山诗虽数量不多,但不乏名家名篇,具备一定的艺术水准。其一,属对贴切。如李白《早望海霞边》虽为五古,但在对仗方面采用盛唐律诗中盛行的“蜂腰格”,即首、颔、尾散行而仅颈联对仗,颈联“一餐咽琼液,五内发金沙”,工整妥帖,揭示出该诗的仙道氛围。又如前引邢允中《洗钵潭》的中二联虚字、实字组合切换:“已能降虎豹,不问搅鱼龙。溅沫溪莎碧,疏流石濑重。”颔联引入虚字,平添一分古朴意味,颈联俱用实字,属对尤为新巧。再如陆龟蒙《四明山诗 · 云南》的中二联采用不同节奏的对仗句:“药有巴賨卖,枝多越鸟啼。夜清先月午,秋近少岚迷。”[②]颔联为一四节奏,颈联为二三节奏,句法灵动。

---

① (明) 杨士弘编选,(明) 张震辑注,(明) 顾璘评点,陶文鹏等点校:《唐音评注》,河北大学出版社,2010 年,第 287 页。

② (唐) 陆龟蒙:《四明山诗》,载《全唐诗(增订本)》第 9 册,第 7202 页。

其二,炼字精工。追求炼字是五言律诗的诗体特点,施补华《岘佣说诗》云:"五律须讲炼字法。"[①]这种艺术追求在中晚唐时期成为时代风尚,更确切说是苦吟之风的一种具象化表达,晚唐诗人特别是贾岛一系的诗人尤长于字句的锤炼,如唐代四明山诗的重要作者方干即自称"吟成五字句,用破一生心"(《贻钱塘县路明府》)[②],何光远《鉴诫录》卷八即称其"为诗炼句,字字无失"[③],诸如前引四明山诗中的"石窗秋见海,山霭暮侵衣"(《登雪窦僧家》)、"流水随寒玉,遥峰拥翠波"(《游雪窦寺》)等句,亦可谓"字字无失"的体现。又如皮日休自谓百炼成字、千炼成句,其五律主要学习贾岛,炼字驰骛新奇,但有尖新僻涩之弊,如其《奉和鲁望四明山九题·云北》颔联"犬能谙药气,人解写芝形"[④]中的"谙""写"二字颇为新奇,道出四明山云北之地的仙踪道气;《樊榭》颔联"石洞哄人笑,松声惊鹿眠"中的"哄""惊"二字传达出四明山樊榭之地的清幽环境。

其三,句法出奇。中晚唐的四明山诗中多见新奇的句法结构,如《唐摭言》卷十载周贺"诗格清雅,与贾长江、无可上人齐名"[⑤],其《四明兰若赠寂禅师》(一名《题昼公院》)诗颔联云:"舍深原草合,茶疾竹薪干。"[⑥]出句写出进寺所见,对句写禅师煎茶所见,"合""干"为定语后置,抓住诗人对环境的突出感受,句法奇巧。又如施肩吾的四明山诗多用"十字句法",如"至今忆得卧云时,犹自涓涓在人耳"(《忆四明山泉》)、"长忆去年风雨夜,向君窗下听猿时"(《寄四明山子》),上下句一脉贯通,自然流动。

最后,就唐代四明山诗的语言特色来看,总体以清新淡雅为主,兼有通俗口语化的风格。其中,士大夫群体诗人的四明山诗多用清新淡雅的诗歌语言,如李白、刘长卿、方干、李频、崔道融等。另值得关注的是,一些诗僧所著的四明山诗具有通俗口语化的倾向,如宗亮的《它山歌》采用歌行体,语言质朴自然,偏于白话;又如贯休的《怀四明亮公》诗云:"孤峰含紫烟,师住此安禅。不下便不下,如斯太可怜。坐侵天井黑,吟久海霞蔫。岂觉尘埃里,干戈已十年。"[⑦]全诗造语朴实,颔联"不下便不下,如斯太可怜"纯用

---

① (唐)施补华:《岘佣说诗》,载丁福保辑:《清诗话》,中华书局,2016年,第1007页。
② (唐)方干:《贻钱塘县路明府》,载《全唐诗(增订本)》第10册,第7498页。
③ (唐)何光远:《鉴诫录》,载陶敏主编:《全唐五代笔记》,三秦出版社,2012年,第3056页。
④ (唐)皮日休:《奉和鲁望四明山九题》,载《全唐诗(增订本)》第9册,第7107页。
⑤ (唐)王定保著,阳羡生校点:《唐摭言》,上海古籍出版社,2012年,第73页。
⑥ (唐)周贺:《四明兰若赠寂禅师》,载《全唐诗(增订本)》第8册,第5766页。
⑦ (唐)贯休:《怀四明亮公》,载《全唐诗(增订本)》第12册,第9426页。

白话俗语,与五律正格相去甚远,且颈联“黑”“蔫”二字炼字尤俗,故《唐音癸签》卷八云:“贯休诗奇思奇句,一似从天坠得;无奈发村,忽作怒骂,令人不堪受。”[①]贯休的四明山诗中还有类禅宗偈语者,如前引《寄四明闾丘道士二首·其二》首尾联云:“三千功未了,大道本无程……莫认无名是,无名已是名。”造语通俗而掷地有声。

五、结语:唐代四明山文学景观书写的意义价值

日本汉学家松浦友久先生曾谈到:“某一特定的山河湖泊,成为诗歌题材的时候,它恐怕不是随意地、无原则地变成的。其中,山河具有的风光土地方面的、历史方面的、文学方面的特性(属性)在题材化上,作为重要的一点发挥着作用。”[②]当四明山在唐代成为了一种“文学景观”,那么,其也在自然地理的意义之外负荷了别样的文化价值,并持续有机融入地方以至民族的人文历史记忆建构。具体就四明山而言:其一,唐代丰富的四明山文学景观书写,真正开启了四明山文学景观的书写传统,确立了四明山“文学景观”的全新特质及奠定其内蕴,从而使得四明山从一座自然之山蜕变为文学之山。其二,唐代丰富的四明山文学景观书写,使四明山在天台山、剡溪、天姥山等“浙东唐诗之路”的众多“文学景观”中形成了独特的书写特征,进一步丰富了“浙东唐诗之路”文学书写的多样性。其三,四明山在唐代明州文学活动中扮演着中心场域的地位,现存唐代明州诗歌多半与四明山有关,唐代著名文人以四明山为中心往来游历、吟咏唱和,有力促进了明州这一唐代新设之州的社会文化发展。其四,就现代价值而言,唐代丰富的四明山文学景观书写是中华优秀传统文化的体现,是浙江推进中华优秀传统文化“两创”、创建全域旅游、助力乡村振兴等可资转化的优良传统资源。

(作者单位:宁波财经学院人文学院)

① (明)胡震亨:《唐音癸签》,上海古籍出版社,1984 年,第 82 页。
② [日]松浦友久著,陈植锷、王晓平译:《唐诗语汇意象论》,中华书局,1992 年,第 184 页。

宜仕宜隐：中唐至北宋诗中的江南文化印象

史上玉

内容提要 江南作为中国地理方域的重要组成部分，其文化意蕴随着历史发展不断丰富，逐渐形成了今天的江南印象。中唐至北宋阶段，由于经济中心的南移、士人精神的树立与近世化的历史进程，诗人与江南的关系及其对江南的认识和情感发生着变迁。在此期间，那些与江南结缘的诗人，通过歌咏江南的自然和人文景象，书写在此地的生存体验和生存状态，表现出对江南的归属感和价值认同。中唐至北宋的诗歌书写形塑着江南文化，形成了江南宜仕宜隐、可居可游的近世化印象，也通过扁舟、鸥鸟意象定格了江南隐逸景观和隐逸文化，对江南文化的发展起着承上启下的作用。

关键词 江南 仕隐 中唐至北宋 诗歌印象

江南在中国疆域中是一个充满温情与美好的所在。对于古代士人来说，它没有京城的功名仕进带给人的压力和焦灼，也没有荒蛮僻远的贬谪之地带来的凄凉与无望。江南的秀美与繁华让人向往，似乎每个来到江南的士人，仕途失意都能得到淡化，漂泊心绪都能得到安慰。不过，江南的面貌并不是从一开始就如此，不同时代环境中的江南与士人，其联结方式和心理距离都是不同的，从而形成了士人对江南的不同情感形态和地域想象。士人对江南的情感态度，建立在地理环境、政治经济、历史文化等外部因素的基础之上，而其对江南的情感形态与心理认同，又影响着江南书写的色彩与肌理，也为江南文化注入了历史底蕴与文化活力，从而影响着江南文化品格的生成与变迁。因此，通过考察士人的杭州书写，归纳其中的情感形态和思想意蕴，可以进而把握江南文化品格，实现通过文学文本进行文化研究的目的。

回望历代江南文化的发展变迁，中唐至北宋是一个值得重点关注的时期。一方面，经历了安史之乱、五代十国，经济和政治重心进一步南移，江南不仅一度作为士人避乱之所，还是未经战火损毁的富郡上州，成为地方任职的上佳之选。另一方面，中唐至北宋儒学思想不断发展，官僚选任制度逐步完善，士人精神不断成熟，士人面对为政地方甚至居处不仕的接受度更高。而这一心态的转变，离不开宽松的环境和优渥的土壤。江南恰好就是培育这种从容心态的摇篮。种种因素促成了江南情结的转变，并尤为鲜明地体现在曾有履职江南经历的士人的诗歌书写当中。为此，本文着重考察中唐至北宋期间曾有出入江南经历士人的江南书写，梳理他们诗中有关江南想象、寓居游览以及江南追忆的相关诗作，探究其中仕隐矛盾的调和、诗酒唱和的交游、仕宦途中的归依以及由此产生的江南印象的近世化形塑。

一、中唐至北宋江南印象的变迁

江南的政治经济地位在不同的时代并不相同，士人对其抱持的文化心态也各有差异。总体来说，随着经济重心的南移和江南的开发，江南从一个远离王朝中心的地方逐渐为人所熟知和亲近。此外，在相同的时代背景下，诗人的遭际、年龄、心态不同，对江南的归属和认同也不相同。江南认同感的建立，有时更依赖于在此居住的士人思想情感的调适和审美经验的烛照。对于主体精神状态来说，地域环境所提供的自然风光、物质保障、人际包容、文化养分等，都是至关重要的影响因素，也是缔结人地关系的重要构成因素。

在安史之乱及之后的军阀混战中，相对免于战乱的江南为战火中的百姓提供庇护，也成为国家财富的来源地。少年白居易曾避乱江南，当时苏州和杭州长官分别是韦应物和房孺复，“苏、杭之风景，韦、房之诗酒”①给他留下了深刻的印象，以至于他后来回忆说：“以当时心，言异日苏、杭苟获一

① 《吴郡诗石记》，（唐）白居易著，谢思炜校注：《白居易文集校注》卷第三十一，中华书局，2011 年，第 1837 页。

郡足矣。”[①]青年白居易因诗酒风流对苏杭产生向往，中晚年更是加倍实现了少年的梦想。但若往前追溯，就会发现在安史之乱以前，唐人对江南的主要印象并不在诗酒与风景方面。

唐人素有漫游的风尚，唐诗的“双子星座”李白与杜甫都曾到过江南，也留下了歌咏江南见闻的诗篇。李白诗中的江南一方面十分纯真美好，如《长干行》《越女词》中对江南风土和人物的描写呈现一派纯真浪漫之境。另一方面，对于李白来说，江南还是一个带有梦幻和神仙色彩的地方，因而将之作为梦中游览之地：“海客谈瀛洲，烟涛微茫信难求。越人语天姥，云霞明灭或可睹。”[②]此外，李白在越游览之际，也写过《西施》《王右军》等因地思人之作，抒发了独具太白风神的人物怀想。而沉郁厚重的杜甫，在漫游吴越之际更多与历史苍茫相接：“东下姑苏台，已具浮海航。到今有遗恨，不得穷扶桑。王谢风流远，阖闾丘墓荒。……枕戈忆勾践，渡浙想秦皇。越女天下白，鉴湖五月凉。剡溪蕴秀异，欲罢不能忘。”[③]当然，在身历吴越的杜甫的晚年回忆当中，除了一些历史久远的文化遗迹，亦包含不同于中原地区的风土人情。而杜甫的深情讲述，也在遥远的怀想中透露出探求异域的眼光，对江南的印象也充满了寻幽探胜的奇异色彩，因此他颇为没有畅游扶桑感到遗憾。

归纳李杜诗歌对江南的描写，可将其归为风土人物、历史典故、奇幻想象三类主题。在这三类主题的江南书写中，可以看出吴越对于盛唐诗人李、杜来说，还是一个远离中土的异域殊方，虽有寻幽探赜之兴却无常住久居之意，李白《淮南卧病书怀寄蜀中赵征君蕤》一诗可为证：

> 吴会一浮云，飘如远行客。功业莫从就，岁光屡奔迫。良图俄弃捐，衰疾乃绵剧。古琴藏虚匣，长剑挂空壁。楚怀奏钟仪，越吟比庄舄。国门遥天外，乡路远山隔。朝忆相如台，夜梦子云宅。旅情初结缉，秋气方寂历。风入松下清，露出草间白。故人不可见，幽梦谁与适？寄书西飞鸿，赠尔慰离析。[④]

---

① 《吴郡诗石记》，（唐）白居易著，谢思炜校注：《白居易文集校注》卷第三十一，第1837页。

② 《梦游天姥吟留别》，（唐）李白撰，安旗等笺注：《李白全集编年笺注》卷七，中华书局，2015年，第722页。

③ 《壮游》，（唐）杜甫著，（清）仇兆鳌注：《杜诗详注》卷之十六，中华书局，1979年，第1439—1440页。

④ （唐）李白撰，安旗等笺注：《李白全集编年笺注》卷一，第80页。

诗中李白虽寓居江南,但心中怀恋的却是朝廷与故乡,身体上的疾病和季节上的深秋更加重了他的漂泊之感。可以说,在古代士子心中,朝廷代表恋阙之志,而故乡代表怀归之情,除此之外,再无第三个场所能让他们魂牵梦绕、心驰神往。

这种心态在中晚唐之际却发生了悄然的改变。白居易在离开江南十多年之后,在洛阳居所写下著名的《忆江南》词三首,前二首曰:

> 江南好,风景旧曾谙。日出江花红胜火,春来江水绿如蓝。能不忆江南?
>
> 江南忆,最忆是杭州。山寺月中寻桂子,郡亭枕上看潮头。何日更重游?①

从白居易的词作中,可见他虽处于相对优渥安适的生活状态,但仍忍不住回忆江南的风景和人文,可见江南给白居易留下了十分美好的回忆。而且白居易回忆的内容,除了山水风光之外,多了山中寻桂和枕上观潮的生活化场景,可见对于白居易来说,江南不仅是一个可供漫游的方域,更是一个可供居处的所在。

与之类似,唐末韦庄也曾避乱江南,晚年回忆道:"人人尽说江南好,游人只合江南老。"②其笔下"春水碧于天,画船听雨眠。庐边人似月,皓腕凝霜雪"的江南自然与人文景观明丽闲雅、温婉秀美引人神往。而从"未老莫还乡,还乡愁断肠"到"此度见花枝,白头誓不归"的情绪和心态转变,折射出在中原乱离、故国板荡的时代背景下,士人对江南认同感的提升。

此后,北宋苏轼直以江南作为第二故乡。苏轼诗曰"居杭积五岁,自意本杭人。故山归无家,欲卜西湖邻"③,"平生所乐在吴会,老死欲葬杭与苏"④,不仅欲久居于斯,甚至愿终老于斯,可见其对杭州的认同感和归属感已达到极致。

---

① (唐) 白居易著,谢思炜校注:《白居易诗集校注》卷第三十四,第 2598—2599 页。

② 《菩萨蛮》,(唐) 韦庄著,谢永芳校注:《韦庄诗词全集汇校汇注汇评》,崇文书局,2018 年,第 355 页。

③ 《送襄阳从事李友谅归钱塘》,(宋) 苏轼撰,(清) 王文诰辑注,孔凡礼点校:《苏轼诗集》卷三六,中华书局,1982 年,第 6 册,第 1761 页。

④ 《喜刘景文至》,(宋) 苏轼撰,(清) 王文诰辑注,孔凡礼点校:《苏轼诗集》卷三四,第 6 册,第 1816 页。

由上可知，在中唐以前，以吴越之地为主要疆域归属的江南，在占据主流的中原传统文化当中还是一个颇具异域风格和神仙色彩的地方，显然不同于后世人皆向往的宜居乐土。中唐至北宋，是江南文化意蕴转变的关键时期，以下将从此一阶段曾寓居江南的文化名人的诗文中，探究江南城市名片和文化品格的转变和生成，从而更深入理解江南情结和江南认同的前世今生。

二、出处之间：仕隐价值的多元探索

中唐开始，士人通过心态调适，蹈厉自振，建立主体性。对于生存环境和仕宦遭际，变被动承受为主动选择，持有一份适意雍容之心态。而对所处地域的接受和文化建构，也可视为士人主体精神建构的一个侧面。

长庆二年七月，白居易因事上书而不得用，遂自请外任。赴任途中有诗曰：

> 伏阁三上章，戆愚不称旨。圣人存大体，优贷容不死。凤诏停舍人，鱼书除刺史。置怀齐宠辱，委顺随行止。我自得此心，于兹十年矣。余杭乃名郡，郡郭临江汜。已想海门山，潮声来入耳。昔予贞元末，羁旅曾游此。甚觉太守尊，亦谙鱼酒美。因生江海兴，每羡沧浪水。尚拟拂衣行，况今兼禄仕。①

白居易是在对朝廷的失望中离朝的，因此不无牢骚地说“性疏岂合承恩久，命薄元知济事难”②。此时的白居易已经年逾五十，在仕途坎坷中蹉磨半生，练就了“委顺”的心态。所谓委顺，大致是一种随分知足、安于所遇，调适内心以适应外在环境和形骸变化的心理策略。白居易常说：“知分心自足，委顺身常安。”③“外累由心起，心宁累自息。……宜怀齐远近，委顺

---

① 《长庆二年七月自中书舍人出守杭州路次蓝溪作》，（唐）白居易著，谢思炜校注：《白居易诗集校注》卷第八，第653页。

② 《初罢中书舍人》，（唐）白居易著，谢思炜校注：《白居易诗集校注》卷第二十，第1581页。

③ 《咏怀》，（唐）白居易著，谢思炜校注：《白居易诗集校注》卷第七，第645页。

随南北。”[①]凭借这种思想策略,白居易已经安然度过了在江州、忠州的生活,此番适杭自然也不成问题。而且,“余杭乃名郡”,更是白居易少年梦想之地,自然倍感亲切。对于余杭佳处的称扬,固然是白居易“委顺”思想的具体实践,但诗歌结尾白居易实现精神胜利的说辞仍可注意。他说余杭既佳,在此隐居已然是不错的选择,况且还有官职在身呢。一般而言,隐居是独善其身、保全气节的选择,当用世之志无法被满足时,士人就会归隐山林,全身养性。由此,在“委顺”自得的白居易眼中,杭州由于其得天独厚的地理和人文条件,不仅可以挂冠而隐,也可以垂拱而治,成为一条处在仕隐之间的中间路线。

白居易赴杭的心态,似乎为长期纠结在仕隐矛盾中的士人提供了第三种选择。这就不得不提到他的“中隐”思想。“中隐”一词,来自白居易晚年在洛阳的一首题为《中隐》的诗作:“大隐住朝市,小隐入丘樊。丘樊太冷落,朝市太嚣喧。不如作中隐,隐在留司官。似出复似处,非忙亦非闲。……人生处一世,其道难两全。贱即苦冻馁,贵则多忧患。唯此中隐士,致身吉且安。穷通与丰约,正在四者间。”[②]如果说“委顺”重在适应外在环境,则“中隐”在适应生存环境和生活状态的同时,更表达了一种对现有生活的肯定和对自身道路选择的自信,带有主动选择的意味。由此,中隐不再是一种用世之志无法实现的无奈选择,而是既可以享受禄仕之欢又得以享受山林之乐的两全之策。

白居易晚年对身在出处之间的生存状态的肯定,无疑给予他在杭州的生活和思想以积极的价值阐释,也使得“唯此钱塘郡,闲忙恰得中”[③]的杭州成为士人在赴阙和隐居之外的理想选择之一。于是江南成为一个进退之间的得中之地,一个可以安放士人矛盾心怀的所在。

不过,值得注意的是,士人主体主观方面的调适毕竟有一定的限度,其心境必定会受到客观环境的制约。一个典型的例子是,同样是怀着委顺心态的白居易,其在江州时的心境远没有在杭时期乐观。其中当然有年齿、迁谪等因素的不同,但毫无疑问,所在的地域也是一个重要影响因素。白居易的委顺思想并非一朝养成,而是一以贯之,纵有轻重之别,当无本质不

---

① 《委顺》,(唐) 白居易著,谢思炜校注:《白居易诗集校注》卷第十一,第 885 页。

② 《中隐》,(唐) 白居易著,谢思炜校注:《白居易诗集校注》卷第二十二,第 1765 页。

③ 《初到郡斋寄钱湖州李苏州》,(唐) 白居易著,谢思炜校注:《白居易诗集校注》卷第二十,第 1597 页。诗题下注:“聊取二郡一哂,故有落句之戏。”按:此言虽为戏语,却也不无事实根据。

同。然而在江州和忠州时期，白居易屡叹荒远偏僻，曾有诗曰："前在浔阳日，已叹宾朋寡。忽忽抱忧怀，出门无处写。今来转深僻，穷峡巅山下。……敢望见交亲，喜逢似人者。"这与其在杭州的欣然游赏大为不同，体现出钱塘之繁华殊胜、可居可游对诗人心态和诗风的重要影响。

除了"既欢怀禄情，复协沧州趣"的吏隐之士，江南也不是没有纯粹的隐士，宋初的林逋就是西湖隐士的代表。林逋终生未仕，据说他结庐孤山，二十年未尝入城市。他虽然秉持儒家价值观，"推挽后来，欲其闻达，则反复致志，如恐不及"①，但也坚守自己的倨傲品性绝不折节事人。林逋作为隐士的意义，即面对权力的威压和诱惑，挺立名节，激扬士人精神。其结庐孤山，琴书为伴，梅妻鹤子，为武林注入了隐士的高洁之气。范仲淹《寄赠林逋处士》诗即着意于此："唐虞重逸人，束帛降何频。风俗因君厚，文章至老淳。"②指出了林逋归隐之举实在有着敦风俗、淳教化的意义。

同时，行迹上的隐居，在思想上必然伴随某种价值观的调和。林逋《深居杂兴六首》诗序曾自道心情志趣："诸葛孔明、谢安石畜经济之才，虽结庐南阳，携妓东山，未尝不以平一宇内、跻致生民为意。鄙夫则不然，胸腹空洞，谫然无所存置……衡门情味，则倒睨二君而反有得色。"③相较于平居而"以平一宇内"为意的不安与矛盾，胸中无所置存则更显超越洞达，显示出宋人在出处问题上的自我调适与自我树立。

当白居易的"委顺"和"中隐"思想以及林逋的超脱精神被进一步发扬，江南就成为恋阙与怀乡之外，士人得以寄居的第二故乡，北宋苏轼就是最好的例证。或许是历史的巧合，以自适旷达著称的苏轼，也来到了白居易留连过的杭州。苏轼非常推崇白居易的思想和智慧，乃言"予去杭十六年而复来，留二年而去。平生自觉出处老少，粗似乐天，虽才名相远，而安分寡求，亦庶几焉"④。在杭期间，更是常常追怀白居易旧迹。可见白居易的心迹和思想曾给苏轼启发，且为其所服膺和认同。在此基础上，苏轼以其

① 《跋林逋荐士书后》，（宋）晁补之：《鸡肋集》卷三十三，明崇祯八年吴郡顾凝远诗瘦阁仿宋刻本，第889页。

② 《寄赠林逋处士》，（宋）范仲淹撰，李勇先等点校：《范仲淹全集》文集卷第四，中华书局，2020年，第66—67页。

③ 《深居杂兴六首》序，（宋）林逋著，沈幼征校注：《林和靖集》卷二，浙江古籍出版社，2012年，第64页。

④ 《予去杭十六年而复来……作三绝句》，（宋）苏轼撰，（清）王文诰辑注，孔凡礼点校：《苏轼诗集》卷三十三，第1761页。

实际行动和诗歌创作,对白居易“委顺”的思想多有发展,也将白居易“中隐”思想发扬光大,为杭州注入了新的精神文化活力。

由上可知,从中唐的白居易到北宋的苏轼,由于任职或居处,诗人与江南结缘,他们不断调适自我心境,以主体心态和审美精神书写在杭生活。而作为承载这一思想的江南,则以其优越的地理环境和人文条件,提供了出仕与归隐之间多重样态的多元价值包容和承载,成为宜仕宜隐的人间乐土。

三、诗酒风流:可居可游的在地之宜

白居易曾说“自别钱唐山水后,不多饮酒懒吟诗。欲将此意凭回棹,与报西湖风月知”①。意为离杭之后,诗兴与酒兴都减淡不少。那么“钱唐”与白居易的诗酒风流有什么必然联系呢?

一般而言,诗与酒都是“释恨佐欢”之物。人的愁怨或欢喜,因诗酒之助变得更为深重而激烈,强烈的感情借诗酒之兴终于找到宣泄的出口,方得归于平静。因而诗酒之兴,其本质是对自身情感的一种珍重、体味和审美性的排遣与表达。诗人正是在饮酒赋诗的举动中,感受到生命的乐趣和意义。所以,诗与酒向来都是情感丰富的诗人的良伴。白居易自言“取兴或寄酒,放情不过诗”②,而其感叹自别钱塘之后,诗酒之兴消散,实则是在感叹生命情感的干涸和人生意义的凋零。由此,不仅是钱塘因诗人而增添底蕴,诗人白居易更得益于钱塘而丰富了生命景观,可见人地之间相辅相成的关系与联结。上节论述了人地关系中人的方面,本节则重在讨论地域因素对造成此种联结的重要贡献。

首先,钱塘为诗人的游览提供了充分条件。白居易对杭州的优美景色多有夸赞:“余杭形胜四方无,州傍青山县枕湖。”③优美的环境,可以缓解政务烦劳,抚慰诗人的情绪,白居易在操劳公务之后感叹道:“赖是余杭郡,台榭绕官曹。凌晨亲政事,向晚恣游遨。山冷微有雪,波平未生涛。水心如镜面,千里无纤毫。直下江最阔,近东楼更高。烦襟与滞念,一望皆遁逃。”④

---

①《杭州回舫》,(唐)白居易著,谢思炜校注:《白居易诗集校注》卷第二十三,第1833页。
②《移家入新宅》,(唐)白居易著,谢思炜校注:《白居易诗集校注》卷第八,第709页。
③《余杭形胜》,(唐)白居易著,谢思炜校注:《白居易诗集校注》卷第二十,第1629页。
④《初领郡政衙退登东楼作》,(唐)白居易著,谢思炜校注:《白居易诗集校注》卷第八,第678页。

优美的自然环境和富庶的经济条件，使杭州成为宜居宜业之所。作为一郡长官，白居易当然做了很多造福百姓的好事，不过在诗歌中展现的，更多是其日常平居之乐。在悠然闲适的生活中，诗与酒是不可缺少的良伴："漫漫潮初平，熙熙春日至。空阔远江山，晴明好天气。外有适意物，中无系心事。数篇对竹吟，一杯望云醉。行携杖扶力，卧读书取睡。久养病形骸，深谙闲气味。"[①]在晴朗的春日，白居易既可远观钱江、极目骋怀，又可拥书而卧、诗酒遣兴，十分悠闲。白居易喜爱西湖游览，一首《钱塘湖春行》早已家喻户晓，诗中从容不迫的脚步、温暖和煦的春景，让人沉浸在西湖边春意融和的氛围当中。这种悠游信步的姿态，最是理想的日常生活情调。以至于白居易从杭州离任之际，写下一首深情的《西湖留别》，诗中万般留恋地说："翠黛不须留五马，皇恩只许住三年。……处处回头尽堪恋，就中难别是湖边。"[②]

诗与酒不仅是个人遣兴之物，也是朋友往来唱和的重要媒介。元白之间的唱和，更是传为佳话，为钱塘注入热络交游而非清冷孤独的基调。长庆三年，好友元稹改授越州刺史兼浙东观察使，与白居易治所相邻，白居易高兴地写诗相赠："稽山镜水欢游地，犀带金章荣贵身。官职比君虽校小，封疆与我且为邻。郡楼对玩千峰月，江界平分两岸春。杭越风光诗酒主，相看更合是何人？"[③]这一时期也达到元、白唱和的高峰，留下了"诗筒"频递的典故。胡震亨《唐音癸签》卷二九："诗筒始元、白。白官杭州，元官越州，每和诗，入筒中递之。"白居易有诗曰"为向两川邮吏道，莫辞来去递诗筒"[④]，离任时又说"从此津人应省事，寂寥无复递诗筒"[⑤]。可知由于地缘相近，两人唱和频繁。

二人甚至相与编纂诗集，《白氏长庆集》就在此时期问世。元稹《白氏长庆集序》云："长庆四年，乐天自杭州刺史以右庶子诏还。予时刺会稽，因得尽征其文，手自排缵，成五十卷，凡二千一百九十一首。前辈多以前集、

① 《郡中即事》，（唐）白居易著，谢思炜校注：《白居易诗集校注》卷第八，第 685 页。

② 《西湖留别》，（唐）白居易著，谢思炜校注：《白居易诗集校注》卷第二十三，第 1828 页。

③ 《元微之除浙东观察使喜得杭越邻州先赠长句》，（唐）白居易著，谢思炜校注：《白居易诗集校注》卷第二十三，第 1795 页。

④ 《醉封诗筒寄微之》，（唐）白居易著，谢思炜校注：《白居易诗集校注》卷第二十三，第 1806 页。

⑤ 《除官赴阙留赠微之》，（唐）白居易著，谢思炜校注：《白居易诗集校注》卷第二十三，第 1825 页。

中集为名,予以为陛下明年当改元,长庆讫于是,因号曰《白氏长庆集》。”[①]并在此前后自编《元氏长庆集》,为自己留下最后一个也是最为重要的一本自编集。虽然白居易的集子后来又多有修订增补,但始终以好友所定的题名行世。元白诗集名字相仿,仿佛在提醒后人怀想二人的风雅相知,而杭越风光则是催生这段诗坛佳话的摇篮。

白居易在杭州,怀着年老闲政的心态,既有作为一方执政的权威,又有元稹这样为官邻郡相互唱和的好友,是以富有诗酒风流的雅兴。后世与之处境相似的,北宋赵抃可称一例。两百多年之后,北宋名臣、诗人赵抃二次知杭,此时期的赵抃已经年近七十,政治上的热情减退,一心乞归。他的经历与白居易极为相似,同样身居一州长官的位置,同样以暮年闲政的心态为政杭州,“北阙音书休忆念,西湖风物且留连”。而且他也有一位在越州的程姓诗友,二人频繁唱和,几乎完美复刻了白居易的在杭心境和杭越时期的元白唱和情境。对于这位已然享有盛誉的先代大诗人,赵抃时时追慕,是以频繁引乐天之事来檃栝自身的情怀经历,又常以元白“诗筒”频递来形容自己与程给事的唱和之谊,如以下诗章:“乞得钱塘下九天,徙从青社复三川。……东州赖有微之约,曾寄诗筒递百篇。”[②]“七十随缘岂有由,乐天曾不厌杭州。……自惭老守无心力,坐镇吾民静即休。”[③]“鉴水宽闲称越国,河塘繁剧是杭州。蓬山君继元丞相,竹马予惭郭细侯。”[④]“越郡江南尽不如,乐天流语信非疏。……临风又辱诗筒寄,足见优游刃有余。”[⑤]“稽岭楼台真旷绝,武林风物竞豪华。……元和赓唱今犹古,此乐情怀岂有涯。”[⑥]赵抃作为北宋名臣,两次为官杭州,在杭诗歌多为唱和之作,在联络友情,升平气象中,书写士大夫的政治情怀与隐逸之志。其中,唱和之乐尤为突出,显示了杭越之地人际往来给人带来的创作的活力、诗兴的激发、同好之间的相得。这些群聚友朋之乐,与政通人和、交通便利、人物蔚起的人文环境密不可分。

---

① 《白氏长庆集序》,(唐)元稹撰,冀勤点校:《元稹集》卷第五十一,中华书局,2010 年,第642 页。

② 《武林即事寄前人二首》(其一),(宋)赵抃撰:《赵清献公文集》卷四,明嘉靖四十一年汪旦刻本,第 172 页。(按:“前人”,指程给事,下同)

③ 《武林即事寄前人二首》(其二),(宋)赵抃撰:《赵清献公文集》卷四,第 173 页。

④ 《次韵即事见怀》,(宋)赵抃撰:《赵清献公文集》卷四,第 176 页。

⑤ 《次韵前人寓越廨宇有怀》,(宋)赵抃撰:《赵清献公文集》卷四,第 170 页。

⑥ 《有怀前人》,(宋)赵抃撰:《赵清献公文集》卷四,第 174 页。

四、扁舟鸥鸟：隐逸江南的意象凝定

在上述主客观背景下，江南的文化形象被不断书写、提炼，最终成为“江南意象”。与文学史上任何一个意象的形成一样，江南意象的形成，也有赖于诗人的艺术提炼。而作为地理意象，又具有独特的地域文化效果，成为一种“人文地理意象”，即：“地理物象受不同审美主体的旨趣、情感影响，经历代文人的‘层累性’创造，在文化心理映射下形成的带有地域特征的文化符号。不仅反映了物象本身的表征与意味，还包含人类社会所共有的文化记忆，被赋予了独特的审美内蕴和象征意义，并随着时移世易不断积淀、扩充，实现符号化、形象化、审美化。”①江南意象的形成，正体现了这样一个层累化，又符号化、审美化的过程。

如上所述，由于江南物产繁盛、人文蔚兴、少经战火，在经济格局中占有重要地位，再加上自然环境优美，成为少有的可居可游、宜仕宜隐之地。而将江南视作为政之地还是归隐之所，取决于士人的生存状态和心境。在少数为政江南的士人之外，更多的是饱受仕进挫败和宦途漂泊之苦的士子，此时隐逸之乐就成为他们重要的心理补偿机制，而江南以其独有的优势，又成为适宜隐逸的上佳之选。在山林之外，远离大陆、烟波浩渺的水系是挂冠归去的理想路途，孔子早有“道不行，乘桴浮于海”的说法。江南也有着丰富的隐逸传统，庄子、范蠡的言论事迹都可纳入江南隐逸谱系。

值得注意的是，中唐之后，随着江南地区的不断开发和士人对其了解的深入，江湖渐渐超过山林成为隐居的首选。如晚唐李商隐文章“张良却粒之怀，锱铢轩冕；范蠡扁舟之志，梦想江湖”②，“抚京洛之尘，素衣穿穴；访江湖之路，白发徘徊”③，其中与京洛轩冕对举的是江湖而非山林，体现出江湖作为隐逸代名词的优先地位。

---

① 欧明俊、郎贯虹：《陆游诗中的绍兴人文地理意象》，载《第十三届宋代文学国际学术研讨会论文集》（一），第255页。

② 《为尚书濮阳公贺郑相公状》，（唐）李商隐著，刘学锴、余恕诚校注：《李商隐文编年校注》，中华书局，2002年，第305页。

③ 《为同州张评事谢辟启》，（唐）李商隐著，刘学锴、余恕诚校注：《李商隐文编年校注》，第2250页。

江南水系发达,其最突出的水文特征不是江、海、河、溪,而是湖。与湖景相关而被提炼出来的经典视觉形象或文学意象,则有烟雨、渔樵、湖月、荷塘、扁舟、鸥鹭等。值得说明的是,人们对于某一特点的地理空间想象,很大程度上来源于文化名人的在地经验和文学文本的价值固化。山川湖泊是无声的、静止的,其物质形态不会自我表达和自我传播,其美感需要审美眼光的欣赏,其意义需要文化心灵的体悟。湖山胜景触发着诗人的审美感兴和创作冲动,而诗人对湖山风光的审美感发力量及其带来的审美经验具有自觉的记录意识。如苏轼有言“壮观应须好句夸”[①],“不将新句纪兹游,恐负山中清净债”[②],更有“游遍钱塘湖上山,归来文字带芳鲜……东归不趁花时节,开尽春风谁与妍”[③]。

事实也是如此,名人题咏对文化景观具有重要意义。文化景观多赖名人题咏而得以传扬,诗歌对某地景观的歌咏,有着“诗助江山”[④]的文化意义。苏轼喜爱江南风物,而他对于江南湖光山色的描写,也在很大程度上形塑了后世对于江南烟雨朦胧、诗情画意的空间想象。而且有趣的是,就典型的江南意象而言,苏轼描绘江南情景的诗句很多不产生于居处之日,反而出现在对江南的回忆和展望当中。如元丰、元祐在朝时期诸作“遥知朔漠多风雪,更待江南半月春”[⑤],“何日西湖寻旧赏,淡烟疏雨暗渔蓑”[⑥],“醉眼朦胧觅归路,松江烟雨晚疏疏”[⑦],“梦想平生消未尽,满林烟月到西湖”[⑧]等,不同于居处期间对杭州的现实写照,这些想象之笔更能以概括、典型化的手法营构整体的江南形象,以明净舒朗的笔调勾勒了印象最为深刻的江南湖景,以最具代表性的江南意象表达了诗人对江南的回忆和思念。

---

① 《望海楼晚景五绝》其二,(宋)苏轼撰,(清)王文诰辑注,孔凡礼点校:《苏轼诗集》卷八,第369页。

② 《与胡祠部游法华山》,(宋)苏轼撰,(清)王文诰辑注,孔凡礼点校:《苏轼诗集》卷十九,第989页。

③ 《送郑户曹》,(宋)苏轼撰,(清)王文诰辑注,孔凡礼点校:《苏轼诗集》卷十六,第791页。

④ 参见李贵:《文助江山:论苏轼对宋朝各地的文学塑造》,《四川大学学报》2024年第2期,第127页。

⑤ 《惠崇春江晚景二首》,(宋)苏轼撰,(清)王文诰辑注,孔凡礼点校:《苏轼诗集》卷二十六,第1402页。

⑥ 《次韵周邠》,(宋)苏轼撰,(清)王文诰辑注,孔凡礼点校:《苏轼诗集》卷二十六,第1402页。

⑦ 《杜介送鱼》,(宋)苏轼撰,(清)王文诰辑注,孔凡礼点校:《苏轼诗集》卷二十八,第1476页。

⑧ 《惠州近城数小山,类蜀道。……庶使知予未尝一日忘湖山也》,(宋)苏轼撰,(清)王文诰辑注,孔凡礼点校:《苏轼诗集》卷三十九,第2102页。

苏轼对西湖美景的文本召唤，产生于在朝为官之时，具有潜在的思退思归之意，而其无限向往的情怀，也使烟雨朦胧的江南具有梦幻般的迷人魅力。

烟雨湖景具有视觉上的美感，其宁静悠远让人忘怀世虑、心生澹泊。而在众多与湖景相关的意象中，扁舟与鸥鸟带有鲜明的隐逸色彩。自六朝至唐的诗歌中，扁舟与白鸥也作为表达隐逸情怀的江湖意象被提炼凝定下来。李商隐名句"永忆江湖归白发，欲回天地入扁舟"一联中，用世之志与归隐之心郁勃盘旋，其中江湖与扁舟皆作为归隐的代名词使用，产生了回环效果，构筑了完整诗境。值得注意的是，在苏轼的诗歌中，江湖和扁舟明确与江南回忆联系在一起，苏轼《忆江南寄纯如五首》其三曰："人在画屏中住，客依明月边游。未卜柴桑旧宅，须乘五湖扁舟。"[①]在此基础上，苏轼"小舟从此逝，江海寄余生"[②]，"吾已矣，乘桴且恁浮于海"[③]等词作中所表示的归隐方位，也有理由被想作江南。诗人归去的背影被放置于一叶扁舟之上，于是扁舟与江湖形成特定的组合，定格为江南隐逸之风的代表性景观。

而鸥鸟的意象，则多见于黄庭坚诗作当中。黄庭坚提到江南的文本语境，大多表达隐逸思归之情。如"江南楼阁白蘋风，劝归啼鸟晓窗笼"[④]，"巴俗深留客，吴侬但忆归"[⑤]，"五湖归梦常苦短，一寸客愁无奈多"。而且，黄庭坚笔下隐逸的江南，总是与象征无心的白鸥联系在一起，如"梦作白鸥去，江南水如天"[⑥]，"江南春尽水如天，中有白鸥闲似我"[⑦]，"冲风冲雨走七县，唯有白鸥盟未寒。坐中更得江南客，开尽南窗借月看"[⑧]，使江南带上优美闲逸的情调。鸥鸟意象的加入，使江南成为一个脱略机心的隐逸之

---

① 《忆江南寄纯如五首》其三，(宋) 苏轼撰，(清) 王文诰辑注，孔凡礼点校：《苏轼诗集》卷三十六，第 1923 页。

② 《临江仙》，(宋) 苏轼著，邹同庆、王宗堂校注：《苏轼词编年校注》，中华书局，2007 年，第 467 页。

③ 《千秋岁》，(宋) 苏轼著，邹同庆、王宗堂校注：《苏轼词编年校注》，第 803 页。

④ 《再答元舆》，(宋) 黄庭坚撰，(宋) 任渊、(宋) 史容、(宋) 史季温注，刘尚荣点校：《黄庭坚诗集注》卷第八，中华书局，2003 年，第 299 页。

⑤ 《戏题巫山县用杜子美韵》，(宋) 黄庭坚撰，(宋) 任渊、(宋) 史容、(宋) 史季温注，刘尚荣点校：《黄庭坚诗集注》卷第十四，第 511 页。

⑥ (宋) 黄庭坚撰，(宋) 任渊、(宋) 史容、(宋) 史季温注，刘尚荣点校：《黄庭坚诗集注》卷第十四《次韵杨明叔见饯十首》其十，第 502 页。

⑦ 《演雅》，(宋) 黄庭坚撰，(宋) 任渊、(宋) 史容、(宋) 史季温注，刘尚荣点校：《黄庭坚诗集注》卷第一，第 65—68 页。

⑧ 《次韵向和卿行松滋县与邹天锡夜语南极亭二首》其二，(宋) 黄庭坚撰，(宋) 任渊、(宋) 史容、(宋) 史季温注，刘尚荣点校：《黄庭坚诗集注》卷第十六，第 582 页。

所，一个不仅温润美丽，而且悠游自在的理想化隐逸空间。

湖海相连的江南，常作为庙堂的对立面出现，而经过苏、黄等大诗人的审美表达和意象凝定，扁舟和鸥鸟成了与江南隐逸传统相联系的经典意象。二者很大程度上影响着人们对该地景观的审美感知，成为特定的审美范式，使江南隐逸文化具有了超出其所在的地理疆域的影响力，也成为不同时空的人们进行地域想象的依凭。

五、小　　结

从中唐到北宋，是江南文化发展的重要节点。杭州作为富郡，又作为山水佳胜之地，为士人提供了多种生存策略的选择，涵容了多种生存样态。在很多因杭而作的诗歌当中，表现了旷达于出处之间的情怀，这不仅契合中唐至北宋士人精神不断成熟的过程，也打造了宜仕宜隐、可居可游的江南地域文化名片。而诗人的悠然居处和诗歌题咏，为江南的湖光山色注入了审美底蕴。处于仕宦烦忧的士人对隐逸之思的表达，常常以江南为地域载体，也在此类诗歌创作中提炼出江湖烟景、扁舟鸥鸟的典型意象。在地域文化研究方兴未艾的今天，了解诗歌中的江南书写，以及其中表现的士人江南情结发展过程和江南景观意象的产生和凝定，对于江南文化建设和发展具有重要意义。

（作者单位：浙江师范大学人文学院）

《江南文化研究》征稿启事

《江南文化研究》是浙江师范大学江南文化研究中心创办的学术集刊，是以浙江省哲学社会科学重点研究基地为依托，以弘扬和传播江南文化为己任，倾力拓展江南文化研究领域，集中呈现最新研究成果的学术创新平台。截至 2023 年底，已出版 6 辑。自 2024 年起，本刊由上海古籍出版社出版，每年两辑，分别于 6 月、12 月出版。

本刊设有江南文学与艺术、江南学术与文献、江南城市与社会、江南形象与传播等专栏。既欢迎视野通达、严谨扎实的研究成果，也欢迎研精覃思、辨章学术的专业书评。

征稿具体事项如下：

一、来稿请使用简体字，并提供 Word 和 Pdf 两种文档。

二、本刊发表中文稿件，单篇文章字数以不超过 15 000 字为宜。

三、来稿请附内容提要（350 字以内）、关键词（3—5 个）及作者简介，包含姓名、单位、职称、主要研究领域、联系方式等信息。

四、来稿请勿多投，三个月内未收到用稿通知，作者可自行处理。未录用稿件，恕不一一回复。

五、本刊所发论文，重视原创，若涉及知识产权诸问题，应由作者本人负责。

六、本刊拥有以数字化方式发行、编辑、传播所刊发文章的权利，所有署名作者向本刊提交文章发表的行为，即视为同意上述声明。

七、来稿刊载后，未经编辑委员会书面同意，请勿在他处发表。

八、来稿请用电邮附件形式发送至编辑部邮箱：jnwhyj@zjnu.cn。

《江南文化研究》撰稿格式

一、文稿包括三部分：本文、内容提要(350字以内)及关键词(3—5个)。

二、请提供简体字文本，自左至右横排书写。正文(5号字)、注释使用宋体字，独立引文使用仿宋体字，全文1.5倍行距。

三、独立引文整体向右缩进2格。

四、请用新式标点。并列书名号之间不加顿号，如有括注等，则均需加顿号；并列引号之间不加顿号。

五、各章节下使用序号，请依“一、”“(一)”“1.”“(1)”等序表示，文中举例的数字标号统一用(1)(2)(3)等。

六、注释请一律用脚注，每页重新编号。注码使用带圈字符格式，如①②③等。

七、引用专书或论文，请依下列格式：

（一）专书

1. 熊月之：《西学东渐与晚清社会》，上海人民出版社，1994年，第270页。

2.（唐）刘知幾撰，张振珮笺注：《史通笺注》，中华书局，2022年，第300页。

3.（清）王韬著，陈玉兰辑校：《弢园尺牍新编》，上海古籍出版社，2020年，第200页。

4.（明）宋濂等：《元史》卷一二〇，中华书局，1976年，第2955页。

5.（清）陈其元：《庸闲斋笔记》卷五，清同治十三年刻本。

6. [美]柯文著，雷颐、罗检秋译：《在传统与现代性之间——王韬与晚清改革》，江苏人民出版社，2003年，第89—90页。

（二）文集论文

1. 余嘉锡：《宋江三十六人考实》，载《余嘉锡论学杂著》，中华书局，

1963 年,第 386—388 页。

(三) 期刊论文、报纸

1. 于绍杰:《中国植棉史考证》,《中国农史》1993 年第 2 期,第 32 页。

2. 劳汉:《自由谈话会》,《申报》1914 年 9 月 9 日,第 13 版。

(四) 学位论文

1. 蔡承豪:《从染料到染坊——17 至 19 世纪台湾的蓝靛业》,暨南国际大学 2002 年硕士论文,第 5 页。

(五) 再次征引

1. 熊月之:《西学东渐与晚清社会》,第 88 页。

八、注解名词,注码请置于名词之后;注解整句,则应置于句末标点符号之前;若独立引文,则应置于句末标点符号之后。